社會工作督導

林勝義　著

五南圖書出版股份有限公司

自序

　　絕對不相信有人會說：「我不需要督導」，那對我是一種很大的警訊（Never trust anyone who say 'I don't need supervision'. To me that's a big red warning sign.）（Boddoe & Davys, 2016:70）。

　　的確，沒有人會否認督導工作的重要性。然而，上面這句話，也衍生兩個問題：受督導者需要怎樣的督導？督導者如何提供有效的督導？

　　為了回應這兩個問題，我找了一些社會工作督導的經典和新書，廣泛閱讀，再經過沉澱、過濾、提煉，寫成這本「社會工作督導」。

　　這本書的結構，涵蓋三個軸面：第一個軸面，是認識督導者及督導的理念，主要目的在協助社工督導者認識自己的督導角色和任務，且能了解督導的多樣關係、主種脈絡、不同模式、各類風格、主要功能，以之作為實施督導的知識基礎；第二個軸面，是督導實務的操作，主要目的在協助督導者熟練督導的實施方式、重要技巧、訓練實施、倫理議題、績效評量，以便有效地實施督導；第三個軸面，是認識受督導者及督導的應用，主要目的在協助督導者認識受督導者的樣態和期待，也協助受督導者認識自己在督導中的責任和角色，以便督導者與受督導者建立良好的督導關係，協力合作完成督導，以促進受督導者改善實務及專業生涯的發展，進而提升案主服務的品質。此外，本書選擇四種受督導者——社工實習生、兒童保護的工作者、學校社工師、志工，據以闡釋如何將社會工作督導有效應用於這些領域。其中，對於社工督導的實施方式、實施技巧及如何應用於實務領域，著墨最多，藉以突顯社會工作督導必須著重實務操作與實地應用。

　　同時，為方便研究生、現職督導者、潛在督導者，能掌握各章要點，進階探索相關議題，本書特別在多數章節前面，列表呈現該章節的重要文獻；在各章後面，歸納提出「本章重點」與「有待探究的議題」。

　　實質上，本書匯集了十幾本社會工作督導新書的精華，對於受督導者需要怎樣的督導？督導者如何有效督導？提供了一些參考答案。願野人獻曝，與讀者分享，希望您會喜歡。

林勝義　謹誌
於青田街的家

目錄

第一章　社會工作督導的基本概念　9

第一節　社會工作督導的簡史 ………………… 11

第二節　社會工作督導的重要性 ……………… 16

第三節　社會工作督導的定義 ………………… 21

第四節　社會工作督導可能的錯誤 …………… 28

第五節　本書內容的概念架構 ………………… 31

第二章　認識社會工作督導者　37

第一節　成爲社會工作督導者 ………………… 39

第二節　社會工作督導者的發展階段 ………… 43

第三節　新手社會工作督導者擔心的事項 …… 46

第四節　社會工作督導者的任務及角色 ……… 50

第五節　社會工作督導者的期待 ……………… 58

第三章　認識社會工作受督導者　65

第一節　成爲社會工作受督導者 ……………… 67

第二節　社會工作受督導者的發展階段 ……… 71

第三節　新手社會工作受督導者擔心的事項 … 75

第四節　社會工作受督導者的責任及角色 …… 80

第五節　社會工作受督導者的期待 …………… 84

第四章　社會工作督導的多樣關係　91

第一節　社會工作督導關係的發展 ……………………… 93
第二節　社會工作督導的互動關係 ……………………… 98
第三節　社會工作督導的權力關係 ……………………… 102
第四節　社會工作督導關係的潛在問題 ………………… 111

第五章　社會工作督導的種種脈絡　117

第一節　社會工作督導的專業脈絡 ……………………… 119
第二節　社會工作督導的生態系統 ……………………… 123
第三節　社會工作督導的組織脈絡 ……………………… 131
第四節　社會工作督導的文化脈絡 ……………………… 137

第六章　社會工作督導的不同模式　145

第一節　發展取向的督導模式 …………………………… 149
第二節　反思學習的督導模式 …………………………… 155
第三節　以優勢為本的督導模式 ………………………… 161
第四節　七眼觀點的督導模式 …………………………… 166

第七章　社會工作督導的各類風格　173

第一節　依功能分類的督導風格 ………………………… 176
第二節　依領導分類的督導風格 ………………………… 181
第三節　依權威分類的督導風格 ………………………… 186
第四節　其他分類的督導風格 …………………………… 191

第八章　社會工作督導的主要功能　201

第一節　行政／規範／品質的功能 ················· 204
第二節　教育／形成／發展的功能 ················· 208
第三節　支持／修補／應變的功能 ················· 211
第四節　督導的調解功能 ························· 214
第五節　發展中的安全功能 ······················· 221

第九章　社會工作督導的實施方式　229

第一節　個別督導的實施 ························· 232
第二節　團體督導的實施 ························· 238
第三節　同儕督導的實施 ························· 245
第四節　跨專業督導的實施 ······················· 250
第五節　其他督導方式的實施 ····················· 255

第十章　社會工作督導的重要技巧　263

第一節　督導契約簽訂的技巧 ····················· 265
第二節　情緒處理的技巧 ························· 272
第三節　督導中對話的技巧 ······················· 279
第四節　有效回饋的技巧 ························· 285

第十一章　社會工作督導訓練的實施　293

第一節　督導訓練的準備工作 ····················· 296
第二節　督導訓練的核心課程 ····················· 300
第三節　督導訓練實施的方法 ····················· 309
第三節　督導訓練的評量和認證 ··················· 315

第十二章　社會工作督導的倫理議題　　323

第一節　督導中的倫理原則 ································ 326

第二節　督導的倫理守則 ································· 332

第三節　具挑戰性的倫理情境 ······················· 339

第四節　倫理成熟的促進 ································· 345

第十三章　社會工作督導的績效評量　　353

第一節　實施績效評量的價值 ······················· 356

第二節　績效評量的實施程序 ······················· 362

第三節　績效評量的潛在問題 ······················· 370

第四節　績效評量的實施原則 ······················· 373

第十四章　社會工作督導的應用　　383

第一節　社會工作實習的督導 ······················· 386

第二節　兒童保護領域的督導 ······················· 398

第三節　學校社會工作的督導 ······················· 409

第四節　志願服務領域的督導 ······················· 414

第十五章　社會工作督導的未來　　425

第一節　面臨環境的挑戰 ································· 428

第二節　面對爭論的議題 ································· 431

第三節　未來發展的願景 ································· 443

參考書目　　455

第一章　社會工作督導的基本概念

　　現代社會，許多行業都有督導人員的設置。例如，教育界有「督學」、警政界有「督察」、工程界有「督工」，而助人的專業，包括：醫師、護理、諮商、心理分析、心理治療、觀護、社會工作，也各有專業的「督導者」（supervisors）（Mcpherson & Macnamara, 2017: 1; Beddoe & Davys, 2016: 13; Beddoe & Maidmentz, 2015: 22; Hawkins & Shohet, 2012: 27）。

　　臺灣在解嚴之前，督學也具威權，當時小學生最怕聽到「督學」要來學校，同時老師也會要求他們將參考書、測驗卷「藏」在講台底下，以免被督學查到。他們還給「督學」取一個綽號，叫做「毒蛇」。

　　難道這些擔任「督導」工作的人，都像「毒蛇猛獸」一樣，令人避之唯恐不及？難道督導工作就是監管、控制的工作？此外，在社會工作領域，何時開始實施督導工作？爲何要有督導工作？何謂社會工作督導？它與其他助人專業的督導（supervision in the helping profession）之間，可否一體適用？抑或有所區隔？

　　爲了解答這些疑問，本章將從社會工作督導的簡史、重要性、定義、可能發生錯誤的走向，說明一些基本概念。然後，提出本書內容的架構，作爲後續探討的基礎。

第一節　社會工作督導的簡史

社會工作督導並不是一種嶄新的工作。事實上，它已有很長的一段歷史，而且隨著時間的推移，督導的焦點與方向，經常發生一些轉變（Wonnacott, 2015: 15）。

依據我們找到的文獻，有幾個專家學者對於社會工作督導的歷史發展，提出他們的看法，如表1-1：

表1-1　有關社會工作督導的歷史發展

	1920以前	1920-1930	1940-1950	1960-1970	1980-1990	2000-
Munson, 2009	慈善事業的督導	佛洛伊德精神分析理論的影響	理論的整合	衝突觀點、專業化	私有化、科學導向	專業語言、倡導
Tsui, 2005	植根於行政的功能	轉移到教育功能	受到實務理論與方法的影響	無止境督導與專業自主的爭論	責信時代，重返行政功能的根源	
Davys & Beddoe, 2010	Mary（1917）提及督導的觀點	督導關心對案主的服務	督導聚焦於實務工作者的「工作」（work）上，並影響實務工作的活動。	關心責信問題		後現代督導取向
Engelbrecht, 2014	第一份督導文獻（1904）	第一本督導專書（1936）	社工督導的專業性受到批評	Kadushin（1976）. Austin（1981）, Tsui（1997）等多人專書，對社工督導發展有貢獻。		
Wonnacott, 2015	起源於慈善事業	心理分析重視督導關係			管理主義強調合法性、責信	務實的督導

資料來源：參考Munson, 2009, pp.50-91: Tsui, 2005, pp.1-9: Davys & Beddoe, 2010, pp.11-14: Engelbrecht, 2014, p.125: Wonnacott, 2012, pp.15-17彙整而成。

由表1-1顯示，文獻上對於社會工作督導歷史的描述，有多種不同的取向，包括：理論的背景、督導的功能、督導的重點、督導的著作等面向之演變情形，不一而足。但是，這些文獻也有一些共同點，認為社會工作督導的發展過程，幾乎與社會工作實務同步發展。而且，多數文獻認為社會工作督

導的起源，可追溯到十九世紀的慈善組織會社（Charity Organization Society, COS）的督導工作。

在這裡，我們將綜合上述文獻的重點，並補充貝多與戴維斯（Beddoe & Davys, 2016: 148）最近所提出以優勢為基礎（strengths-based）的督導取向，分為五個階段說明，以觀察社會工作督導發展的軌跡：

一、早期慈善事業的督導工作

1869年，英國在倫敦成立慈善組織會社（COS），從事濟貧工作。1877年，美國也引進慈善組織會社，做為處理貧窮問題的機構。

這些慈善組織會社成立初期，擔心沒有經過查證就提供救濟，可能造成不良後果，於是任用友善訪問員（friendly visitor），對於申請救濟者進行訪問調查。這種個別查證的方法，被視為社會個案工作的先河。

但是，慈善組織會社所任用友善訪問員，多數是志願工作者，其工作能力有限，流動率亦高，機構常須辦理招募，於是動用少數領薪的員工，負責輔導友善訪問員進行訪視工作。

當時，這些支薪員工負責執行輔導的工作，被視為社會工作督導的起源，在性質上著重於督導的行政功能（Kadushin & Harkness, 2014: 1-2）。

後來，1898年，紐約慈善組織會社辦理暑期培訓課程，被視為社會工作專業教育的起源，也是社會工作督導訓練的開始，受過訓練的領薪員工也被稱為社會工作者，他們仍然在機構裡對志工及新進員工進行個別輔導。這種學徒式的督導工作，或多或少也具有教育的功能。1904年，布雷克特（Brackett）出版《慈善的督導與教育》（*Supervision and education in charity*），是有關社會工作督導的第一份文獻（Engelbrecht, 2014: 125）。

二、著重個案的支持性督導

進入1920、1930年代，佛洛伊德（Freud）的精神分析理論盛行，社會工作深受其影響，在個案工作重視心理動力與互動關係，連帶著社會工作督導也開始有了一些轉變，督導者關心的是個案工作者（受督導者）對案主的服務。

這個階段，社會工作督導重視督導的互動關係，以及受督導者的情緒反應。在督導關係中，強調督導者的專業和權威，而受督導者所面臨的困境也常被視為個人的病態，需要接受治療。有時候，督導者分不清他的工作是督導，還是治療？但是，治療顯然不是社會工作督導者的專長。

1917年，李奇孟（Richmond）撰寫《社會診斷》（*Social Diagnosis*）一書，認為督導工作應該包含更寬廣的觀點，就像個案工作者經常發現類似的情形反覆出現在個案紀錄中，這種情形可能有它背後的原因（cited in Davys & Beddoe, 2010:12）。

1936年，羅賓森（Robinson）出版《社會個案督導》（*Supervision in social case work*），這是社會工作督導的第一本教科書。

這個階段，社會工作督導受到精神分析學派的強勢影響，伴隨著督導者與受督導者之關係重要性的認識，督導工作被賦予支持性的角色，並且反映於個案實務中（Wonnacott, 2012: 15）。

三、督導的專業性受到質疑

在1940至1960年代之間，社會工作的專業地位再度受到評估。1957年，格林伍德（Greenwood）提出一個專業應有的特質（attributes of a profession），包括：建立專業的權威與信譽、獲得社區認同的管控權力。

但是，強烈想要獲得社會工作專業地位的渴望，卻引起有關永無止境督導（interminable supervision）與自主性實務（autonomous practice）之間的

爭議。由於獨立實務與繼續學習，同為一個專業發展成熟的特徵。因此，有些人質疑：已經受過專業訓練的社會工作者，還持續地對他們進行社會工作督導，到底有無價值？有無必要？甚至有些社會工作者認為，接受永無止境的督導，對於他們的專業地位和獨立自主的特徵，簡直是一種「侮辱」（an insult）（Tsui, 2005: 7）。

　　有關督導實務自主性的議題，經過多年的努力之後，歐美有些機構允許擁有社會工作碩士學位（MSW）及某些特定領域二至六年實務經驗者，必要時可改為向外部專家尋求諮詢服務，以替代原有的督導工作。

四、強調督導的成效及責信

　　1973年，由於中東戰爭，引發世界性第一次石油危機。1980年，又因伊拉克與伊朗戰爭，產生第二次石油危機，導致油價上漲，工業國家生產成本提高，管理主義（managerilism）日漸盛行，強調經濟、效率和效益。

　　影響所及，社會工作機構越來越要求成本效益與責信。社會工作督導受到連動作用，也朝向務實的方向而發展，強調督導的合法性、定期檢視、完成任務，以及工作的成效與責信。

　　由於這個階段特別重視責信的問題，促使社會工作督導的焦點又轉移回到行政管理的功能，以確保實務工作者能如期完成任務。

五、倡導以優勢為本的督導

　　時序進入1990年代，面臨新世紀的到來，社會發展的趨勢是：重視臨床實務、信託管制、私有化、科學導向、任務與關係、心智情境的診斷、學習評估、倫理、壓力、專業語言、人群服務與倡導、預防等議題，並且持續強化各種理論和知識的探討，促使人們省思相關議題的原因及處置（Munson, 2009: 75-86）。

其中，後現代主義（post modernism）強調社會建構的意義，避免將實務工作應該怎樣運作的想法強加於人，而將眼光聚焦於社會過程中的參與者如何透過語言、文字，以及搜尋意義的過程，來解釋身邊的事件。

後現代主義不僅影響許多專業的實務工作，也影響督導工作的取向。後現代主義的取向，強調優勢而非弱勢、潛能而非限制、多元觀點而非單一事實。這種以優勢為本的取向，在最近二十多年已被廣泛運用於督導過程（Beddoe & Davys, 2016: 163; Davys & Beddoe, 2010: 35-36）。

上述五個階段側重於西方國家社會工作督導的簡史，至於臺灣社會工作督導的起源與發展，相關文獻的記載不多。大致情形是：

1970年代，政府與民間開始進用社會工作人員；1980年，政府透過考試聘用社會工作督導員（莫藜藜，2011：189）。

1997年，社會工作師法公布施行，規定報考社會工作師的條件之一，必須在合格的督導者督導之下，完成社會工作實習達400小時以上。

2011年，衛生福利部為了提高社會工作人力與服務品質，增設社會工作督導職位及名額。

2014年，臺灣社會工作專業人員協會開始試辦「社會工作督導培訓及認證制度」，申請者須於最近二年接受36小時督導，受訓須於二年內完成七個單元的課程共36小時，受訓後須於二年內督導他人至少150小時，始得申請認證。

第二節　社會工作督導的重要性

從社會工作督導的簡史中，我們可覺察到在社會工作發展的任何階段，無不重視督導工作，顯示督導在社會工作中有一定的重要性。

有關社會工作督導的重要性，專家學者通常從受督導者、案主、機構、專業等四個層面進行探討（Carroll, 2014: 20；莫藜藜，2011：192-193；曾華源，1995：198-199）。不過，最近的文獻已開始關注督導者接受督導的議題，認為「督導者也是受督導者」（supervisors are supervisees too）（Wonnacott, 2015: 14）。因此，我們將「督導者」也列入，共分為五個層面，探討督導在社會工作的重要性：

一、對受督導者而言

督導工作的實施對象，稱為受督導者（supervisee），他們也是實務工作者。社會工作的督導工作，就是要藉由督導者的專業督導，對於從事實務工作的受督導，提供一些必要的協助，例如：

（一）**提高實務工作者的士氣**：受督導者如果是實習生或剛開始從事實務工作的新手，他們因為缺少實務經驗，可能擔心工作表現不如預期。即使是有經驗的實務工作者，也可能因為個案量負荷過重，或者因為工作性質單調乏味，難免產生「倦怠感」（burnout）。社會工作督導最重要的任務，就是傳承其對社會工作使命與願景的熱情（passion）給受督導者，提高他們的工作士氣（Tsui, 2005: 10）。事實上，督導在發展、維持及激勵工作團隊士氣也扮演重要角色（Davys & Beddoe, 2010: 16）

（二）**促進實務工作的發展**：英國社會工作改革委員會（Social Work Reform Board, 2010）指出：督導是社會工作實務不可或缺的要素，督導工作在於透過督導者的導引，促使社會工作者經常檢視他們日常的實務，以及決

定的形成，並規劃下一步的實務進程，在實務上繼續有所精進，逐步臻於成熟（sited in Wonnacott, 2015: 17）。

（三）**助長專業生涯的發展**：在受督導者／社會工作者的生涯中，督導是一種長期的實務。黑爾（Hair, 2013）有一個堅定的信念，認為以實務為焦點的督導工作，是社會工作者轉化專業生涯所必需（Beddoe & Maidmentz, 2015: 83）。換言之，社會工作者有賴督導者的引導及激勵，逐步從實習生或「新手」，轉化成為成熟的實務工作者。

二、對案主而言

社會工作督導的直接對象是受督導者／社會工作者，間接對象是案主，也就是經由協助受督導者過程，促使他們為案主提供更好的服務，讓案主受益。

（一）**增進對於案主服務的品質**：社會工作者對於服務使用者所提供的社會服務與相關活動的品質，深受他們接受督導品質的影響（Brown & Bourne, 1999: 2）。套用一句股市分析師的「名言」：「好的老師，教你上天堂；不好的老師，教你住套房」。社會工作督導就是借重有訓練、有經驗的督導者，協助少訓練、少經驗的受督導者，縮短摸索或嘗試錯誤的時間，並增進他們對案主服務的品質。

（二）**降低案主可能受到的傷害**：社會工作者服務的案主，通常處於不利地位，是容易受到傷害的弱勢族群。社會工作督導者就好像「保姆在側」（陳錦棠，2015：114），透過工作中的觀察和持續性的督導，促使受督導者關注他們案主的需求，同理他們案主的不利處境。必要時，提醒受督導者檢視處理措施是否適當，以降低可能傷害案主的風險。

三、對機構而言

通常，社會工作督導者是在機構洽請或安排之下，為機構的員工（受督導者）實施督導工作。這樣的督導安排，對機構是有利的。例如：

（一）**減少機構人力的流失**：社會工作是一種高風險（high-stakes）的工作，實務工作者必須面臨許多壓力，經常有優秀人力流失。最近有些研究指出，對於兒童福利人員留任，有效的督導是其中主要因素（Wonnacott, 2012: 21; Yankeelov et al., 2009, cited in Davys & Beddoe, 2010: 11）。反之，低度的督導支持，與員工離職的意圖有顯著的關係（Nissly et al., 2005, cited in Davys & Beddoe, 2010: 11）。

（二）**確保機構政策的落實**：社會工作機構為了確保政策的有效執行，除了加強行政管理之外，必須透過督導的機制，協助實務工作者依機構的政策和程序，逐一付諸實施。尤其，社會工作實務常須配合機構政策，運用社區資源，以撙節經費，更需要督導者督促線上工作者善用資源，以克盡機構對於社區的責信。

四、對社會工作專業而言

凡是助人的專業，都有督導制度，社會工作專業也不例外。督導制度對於社會工作專業的運作和發展，必然有它的重要性。

（一）**督導是獲得專業認同的必要機制**：社會工作成為一種專業的必要條件之一，是有效管控它的成員關係、專業實務、專業教育、績效標準，藉以獲得社區的認同（林勝義，2013: 57）。這些管控的任務，大部分由督導者透過督導過程，與受督導者共同完成。尤其是專業實務的品質，以及實務工作者服務績效的表現，必須藉由督導工作，加以促進、檢視、評量，來爭取社區的認同。

（二）**督導是社工進入專業的必要過程**：例如，美國、英國、加拿大、

澳洲、紐西蘭、南非、新加坡、香港，已規定社會工作專業人員的任用條件之一，是曾接受過督導且持有時數證明（Beddoe & Maidmentz, 2015: 84-86）（詳見第十一章）。在國內，亦規定大學社會工作實習，必須由機構合格的督導者提供督導；專科社會工作師的甄選，必須接受督導與督導他人一定時數。這些，無非是要借重督導過程，為社會工作專業把關。

五、對督導者而言

社會工作督導對於督導者的重要性，可從兩方面加以探討：一是督導者（含管理者擔任督導者）提供督導可能獲得的好處；二是督導者（分為專職督導者、管理者擔任督導者）接受督導的必要性。

（一）**從提供督導中累積督導經驗**：雖然，新進督導者或多或少都有受過他人督導的經驗，但是這些經驗有好有壞，就像「樂透」（lottery）一樣，「運氣」（lucky）好的話，才會遇到好的督導者，得到好的經驗（Brown & Bourne, 1999: 21）。即使過去有好的經驗，也不宜複製過去的經驗來督導他人。而且，無論過去經驗好或壞，作為一個督導者（含管理者擔任督導者），都有必要繼續從提供督導中反思學習，甚至從錯誤中學習，不斷地精進督導的知能，為受督導者提供更好的督導。

（二）**從接受督導中增進督導優勢**：以專職督導者為例，他們接受督導，可獲得第三者（督導者的督導者）客觀地協助他們檢視督導關係、個案管理、績效管理等問題（Beddoe & Davys, 2016: 124），以增進自己在督導上的優勢。如果是私人實務的督導者，其接受優質的督導之後，受聘擔任外部督導的機會可望增加，薪酬與聲望亦不無小補。

（三）**從接受他人督導而強化適應能力**：機構的管理者、督導者接受他人督導，有其必要，也逐漸普遍。以管理者擔任督導者為例，他們在擔任督導者之後，必須在管理的關係之外，建立新的督導關係，並且扮演管理者與督導者的雙重角色，這是很大的挑戰。他們接受督導，將有助於強化新角色

的適應、維持新關係的平衡、做一個不一樣的管理者與督導者（Beddoe & Davys, 2016: 184）。

　　由上述可知，社會工作督導對於各種利害關係人，都有其重要性。因此，機構必須安排實務工作者接受適當的督導，進而確保案主獲得最佳服務；專業團體必須積極推動督導工作，以獲得社區認同，進而促進社會工作專業的發展。至於專職督導者、擔任督導者的管理者，也必須樂於接受督導，來精進自己的督導知能，至少在接受督導的過程中，對社會工作的定義也可能有新的體認。

第三節　社會工作督導的定義

何謂「社會工作督導」（supervision in social work）？這並不是一個容易回答的問題。表1-2是文獻上有關社會工作督導的一部分定義：

表1-2　有關社會工作督導的不同定義

時間	作者／出處	督導的定義
1936	Robinson，社會個案工作督導（p.33）	是一種教育的過程，一個具有某種必備知識和技巧的人，負責訓練那些缺乏這種知識和技巧的人。
1965	Stein，美國社會工作百科全書（第一版，p.785）	是一種教育的過程，特別地透過慣用的方法，將社會工作實務的知識和技巧，從受過訓練者傳達給未受訓者、從具有經驗者傳達給缺少經驗的學生和工作者。
1976	Kadushin社會工作督導（第一版，p.23）	社會工作督導者是機構行政成員，代表機構，指揮、協調、增進、評量受督導者的工作表現。他的職責是與受督導者在正向關係的脈絡互動，以完成行政的、教育的和支持的功能，最終目標是對機構的案主輸送最佳的服務。
1977	Miller，美國社會工作百科全書（第十七版，p.1544）	是一種行政功能，一種促使工作順利進行，並維持組織的管控與責信（control and accountability）的過程。
1983	Munson，臨床社會工作督導（第一版）	一種具有督導者的支持功能的互動過程。
1985	Kadushin社會工作督導（第二版）	一種關係到行政、教育和支持功能的過程，這三項功能是互補的。
2002	Munson，臨床社會工作督導（第三版）	由督導者透過教學、行政和助人的設計或再設計，以協助或指導受督導者的一種互動的過程。
2008	Shulman，美國社會工作百科全書（第二十版）	一個具備較多知識、技巧和經驗的專業人員，引導一個較缺這些條件的人，進行實務與專業的發展，並透過正向的督導關係，發揮行政、教育、支持功能，以促使受督導者工作順利進行，並維持組織的管控與責信。
2014	Kadushin & Harkness，社會工作督導（第五版）	由機構中授權的督導者，依據機構的政策和程序，對受督導者的工作表現，進行指導、協調、增進和評量。

資料來源：1985年以前之定義，引自陳錦棠，2015，p.5，並參考Mcpherson & Macnamara, 2017: 8; Kadushin & Harkness , 2014, p.8略作補充。2002年以後之定義，引自Munson, 2009, p.10: Shulman, 2008, vol, 4, p.186: Kadushin& Harkness, 2014, p.11

由表1-2顯示，不同時間與不同作者，對於督導定義的著重點有所不

同，例如羅賓森（Virginia Robinson）於1936年出版《社會個案督導》
（*Supervision in social case work*, 1936）一書，強調督導是一種教育的過程。
後來，1977年出版的美國社會工作百科全書，強調督導是一種行政作用，而
1983年，芒森（Munson）強調督導是督導者對受督導者提供支持的互動過
程。

　　即使是同樣的作者，在不同的時間，對督導的定義也有所轉變，例如卡
都遜（Kadushin）於1976年的定義，強調督導是行政、教育、支持等功能的
互補關係；到了2014年的定義，則強調督導是具備較多經驗的督導者，引導
較少經驗的受督導者進行實務發展與專業發展的一種過程。

　　在這些文獻之中，卡都遜與哈克尼斯（Kadushin & Harkness）所撰《社
會工作督導》（*Supervision in social work*）一書，自1976年付梓之後，歷經
四次再版（1985、1992、2002、2014），名聞遐邇，廣被引用，其對社會工
作督導的解釋，應具有一定程度的代表性。再者，基於社會工作屬於助人專
業的一環，我們也列舉一則助人專業督導的代表性意義，以便相互比較，並
探討督導在社會工作的特殊意義。

一、社會工作督導的解釋

　　卡都遜與哈克尼斯（Kadushin & Harkness, 2014）有感於「督導」
（supervision）一詞，可能是它的拉丁語源「super」有「over」（從上往
下）之意，而「videre」也有「to watch, to see」（看管）之意，容易將督導
者界定為「監督者」（overseer）─負責監視其他人工作的品質，甚至衍生
一種嘲笑的用語「愛管閒事」（snooper vision）（p.8）。因此，他們彙整督
導有關於功能、目標、地位、性質、過程等五個要素，為社會工作督導下了
一個綜合性的定義（p.11）：

　　社會工作督導是由機構中領有證照的工作者擔任督導者，並授權他／她

依工作職責對受督導的工作表現進行指導、協調、增進、評量。

在執行這些責任時，督導者是在一個正向關係的脈絡，與受督導者互動而發揮行政的、教育的、支持的功能。督導者的最終目標是根據機構的政策和程序，對機構所配置的案主，盡其可能地輸送最佳數量和品質的服務。

雖然督導者不直接對案主提供服務，但是透過他們對受督導者所做直接服務的影響，間接地影響受督導者為案主服務的水準。

這個定義，有些冗長，也有些複雜。因此，我們將之區分為五個段落，簡單闡釋它的主要意涵：

（一）**由機構中領有證照者擔任督導者**：在社會工作或社會福利機構中，督導者的地位屬於中層階級的管理人員。這類管理人員，通常是領有社會工作督導證照（the licensed social work supervisors）的實務工作者，他們扮演雙重的角色：一是督導者，二是中階管理者。其中，督導者的角色係由機構依法授權，他們必須依據機構的政策和程序，針對受督導者的工作表現而進行督導。

（二）**在正向關係的脈絡下進行互動**：社會工作督導是一種互動的過程。首先，督導者必須與受督導者建立一種正向的督導關係，然後在這種督導關係的脈絡之下，透過雙方的互動，執行督導工作既定的程序。理想上，督導者與受督導者之間，必須共同建立一種合作的（cooperative）、民主的（democratic）、參與的（participatory）、互相尊重（mutual respectful）、開放（open）的關係，社會工作督導始能順利進行（p.11）。

（三）**發揮行政的、教育的、支持的功能**：傳統上，社會工作督導的功能，包括：行政的（administrative）、教育的（educational）、支持的（supportive）功能。其中，行政的功能，關注政府與機構相關法規、政策、程序的適當執行；教育的功能，關注督導者從事實務工作所需的知識、態度和技巧是否適當；支持的功能，關注受督導者的士氣和工作滿意度。

　　（四）**督導者間接對案主提供服務**：在機構的組織結構中，社會工作督導在性質上屬於一種間接服務（indirect service），督導者係透過實務工作者（受督導者）而間接涉及案主的相關議題。換言之，在督導過程中，督導者可能討論到案主的議題，除非必要，不直接與案主接觸；而且督導過程不公開，以保護案主。

　　（五）**最終目標在提供案主最佳服務**：社會工作督導的目標，可分為短期與長期兩種目標。短期目標在於改善受督導者的能力，協助他們在專業上有所成長和發展，極大化工作所需的知識和技巧，使他們能更有效地工作，也更滿意於工作表現。至於長期目標，也是最終目標，則是為案主提供有效率、有效益、有品質的社會工作服務。

　　事實上，這五個段落之間，有相互連結的關係，並且聚焦在社會工作督導的過程和功能。因此，社會工作督導者在督導過程中，在行政上必須協助受督導者整合他們的工作；在教育上，促使受督導者更有技巧地完成配置的任務；在支持上，激勵和維繫受督導者完成這些任務的動機，進而為他們的案主提供最佳服務。

　　綜言之，社會工作督導係通過督導者與受督導者共同努力，以達成四方面的目標：1.對受督導者的目標：促使受督導者為案主提供更有效的服務，而自己也有更好的專業發展。2.對機構的目標：落實機構的政策和規定，並提高團隊的士氣。3.對督導者的目標：增進督導成效，提高專業表現。4.對案主的目標：確保案主獲得最大利益。

二、助人專業督導的解釋

　　霍肯斯與索海特（Hawkins & Shohet）共同撰寫的《助人專業督導》（*Supervision in the helping professions*）一書，歷經五個版次（1989、2000、2006、2008、2012），相當受到助人專業者的歡迎，其2000版也有中文譯本。最近，在2012年版，為了因應各種助人專業的共同需求，已更新部

分內容，並爲「督導」（supervision）提出一個普遍適用的解釋（p.60）：

> 督導是一種共同努力的過程，實務工作者在督導者的協助之下，關注他
> 們（受督導者）的案主、並將他們自己視爲案主夥伴關係與廣大系統脈
> 絡的一部分，藉此致力於改善他們的工作品質、轉化他們的案主關係、
> 繼續發展他們自己、他們的實務和廣大的專業。

　　如果將這個助人專業觀點的督導定義，與前述卡都遜與哈克尼斯
（Kadushin & Harkness, 2014）社會工作觀點的督導定義，兩相對照，可發
現它們之間的著重點，大同小異。就其相同之處而言，包括：（一）確認實
務工作者是督導的直接對象，案主則是間接對象；（二）強調督導者與受督
導者的互動、合作或共同努力，（三）主張督導工作必須促使受督導者關注
他們的案主，（四）重視督導的關係與脈絡對督導工作的影響，（五）兼顧
改善受督導者的實務與有效服務案主的雙重目標。

　　再就相異之處而言，霍肯斯與索海特（Hawkins & Shohet, 2014）的
定義，特別強調：（一）將受督導者視爲廣大系統脈絡的一部分、（二）
致力於協助受督導者繼續發展他們自己。這兩項，在卡都遜與哈克尼斯
（Kadushin & Harkness）的定義中，未見著墨。相對的，卡都遜與哈克尼斯
（Kadushin & Harkness, 2014）的定義，明確指出：（一）督導者係立基於
機構的授權，必須依機構的政策和程序進行督導。（二）社會工作督導的
過程不公開，以保護案主。（三）社會工作督導著重行政、教育、支持等
功能。這三項，在霍肯斯與索海特（Hawkins & Shohet）的定義中，付諸闕
如。

　　質言之，兩個定義相同的部分，可視爲社會工作同屬助人專業領域，是
兩者都可適用的著重點；而助人專業督導定義特別強調的著重點，則不妨作
爲社會工作督導未來發展的參考。至於社會工作督導定義特別強調的部分，
除了第三項有關督導的功能，屬於一般陳述之外，可視爲社會工作督導的獨

特屬性。不過，這只是兩則定義的比較，證據較為薄弱，仍有待更多的研究，以強化論述的基礎。

三、督導在社會工作的特殊意義

由前述兩則督導定義的對照，雖然顯示社會工作督導與其他助人專業督導之間，有許多相同之處，可交互運用，但也透露出它們之間仍存在著一些差異。我們似乎沒有理由將助人專業督導，全盤移植，一體適用（one size fits all）於社會工作督導之中。否則，社會工作督導就不具任何特質，甚至不必冠上「社會工作」一詞，直接稱為「督導工作」即可。

國內曾有出版社將外文《專業督導最佳實務：助人專業指引》（*Best practice in professional supervision: A guide for the helping professions*）一書（2010年版），逕行譯為《社工督導：理論與實務》出版，而內文仍保留「心理諮商師」、「護士」的案例分析（中譯本，p.133, p.221）。這種情形是否適當？有待商榷。

無論如何，社會工作督導與其他助人專業督導，還是有一些差別，更遑論它與工程、企業之類督導的差異。卡都遜與哈克尼斯（Kadushin & Harkness, 2014: 20）認為：督導工作雖非社會工作所獨有，但是相對於許多其他專業，督導的功能和過程在社會工作卻有特殊的意義。他們使用相當多的篇幅（p.20-26），詳細說明督導在社會工作的特殊意義。這些特殊意義可歸納為四個要點：

（一）**服務輸送的型態**（the nature of its service delivery pattern）：由於社會工作必須透過機構，將服務輸送給他們的案主，而且機構是一個相當複雜的科層組織。在科層組織的要求之下，社會工作督導必須依據機構既定的政策和程序進行，而對於服務輸送的整合、協調、責信，也比其他專業更受到重視。

（二）**督導所關注的問題**（the problems with which it is concerned）：在

社會工作督導關注的問題，包括：心智障礙、犯罪、依賴、歧視、家庭破碎（family breakdown）等，都是屬於高度敏感性，而且涉及整體家庭的問題。因此，社會工作督導常需協助受督導者處理案主及其家庭的問題，此與其他專業督導只關注個人的問題，顯然有所不同。

（三）**被提供服務的案主**（the clientele to whom service is offered）：社會工作督導是一種間接服務，督導者通常沒有直接觀察案主的機會，也不容易辨識受督導者（實務工作者）的服務是否傷害到案主。而且，社會工作的案主，多數是非自願性案主，對服務的配合度較低。因此，社會工作督導者必須經常檢視受督導者對其案主的服務情況，以確保案主的權益。在這種情況下，社會工作督導者所承受的壓力，比起其他助人專業的督導者，有過之而無不及。

（四）**社會工作者的特質**（the characteristics of social workers）：社會工作督導的對象是從事實務的社會工作者，他們在工作之前，雖然曾受過一些訓練，但是進入職場之後，服務的案主相當多元，工作情境常有變化，工作負荷相當沉重，又常需連結社區資源，以增進服務績效。因此，社會工作者的自律或自我監督，比其他專業顯得更加重要。社會工作督導必須促使受督導的社會工作者，繼續發展實務的能力。

質言之，社會工作督導有別於那些將重點擺在教導治療者臨床技巧的臨床督導，以及心理治療督導，更不同於商業界聚焦於人力資源管理與工作監控的「監督工作」（supervision）（Tsui, 2005: xiv）。然而，不同的專業雖有不同的界線，也有共同的核心（Davys & Beddoe, 2010: 20）。因此，心理治療的知識和技巧，也可供社會工作督導參酌運用。

一言以蔽之，社會工作督導的意義，強調督導是一種互動的過程，也是一種間接的服務，其短期目標在於落實機構政策，促使受督導者專業成長，而最終目標則在於提高受督導者的服務品質，讓案主獲得最大的福祉。

第四節 社會工作督導可能的錯誤

正確的做法，是督導者按照社會工作督導定義所揭示的要點，進行督導工作。可是，有些督導者僅以他們過去接受督導的經驗和方式，來督導現在的受督導者。甚至代代相傳，習焉不察，走錯了方向。

卡羅（Carroll, 2014: 44）從事督導工作37年，他認為督導的園地，就像花園一般，在花園裡，玫瑰不可能經年累月都盛開；在督導的旅程中，也可能發生一些錯誤，走錯了方向。他以多年的督導經驗，列舉督導工作走錯方向（go wrong）的十一種情況（pp.11-12）。這些情況，可歸納為三個面向：

一、衝過了頭

本質上，社會工作督導者應該考量受督導者與機構的實際需求，對於督導工作，有所為，有所不為。但是，有些督導者卻衝過了頭，超越了督導工作的界線。例如：

（一）**未經諮詢或同意就實施**（imposed without consultation or consent）：將受督導者配置給督導者的時候，受督導者所服務的案主不一定有問題。督導者還沒有與受督導者進行對話或共同評估，藉以了解他們有無預期的問題，機構就硬將受督導者塞給督導者。

（二）**專家的王國**（the realm of experts）：督導者以專家自居，引導新手（novice）或經驗較少的實務工作者，順著他的步調，亦步亦趨。如果不小心，結果就變成「複製」（cloning）督導者的樣態。

（三）**被管理所挾持**（hijacked by management）：將督導與管理混為一談，造成管理者也是被指定的督導者，或者是實務工作者現場的臨床督導者。這種管理者的督導，或者臨床者的督導，可能被視為一種「控制」

（control）的方式，也可能創造溫馴的實務工作者，如同韓特（Hunt, 2010: 161）所謂的「馴養的督導」（domesticating supervision）（cited in Carroll, 2014: 11），這種作法，傾向於確保原有的路線，後繼有人。

二、走進岔路

　　督導工作涉及的範圍相當廣泛，必須深思熟慮，步步為營。否則，一不小心，就可能走進岔路。例如：

　　（一）**被解釋為治療或諮商**（interpreted as therapy or counseling）：督導的唯一的焦點，集中在受督導者的個人生活，將督導工作解釋為受督導者生活上的治療或諮商工作。

　　（二）**玩心理學的遊戲**（a psychological game）：督導者與受督導者兩個陣營，機敏地迴避反思的實務，勾結了心理學理論化的解釋。這些遊戲從你我都反對機構，到我對朋友不斤斤計較，無奇不有，使督導工作變成撲朔迷離。

　　（三）**當作懲罰使用**（used as a punishment）：是有些人違反相關規定，或者實務工作被發現有所缺失，而要求他們接受督導，作為一種補救或矯正，期待這種懲戒可獲得良好的成果。

　　（四）**使用同一套督導技術**（a technology of supervision）：預先設定一種督導的公式和工具，以同樣的方式，運用於所有的受督導者。這種「殖民式的督導」（colonized supervision），並不罕見，他們堅決主張督導的過程可一體適用（one-size-fits-all）。在這種情況下，個別的學習是陌生的。

三、跟不上路

　　過與不及，都不是督導工作的正軌，有時候，督導者對於督導工作的了解有所不足，或者事前的準備不夠充分，就可能跟不上路。例如：

（一）**未經訓練就實施**（conducted without training）：感覺上，督導者與受督導者都在摸索找尋或跌跌撞撞的情況下，嘗試說得通督導是什麼？因而出現督導者與受督導者交換拙劣的故事，以應付組織和管理，作為一種消磨時間的怠忽方式。

（二）**未能充分利用**（underused）：督導工作變成只是一種個案會議（solely a case conference），嘗試處理受督導者的案主發生了什麼事，而未意識到案主有其個別的、配偶的、團隊的或組織的相關因素。因此，督導工作被窄化，只聚焦在整體助人系統的一部分，而沒有聚焦在組織或工作的系統樣態。

（三）**當作一種風險評估**（a risk assessment）：堅決認為督導所作所為都是「適宜」（proper）的方式，如有任何事情出了差錯，沒有人應受責備。督導者被強迫將焦點全部放在風險評估及逃避危險，使督導工作變成一種可怕的領域和方式，令人感覺到為了安全，可以不計任何代價。甚至在某些專業領域，督導工作容易被視為一種倖存的形式，尤其對於督導訓練的方向，以為那些優質的受訓者，應該「好管閒事」（snoopavision）。

（四）**當作一種照表操課的工作**（a tick-box experience）：督導之所以產生和提供，因為它是學校課程的必備條件、機構的審核要件，或基於人力資源單位的職責，督導「必須」（has to）照表操課，而很少徹底轉化督導者的學習。

比較言之，有關社會工作督導的描述，可能有正反兩面的情況。正面描述可協助我們掌握社會工作督導的著重點，有效運作；其反面描述則可提醒我們反思社會工作的適當性，減少失誤。庶幾「見賢，而思齊焉；見不賢，而內自省」。

第五節　本書內容的概念架構

從前面所述社會工作督導的簡史、重要性、意義、可能發生的錯誤，在在都顯示社會工作指涉的範圍相當廣泛，而且實務工作者（受督導者）、案主、機構、專業或督導者（含管理者擔任督導者），對於社會工作督導各有重要性，也可能各有期待。因此，本書將採取綜合性的論述，儘量涵蓋督導的重要內容，以因應各種利害關係人的需求，讓他們有機會從中擇其所愛，愛其所擇。

具體的說，本書將採借貝爾曼與顧特異（Bernard & Goodyear, 2009）在《臨牀督導的基礎》（*Fundamentals of clinical supervision*）一書所設計的三軸立方圖，略予修改，作為本書內容的概念架構，如圖1-1：

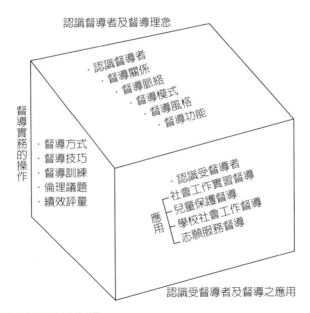

圖1-1　社會工作督導的概念架構

資料來源：依據Bernard & Goodyear, 2009的概念架構修改而成。

　　根據圖1-1的概念架構，我們除了在第一章略述社會工作督導的簡史、重要性、意義、可能發生的錯誤；在最後一章說明社會工作督導未來面臨的挑戰、面對的爭議、發展的願景之外，將社會工作督導的主要內容，配置在三個軸面：

一、認識督導者及督導理念

　　圖1-1的第一個軸面，是認識督導者，以及督導者必備的督導理念。這部分的基本構想，我們認為督導者是督導工作的關鍵性人物，攸關督導工作的成敗。因此，他必須對督導者本身的發展過程，以及督導者應有的任務和角色、可能發生的焦慮、如何適時檢視所作所為、怎樣才是「好的」督導者等議題，有一些自知之明。

　　然後，對於從事督導工作必須具備的基礎知識，包括：督導的多樣關係、督導的種種脈絡、督導的不同模式、督導的各類風格、督導的主要功能等亦應有所了解，始能於督導實務上有效運作，達成預期的目標。

二、督導實務的操作

　　圖1-1的第二個軸面，是社會工作督導實務的操作。這部分的基本構想，我們認為社會工作督導強調實務，必須要能夠有效操作。因此，督導者必須了解及操作相關的議題，包括：督導的實施方式、督導的重要技巧、督導訓練的實施、督導的倫理議題、督導的績效評量。

三、認識受督導者及督導之應用

　　圖1-1的第三個軸面，是認識受督導者，以及督導在社會工作實務領域的應用。這部分的基本構想，我們認為受督導者（實務工作者）是督導實施

的主要對象，也是督導的直接受益者，他們從督導中獲得必要的協助，始能對他們的案主提供高品質的服務。因此，督導者除了認識自己之外，也須認識受督導者的發展過程、職責、角色、可能發生的焦慮、對「好的」督導者的期待等議題，並與認識自己的相關議題，兩相對照，知己又知彼，將更能滿足他們對於督導的需求。

同時，為了發揮社會工作督導的實用性，讓更多受督導者受益，這部分也規劃一些應用的案例，包括：社會工作實習、兒童保護、學校社會工作、志願服務等領域的應用。

綜合本章所言，大致上著重於三個關鍵點：一是社會工作督導對於受督導者、案主、社工專業、機構的重要性。二是社會工作督導要透過社會工作機構實施，就不能忽略機構的政策和程序。三是社會工作督導屬於一種間接服務，原則上不與案主接觸，案主也不出現於督導現場，這是社工督導有別於其他助人專業督導之處。

【本章重點】

1. 社會工作督導的歷史發展，約有五個階段：(1)早期慈善事業的督導工作，(2)1920 年代著重個案的支持性督導，(3)1940年代督導的專業性受到質疑，(4)1970年代強 調督導的成效與責信，(5)目前倡導以優勢爲本的督導工作。

2. 督導的重要性，對受督導者而言，可提高實務工作者的士氣、促進實務工作的發 展、助長專業生涯的發展。

3. 督導的重要性，對案主而言，在於增進實務工作者對案主服務的品質、降低案主 可能受到的傷害。

4. 督導的重要性，對督導者而言，有助於從提供督導中累積督導經驗、從接受督導 中增進督導優勢、從接受他人督導而強化適應能力。

5. 卡都遜與哈克尼斯（Kadushin & Harkness, 2014）的社會工作督導定義，突顯五 個要點：(1)由機構中領有證照者擔任督導者，(2)在正向關係的脈絡下進行互動， (3)發揮行政的、教育的、支持的功能，(4)督導者間接對案主提供服務，(5)最終目 標在提供案主最佳服務。

6. 社會工作督導與其他助人專業督導之間，有許多相同之處，可交互運用，但也有 一些差異。社會工作督導特別強調：(1)督導者係立基於機構的授權，必須依機構 的政策和程序進行督導；(2)社會工作督導的過程不公開，以保護案主。

7. 督導者還沒有與受督導者進行對話或共同評估，藉以了解他們有無預期的問題， 機構就硬將受督導者塞給督導者，這是錯誤的。

8. 預先設定一種督導的公式和工具，以同樣的方式，運用於所有的受督導者。這是 一種「殖民式的督導」（colonized supervision）。

9. 社會工作督導不宜變成只是一種個案會議（solely a case conference），也不宜當作 一種照表操課的工作（a tick-box experience）。

【有待探究的議題】

1. 以某一國家爲例，探討其社會工作督導發展軌跡，對我國有何啓示？

2. 社會工作督導者與案主，兩者在何種情況下會有所關聯？

3. 與心理諮商督導比較，社會工作督導有何獨特之處？

4. 社工督導者與機構中層管理者，有無接受他人督導的必要？

第二章　認識社會工作督導者

　　在前面一章，我們探討社會工作督導的定義時，曾經引述卡都遜與哈克尼斯（Kadushin & Harkness, 2014: 11）的解釋，認為社會工作督導是由機構中領有證照的工作者擔任督導者，並授權他／她依工作職責對受督導的工作表現進行指導、協調、增進、評量。由此可知，督導者與受督導者，是督導工作的兩個重要人物，而且想要擔任督導者，除了符合一定的資格之外，對自己的職責也要有所認識。

　　近年來，有些督導文獻也強調督導者實施督導工作，必須從了解自己開始。他們的說法，包括：從我們是誰開始（starting from who we are）（Beddoe & Davys, 2016:39）？從你自己開始（starting with yourself）（Henderson, et al., 2014: 13）、認識他們自己（know thyself）（Carroll, 2014: 63）、問問你自己，你是誰（who are you）（Davys & Beddoe, 2010: 54）？

　　不僅督導者要有自知之明，即使是受督導者，也有認識督導者樣貌的必要，以便在督導過程有較好的適應，也獲得較多的利益。至於機構的管理階層、案主，甚至其他利害關係人，如果對於督導者的樣貌有所認識，亦有助於他們在做相關決定時，有比較周延的考慮。

　　無論如何，督導者是實際規劃及執行督導工作的主要人物，我們有必要認識他／她的樣貌。本章將從社會工作督導者可能的人選及動機、發展階段、擔心事項、任務與角色、對督導的期待等面向，描述社會工作督導者的大致樣貌。

第一節　成為社會工作督導者

　　督導工作在社會工作領域已行之有年，是哪些人比較有可能成為督導者？他／她們之所成為督導者或願意擔任督導者，是基於哪些動機或理由？這是值得我們優先探究的一個問題。

一、社會工作督導者的可能人選

　　由前一章有關社會工作督導的簡史，可知歐美國家最早在慈善組織會社是由支薪的行政人員擔任友善訪問志工的督導者，後來逐漸出現專業的督導者。我國則於1980年開始考選任用社會工作督導員，後來也發展出其他不同樣貌的督導者。綜觀相關文獻的記載（Beddoe, 2015: 83-84; Kadushin, & Harkness; 2014: 206-208），以及實務運作的情況，社會工作督導者可能由下列人選出任：

　　（一）**專職的督導人員**：有些機構在員工編制中，設有「督導」的職位，任用具備督導資格者，擔任社會工作督導者，頭銜就稱為「督導」（supervisor）。這類督導者，可能經由考試、甄選或約聘僱的程序而任用。同時，他們可能全時從事督導工作，也可能還要兼辦其他業務。

　　（二）**資深的社會工作者**：大多數社會福利機構，通常由社會工作年資較深、實務經驗較多的社會工作者，擔任督導者，負責督導實習生、新進人員或資歷較淺的社會工作者。

　　（三）**機構的管理人員**：由機構中高階層的管理者兼任督導者，依其行政上的職權，負責督導屬下的社會工作者。這類管理者兼任督導者，具有雙重角色。同時，他們可能具備社會工作專業背景，也可能是其他領域的背景。

　　（四）**學校教師**：大學院校社會工作系所學程的專兼任教師，通常要擔

任學生機構實習的督導者，一般稱爲「學校督導」，與實習機構的「機構督導」共同督導學生的社會工作實習。有時候，學校教師也受聘擔任機構的督導者，一般稱爲「外聘督導」或「外部督導」。

（五）**專科社會工作師**：以我國爲例，專科社會工作甄試分爲兩個階段，通過第一階段筆試之後，必須在其專科領域（醫務、老人、家庭）督導他人達36小時以上，始具備參加第二階段甄試的資格。

（六）**私人實務的督導人員**：以紐、澳爲例，有些社會服務機構未設督導者，而視實際需要聘請私人機構的督導人員，到機構兼任督導者，計時付費。或者機構的社會工作者，自行付費尋找外界督導者，督導他們一定的時數，以符合機構的規定。其中，由社會工作者自行洽定的外界督導者，通常是社會工作者到督導者的事務所接受督導，習慣上稱爲「外部督導」（external supervision）（Beddoe, 2015b: 22）。這種私人化督導的情況，與國內所稱的「外聘督導」有些區別。國內社會工作師事務設置之後，有些機構也開始透過契約或按時計酬的方式，運用私人機構的督導者。

（七）**其他領域的專業人員**：社會工作實務經常涉及衛生、教育、勞動及其他領域。有時候，社會工作團隊也涵蓋其他領域的專業人員。這種情況，通常安排跨專業的督導者進行督導工作。因此，社會工作者也可能由其他領域的專業人員擔任其督導者。

再者，在同儕督導（peer supervision）中，上述人選中的同事（學校教師除外），也可能交互擔任督導者；而自我督導（self-supervision）時，自己也是督導者。至於有些學者主張督導者，以及擔任督導者的管理者，也應有他們的督導者，這類督導的督導（supervision of supervison, SoS）（Beddoe & Davys, 2016: 176: Henderson, et al., 2014: 137），也可能由上述七種人選之中，擔任其督導者。

除了上述七種的人選之外，說不定還有其他人選也擔任社會工作督導者。例如，有一個政府委外專案，由得標團體的理事長（高中畢業）自行擔任其屬下社會工作者的督導者。其實，案例中這個理事長，本身更需要督導

者。

　　無論如何，做爲督導者，從中了解自己屬於哪一類督導者，有利於自我
定位。做爲受督導者，也可從中選擇適當的督導者，或者了解自己的督導者
屬於哪一類，以利因應或適應。

二、成爲社會工作督導者的動機

　　促使社會工作的實務工作者成爲督導者，其動機不盡相同。有人有強
烈的動機擔任督導者，以便進入機構的管理階層；另外有人進入督導階層是
因爲缺少更好的選擇，不得已而擔任督導者（Kadushin, & Harkness; 2014:
207）。

　　卡羅（Carroll, 2014, 64）爲了說明：何以督導者投入督導工作（why
supervisors supervise），曾引用霍肯斯與索海特（Hawkins & Shohet, 2012:
28-31）有關成爲助人者的隱含動機：對權力的渴望（the lust for power）、
滿足本身的需求（meeting our own needs）、被喜愛的需求（the need to
be liked）、想要療癒（the wish to heal），並且添加他自己的見解：想做
重要的事（the need to be important）、想做不同的事（the need to make
different）、想療癒自己的創傷（the need to heal our own wounds）、想掌控
（the need to control）。這些動機，多數屬於助人的動機，與督導者的動機
不盡相符，而且有重疊的情況。因此，我們加以彙整，並增加社會工作督導
的部分，略述成爲社會工作督導者的隱含動機，如下：

　　（一）**想要晉升管理階層**：權力慾、想掌控，好像比較自私，且與社
會工作者強調社會正義、關心弱勢的傳統價值有所出入。但不必諱言，有些
社會工作者想要提高地位，擁有權力，可能是人性使然，可能是對管理有興
趣，也可能曾被壓迫，想成爲督導者而獲得一些療癒。這些，都可能是社會
工作者努力成爲督導者的動機。

　　（二）**追求繼續專業發展**：社會工作是一種助人的專業，必須隨著時空

變遷，繼續專業發展（continuing profession development, CPD）。有些社會工作者努力成為督導者，可能是想要在專業生涯中，做一些與過去不一樣的工作，或者想從提供督導中累積經驗，反思學習，增進專業知能，滿足自己繼續專業發展的需求。

（三）**想要取得某種資格**：由第一線的社會工作者，要想再往上升遷，通常具有督導者的資格，比較有競爭力；由一般社會工作師，成為專科社會工作師，通常要有督導他人的時數。有些社會工作者或一般社會工作師，可能是想要取得必要的資格，而努力成為督導者。

（四）**想要增加工作收入**：通常，水往下流，人往上爬。社會工作者或一般社會工作師擔任督導者之後，除了提升自己的地位、聲望之外，工作機會與薪資報酬也經常隨之增加（Kadushin, & Harkness; 2014: 206）。尤其，私人實務的督導者累積督導的經驗之後，其受聘擔任外部督導的機會可望增加，對於薪資報酬不無小補。

（五）**基於社會工作的使命感**：以機構實習為例，除了少數的醫務、心理衛生、私人機構向實習生收取有限的費用之外，大多數機構都免費為實習生安排督導者，而且機構督導者也能不計成本、盡心盡力、傾囊相授，傳承經驗。這種基於促進社會工作專業發展的使命感，為社會工作培育實務生力軍，是成為社會工作督導者獨特的動機。

然而，也有一些實務工作者只是因為機構要符合法規與實務的管理規範，而被管理階層指派擔任督導者（Davys & Beddoe, 2010: 52）。這類督導者往往不是自願的，甚至也沒有什麼動機。

不管怎樣，成為督導者可能各有不同的動機，而且動機也可能改變。督導者認識上述動機，將有助於強化原有動機、轉化或重新培養自己想擔任某一種督導者的動機。相對的，受督導者認識督導者的動機，也可在適當的時機或場合，對督導者的動機給予肯定和支持，以激發督導者持續投入督導工作的動力，連帶著自己也可從中受益，成為「你好，我好」的雙贏效果。

第二節　社會工作督導者的發展階段

　　如果機構有督導者的空缺，而實務工作者也有擔任督導者的動機，可能比較有機會成為社會工作督導者。但是，成為督導者之後，在督導者的生涯之中，仍然需要經過不斷的歷練，才能逐步發展成為督導者之中的熟手或行家。

　　早期，探討社會工作督導者發展階段的文獻並不多，通常引用臨床督導者發展的相關文獻，來說明社會工作督導者也可能有類似的發展。近年來，對於社會工作督導者發展階段的探討已逐漸增多，而且呈現各種不同的觀點。我們先概覽文獻上有關督導者發展的見解，再從其中選擇一種見解進行分析：

一、督導者發展階段的梗概

　　根據現有文獻，對於社會工作督導者生涯的發展階段，學者之間的見解，異同互見，我們彙整之後，如表2-1：

表2-1　社會工作督導者的發展階段

代表人物	第一階段	第二階段	第三階段	第四階段
Alonso, 1983	初學生涯（novice）	中期生涯（mid-career）	晚期生涯（later career）	
Hess, 1987	起始階段（beginning）	摸索階段（exploration）	確定角色認同（identity）的階段	
Stoltenberg & Delworth, 1987	督導者對自己需求的關注，大於對受督導者與案主需求的關注	督導者在自主性與依賴之間掙扎	督導者開始發展如何在自我與他人之間取得平衡	督導者可順利整合實務技巧與服務品質，成為精通督導者（master supervisor）

代表人物	第一階段	第二階段	第三階段	第四階段
Watkin, 1993	角色衝擊（role shock）	角色恢復和轉移（role recovery and transition）	角色穩固（role consolidation）	角色掌握（role mastery）
Davys & Beddoe, 2010	成為一個督導者（becoming a supervisor）	將督導實務與理論進行連結（connections）	整合（integrating理論與督導風格並促進轉變）	

資料來源：筆者彙整自Hawkins & Shohet, 2012, pp.81-82; Davys & Beddoe, 2010, pp.108-109; Tsui, 2005, pp.108-111.

　　由表2-1顯示，社會工作者成為督導者之後，其生涯發展大致上可分為三或四個階段，循序漸進，在督導的關注點、角色扮演、督導實務與理論的連結等面向，不斷地進展，最後達到成熟的境界，成為督導的行家。

二、督導者發展階段的分析

　　在表2-1有關督導者生涯發展階段的五種見解之中，以史托田堡與迪沃斯（Stoltenberg & Delworth, 1987: 152-167）的描述較為詳細，也常被其他學者引用及討論（Tsui, 2005: 109: Hawkins & Shohet, 2012: 81-82）。其中，霍肯斯與索海特（Hawkins & Shohet, 2012: 81-82）將之調整為四個層次，用以分析成為督導者之後各個階段的發展特質：

　　（一）**層次一**（level 1）：督導者傾向於擔心如何做那些「對」（right）的事情？如何有效扮演督導者的角色？這種傾向，可能導致督導者過度重視技術面，或者試圖扮演一個專家角色。

　　（二）**層次二**（level 2）：督導者發現督導的過程比他／她的想像更加複雜和多面向（multi-dimensional），不再像原先那樣「過於魯莽冒失」（great adventure）。有時候，他／她傾向於繼續以自己所擁有的條件，好好地擔任一個督導者，不再為了督導實務而想要得到更多的支持。

　　（三）**層次三**（level 3）：督導者本其一貫的動機，扮演著督導者應有

的角色，並且有興趣於不斷地改善他／她的督導績效。同時，他們也能忠誠地進行自我考評（self-appraisal）。

（四）**層次四**（level 4）：督導者對於督導工作已能調整他們的風格，適當地與來自任何發展層次的受督導者、來自不同學科、不同導向與跨文化差異的同事，一起從事督導工作。到了這個階段，督導者已能順利完成有關督導工作的實務，也有能力擔任督導訓練的教學工作（teach）或指導教師（tutor）。

根據上述四個層次的階段性分析，顯示督導者由新手到老手，並非一次到位，也無法在很短時間內，完成督導者的生涯旅程。因此，做為社會工作的督導者，認識了這些發展階段，一方面要有耐心，循序成長，否則揠苗助長，欲速則不達，反而徒增煩惱。另一方面要經常自我檢視，是否達到該階段的一般基準，以便進行必要的調整或改善。相對的，受督導者也有必要認識他們的督導者之發展階段，一方面可儘量適應，讓自己獲益更多；另一方面也可配合自己的發展階段，或者配合案主的階段性需求，選擇或轉換較適當的督導者，以免雙方的期待落差太大，影響受督導者在實務和專業生涯的發展。

無論如何，任何人在成長過程，總會遇到一些困難。督導者在督導生涯發展的各個階段，也難免遇到困難問題，擔心督導工作做不好，而憂心忡忡，寢食不安。尤其，新手督導者的經驗不足，擔心的事項可能更多。

第三節　新手社會工作督導者擔心的事項

　　從第一線的社會工作者，到剛成為機構中階的督導者，就要開始督導本來屬於同事的實務工作者，當然會有一些令人擔心的事項。

　　可惜，文獻上有關新手督導者擔心事項的議題，往往只提及督導者開始督導時，信心不足，容易擔心，卻很少深入討論。所幸戴維斯與貝多（Davys & Beddoe, 2010: 160-165）對於剛開始督導時可能擔心的事項，有較多的論述。他們認為新手督導者可能擔心的事項，聚焦於三個面向：(1)擔心被受督導者的感受所壓倒（fear of being overwhelmed by the supervisee's feeling）、(2)擔心被視為不適任的督導者（fear of exposing inadequacies as a supervisor）、(3)擔心被他人挑剔（fear of criticism）（p.162）。現在，我們就根據他們的見解，添加簡單的標題，並略予闡釋，以了解新手督導者可能擔心的事項：

一、擔心被受督導者的感受壓倒

　　通常，受督導者如果沒有事，不會主動找督導者，一旦找上督導者，必然有麻煩的事。如果受督導者帶到督導會議的議題很棘手，而督導者又是新手上路，可能會有下列的擔心事項：

　　（一）**擔心受督導者一時失控**：亦即擔心因受督導者的痛苦而陷入窘境（becoming overwhelmed）。例如，受督導者在督導會議中，訴說他遭受案主故意中傷，痛苦不堪。這種情況，督導者第一次碰到，可能手足無措，陷入窘境。

　　（二）**擔心實務問題故態復萌**：亦即擔心督導者尚未解決的舊實務議題（old practice issues），又重新暴露出威脅。例如，督導者與受督導者討論某兒虐庇護的實務議題，可能擔心兒虐會重複出現、督導的效果欠佳、一開

始就無法證明有督導能力。

（三）**擔心自己的倦怠和脆弱**：例如，受督導者經常帶著難纏的個案、不安的情緒、龐大的壓力，以及其他困擾問題，來參加督導會議，希望得到協助。新手上路，就碰到這麼多疑難雜症，擔心自己會疲勞過度，經不起考驗，很快就會成為專業倦怠（burnout）及脆弱（vulnerability）的成員。

（四）**擔心須分擔受督導感受**：亦即督導者在意識上，想要分擔（sharing）受督導者感到遺憾（shame）與不足（failure）而擔心。例如，督導者剛轉換為督導者角色，仍惦記著社會工作者服務案主的技巧，苦思要如何透過分擔，以顯示其對服務對象（受督導者）的同理心，而忘記現在他與案主已是間接關係。這種擔心，似乎是作繭自縛，應善用督導的同理技巧。

二、擔心被視為不適任的督導者

剛開始擔任督導者，往往求好心切，急著展現自己的督導能力，以獲得機構、受督導者及其他人的信任，因而可能有下列擔心事項：

（一）**擔心督導技巧不足**：亦即督導者對於「掌控」（hold）受督導者、處理受督導者的感受，擔心自己的技巧和信心有所不足。例如，擔心受督導者會故意提出感受上的難題，藉以考驗新的督導者，因而擔心自己沒有足夠的處理技巧，會失去受督導者對他的信心，甚至無法留下來繼續接受他的督導。

（二）**擔心沒有變得更好**：亦即督導者擔心自己的督導工作，沒有使受督導者的情況比以前「變得更好」（make it better）。例如，新手督導者的督導對象是前一任督導者所移交，如果他接手之後，沒有比前一任督導者做得更好，擔心因此被認為不適任。

（三）**擔心被批評不稱職**：亦即擔心有人察覺到受督導者沒有被妥善處理的情況，而不正確地反映在督導者身上。例如，受督導者提出尋求資源救助案家的議題，本應機構、受督導者一起努力，但督導者擔心這件事沒處理

好，會怪罪他不稱職。

（四）**擔心做法牴觸傳統**：亦即擔心為了證明自己的督導是「最佳實務」（best practice），可能會衝撞到傳統上必須適度控制感情介入的實務規範。例如，剛開始從事督導工作，對機構的傳統規範不熟，擔心動輒得咎，踩到「紅線」，引發衝突。

（五）**擔心風險與感受兩難**：亦即在風險優先（priorities of risk）與感受表達（expression of feelings）兩個議題之間，擔心無法平衡處理。例如，受督導者遭到被迫離職的危機，向督導者哭訴上司濫權施壓。督導者新手上任，情況不明，左右為難，擔心無法兩全其美。

三、擔心被他人挑剔

由社會工作者轉換為督導者之後，在工作上所涉及的環境脈絡更加寬廣，也更加複雜。而且，地位提升，權力增加，難免居高思危，擔心下列事項：

（一）**擔心機構同事貶抑**：亦即擔心在機構中，督導工作被視為「手提包」（hand holding）（中看不中用）、「工作輕鬆，不需吃苦」（soft），或者只是情緒上的閒聊（emotional babble）。例如，擔心機構其他人只看到督導者都是用「說話」方式在工作，而曲解他們的專業，誤以為新的督導者只會空口說白話，而不知「說話」（talk）、「焦點對談」（focus conversation）也是督導的技巧，且需要充分準備，並非隨意閒聊（Beddoe & Davys, 2016: 241）。

（二）**擔心輿論批評不實**：亦即擔心在督導工作脈絡中的輿論（public opinion），批評督導者的任務焦點變成抱怨中心（complaint center）。例如，媒體來採訪時，看到受督導者（實務社工）一直向督導者抱怨、訴苦，擔心媒體有負面的報導，而影響新督導者的專業形象。

（三）**擔心未達實證要求**：亦即在實務價值觀（practice ethos）要求以

證據為本（evidence based）的脈絡中，督導者擔心他無法符合要求的標準。例如，焦點對話幾次有效？效果如何？可能都令新手督導者擔心拿不出證據，不像老手知道用其他變通方式來證明。

（四）**擔心成果不符期待**：亦即在績效議題（performance issues）要求證據且急著看到成果的脈絡中，督導者可能擔心無法符合這樣的要求。例如，機構主管為因應施政報告或上級視察之需，要求督導者立即提出督導成果報告，可能讓新手督導者不知所措，擔心不已，不像經驗老道的督導者可以應付自如。

上面所述三個面向的擔心事項，無論督導者或受督導者都有認識的必要。新手督導者認識這些擔心事項，將有助於及早設法預防、緩和或化解。相對的，受督導者認識新手督導者的擔心事項之後，不妨易地而處，多予包容、體諒，共同維護和諧的督導關係，以利督導工作順利進行。至於擔心機構與輿論的誤解或批評，則有賴督導者謹言慎行，自我省察、自我改進，必要時亦可主動與機構溝通，對媒體行銷，促使他們了解真相，公平評論。

質言之，新手督導者之所以擔心上述事項，追本溯源，可能督導者初次承接督導工作，對於自己應該負責什麼任務，還不是很清楚；對於自己應該扮演什麼角色，也不是很明確，因而擔心做不好，而怕被批評、誤解。當然，伴隨者督導者的發展階段，仍有擔心的事項，但擔心事項可能不同，擔心程度也可望降低。

第四節 社會工作督導者的任務及角色

即使督導者有許多擔心的事項,既然成為督導者,就必須承擔督導任務,扮演稱職的角色。然而,社會工作督導有一個特質,必須透過機構進行督導工作。也就是督導者必須配合機構的政策和實務,在機構的安排之下,執行機構所賦予的督導任務。

而且,社會工作督導者在執行督導任務的過程中,除了與受督導者協力合作之外,由於工作或任務的需要,經常涉及機構、案主、同事及其他相關人員,因而必須扮演各種不同的角色。因此,我們將社會工作督導者的任務與角色,放在一起討論。

一、社會工作督導者的任務

社會工作督導是一種複雜的實務,其所涉及的任務領域,相當廣泛。而且,督導者的任務經常會有變動。例如,新手督導者的任務,在後續的各個發展階段,必然有一些改變。

再者,一般較成熟的督導者,其所承擔的任務,大多數與督導功能中的行政功能所述,大同小異。例如,歐尼爾(O'Neill, 2004)所描述的督導任務:為實務工作者(第一線社會工作者)提供機會,協助他們監視和確保他們的服務品質、檢視和規劃他們的工作量、考慮如何促進他們特定的職責和角色、發展他們的知識和技巧等項(cited in Noble et al., 2016: 22),就與卡都遜與哈克尼斯(Kadushin & Harkness, 2014: 28)所描述的行政性督導的職責:擬定工作計畫、監控和檢查工作、充當行政管理的緩衝劑(as administrative buffer)等項,頗多類似。因此,有關一般督導者的任務,留待第八章督導的行政/規範/品質之功能中討論。在這裡,我們先行探討新手督導者的任務。

　　有關新手或新的督導者之任務，戴維斯與貝多（Beddoe & Davys）兩人曾於2010年提出六個關鍵性任務（Davys & Beddoe, 2010: 109-117）。稍後，在2016年又再度強調一次（Beddoe & Davys, 2016: 54），可見他們重視新手督導者任務之一斑。以下擇要說明：

　　（一）**促使受督導者就近協助服務使用者**（working with the service user at arm's length）：一個實務工作者成為新手督導者之後，必須避免以自己原先協助案主所使用的知識和技巧，用來督導現在的受督導者。督導者的首要任務，是發展一種能力，去促進受督導者的覺察，以便就近協助他們的案主。這種能力的發展，可從督導實習生開始。有一項實務工作者督導實習生經驗的研究，發現透過「督導」與「教導」實習生的過程，不但可增加督導者的自尊心（self-esteem），也有助於學習新的督導技巧。同時，許多督導者也指出，從督導實習生之中，除了增加他們的自我覺知（self-awareness）與自我分析（self-analysis）的能力，也學會自動調整督導的方法（Urdang, 1999, cited in Davys & Beddoe, 2010: 110）。簡言之，督導者在這方面的任務是發展一種督導的能力，以協助受督導者就近服務他們的案主。

　　（二）**增加督導實務的相關知識**（knowledge for supervision practice）：通常，督導者對於本身專業及實務的背景知識，大概都有所了解，問題是如何將它清楚地概念化，形成一種默會知識（tacit knowledge），使用於實際情境的脈絡中。因此，督導者除了運用原有知識和實務經驗之外，必須再增加督導實務所需的專業知識或學科知識（disciplinary knowledge），這被視為督導者的必要任務之一。也就是說，督導者有吸收或增加督導相關知識的任務，知道如何運用研究的成果於實務上，藉以界定問題，發現解決方案，評量實施結果，而不是重複著經驗上感覺有用的做法。簡言之，督導者在這方面的任務，是增加督導相關知識，並將「理論與實務」加以整合，形成一種以理論為基礎的實務（theory-based practice）。

　　（三）**界定督導實務的過程與角色**（defining process and role）：新手督導者經常遇到的一個難題，不知如何區別督導過程與督導角色的不同。推究

其原因，主要是許多組織的設施中，對於臨床督導過程（clinical supervision process）與第一線管理功能（frontline management function）之間的界線模糊不清。使得新手督導者難以駕馭雙重角色。這種現象，常使督導者僅能完成機構提供的督導選單式（checklist），較少實施反思的督導，而督導者也變成被動化和機械化。這樣做，雖可降低督導者的焦慮，但不一定能改善督導的品質。簡言之，督導者在這方面的任務，是兼顧督導功能與督導過程，並協助受督導者辨識角色與過程之不同，而不宜過度依賴督導者的方法與技巧。

（四）**管控督導的權威和權力**（the management of power and authority）：新手督導者在成長過程中，有一個主要議題和關鍵性任務，就是管理那伴隨著各種不同型態的角色和權力而來的權威。在傳統的取向，對於個別督導的權力關係，往往嵌入管理的權力和專業的權威。這些權力有：充權（empowerment）、共權（power with）、去權（dispowerment）、有權（power over）、掌權（power within）等多種樣態而引人注目（Richmond, 2009: 545, cited in Davys & Beddoe, 2010: 112）。再者，權威可能來自1.組織賦予的角色權威（role authority）、2.透過值得信任的知識和實務而獲得的專業權威（professional authority）、3.在專業關係中運作個人風格和能力而獲得的個人權威（personal authority）（Wonnacott, 2012: 39; Davys & Beddoe, 2010: 113; Hughes & Pengelly, 1997: 168-189）。對於這三種權威來源，如果過多依賴其中一種，可能導致督導關係被曲解，而過少使用正當的權威，並可能損害責信。因此，督導者必須讓受督導者知道，如果故意挑戰督導的實務，他們的督導者是有任務去管控權威，使其導入適當的使用。簡言之，督導者在這方面的任務，是在督導中維護權威的適當使用。

（五）**促進情緒的穩定表達**（facilitating safe expression of emotions）：社會工作越來越重視風險管理（risk management）的議題，並強調正當程序（proceduralism），而引發實務工作的緊張和不確定性。同時，由於政治脈絡要求提高工作績效，也使得實務工作者的焦慮程度居高不下。為了緩和這

些緊張情緒，近年來督導工作的取向，強調「自我的使用」（use-of-self），探討「深思熟慮」（mindfulness）之類的概念（Mandell, 2008: 235-236）。這樣做，好像與以證據為本的實務還有一段距離，然而受督導者對於實施科學、客觀、實驗的實務模式，覺得有壓力，且他們迫切期待有人相信他們的感受，傾聽他們的聲音。因此，在督導工作中，督導者有必要提供一個空間，讓受督導者的心聲被聽到、被注意到。簡言之，督導者在這方面的任務，是提供機會，讓受督導者的感受，能穩定地表達和探討，當作一種反思的督導實務。

（六）**風險的管理**（management of risk）：辨識風險、降低風險，是當前社會工作實務的重點。新手督導者注意的焦點，必須集中於危險的工作情境，以減少「專業的危險性」（professional dangerousness）。然而，要降低工作情境的風險，督導者對於所處環境可能發生的風險，必須有所覺知，始能有效回應。

尤其是媒體高度審視的議題：例如，地方當局限縮社會工作角色的後果；在實務上，將預防性、發展性為焦點的實務，轉向將那些易受傷害的案主群，當作「高風險」（high risk）加以「管理」（management），使得風險本身被標記為資源不足，而在媒體上加以報導和評論。

這些與高風險有關的議題，都是受督導者可能在督導過程中提出來討論的題目。簡言之，督導者在這方面的任務，是協助受督導者進行風險辨識、風險評估、風險處理，以免風險惡化，導致其所服務的案主受到更大的傷害。

當然，上述六種只是剛成為社會工作督導者的「關鍵性」任務，必然還有其他「一般性」、「日常性」的任務。例如，協助社會工作者按照機構的標準來提供服務、以一種確保服務順暢的方法來簡化社會工作者的工作、根據機構職級的要求來評估社會工作者而提出升遷的建議（陳錦棠，2015：19）。而且，社會工作督導者由新手發展變成老手的過程，不同的成熟度，可能有不同的任務。

二、社會工作督導者的角色

文獻上，有關社會工作督導者角色的描述，多如恆河沙數，難以細數。舉例言之，在社會工作督導的著作中，藍姆巴特與英吉布列特（Lambary & Engelbrecht, 2014: 129）認為督導者的重要角色，可包括：行政者、教育者、支持者、專家、激勵者、使能者、促進者、充權者、協商者、調解者、倡導者、行動者、研究者。

又如，徐明心（Tsui, 2005: 19）認為社會工作督導者必須扮演：輔導者、教師（teacher）、顧問、同事（colleague）、導師（mentor）、評量者、促進者等角色。

此外，在助人專業督導的著作中，卡羅（Carroll, 2014: 61）認為督導者面對挑戰中的各種任務，必須履行眾多的角色：導師（mentor）、教練（coach）、顧問、輔導者、諮商人員、守門人（gatekeeper）、評量者、監視者、學習促進者（learning facilitator）、裁判者（judge）、進程追趕者（process chaser），這可能是督導被稱為「不可能的專業」（the impossible profession）之原因？

再者，韓德森等人（Handerson, et al., 2014: 22）認為督導者可能視自己為：緩衝劑（buffer）或衝擊的吸收者（shock absorber）、輔導者、反映者（mirror）、教師、有智慧的長者（wise elder）、評估者（assessor）和避難提供者（provider of refuge）。

總計上述四個例子，共有36個角色，扣除7個重複出現者，還有29種不同的角色。說不定角色太多，令人眼花撩亂，反而無所適從。多年前，曾華源（1995: 297）曾提及國內對督導工作的認識，尚未普遍，許多人聽到「督導」二字時，常常會感到疑惑，不知道督導者（supervisor）所扮演的角色為何？時至今日，也許情況已有改善。但是，為了持續增進國人對督導者角色的認識，尤其是督導者對自己角色的認識，我們不妨以督導者的任務為基礎，據以思考督導者的對應角色，並將角色數量適度精簡，如圖2-1：

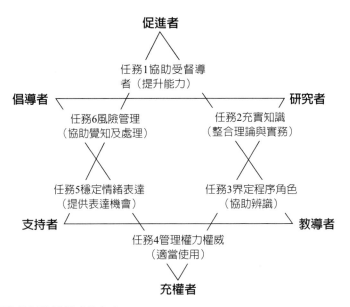

圖2-1　與督導者任務相對應的角色

資料來源：筆者設計及繪製

　　圖2-1，是根據前述新手督導者的關鍵性任務，提出對應的六種督導者角色。這些角色，可依其在督導過程可能出現的順序，略作說明：

　　（一）**促進者**（facilitator）：前述督導者的第一種任務，是就近協助受督導者，促進他們提升服務案主的能力，顯示督導者在這方面的主要角色，是促進者。事實上，督導者在後續的實務中，也常須扮演促進者的角色，與受督導者共同發展督導關係、發揮督導功能、展現督導績效。

　　（二）**教導者**（teacher）：前述督導者的第三種任務，是協助受督導者辨識角色與過程的不同，顯示督導者在這方面的主要角色，是教導者。也就是在督導中，「教導」受督導者「學習」在接受督導的過程中，適當地履行他們的角色。事實上，督導者在其他實務中，也經常以教學者的角色，協助受督導者學習或精進實務所需的各種知識、態度、技巧。

　　（三）**支持者**（supporter）：前述督導者的第五種任務，是提供機會，讓受督導者的情緒感受能穩定地表達和探討，顯示督導者的主要角色是支持

者。事實上，在督導中，受督導者是參與者，除了提供情緒的支持之外，對於受督導者正向的想法和做法，督導者都應加以尊重、接納，並給予必要的支持。

（四）**充權者**（empower）：前述督導者的第四種任務，是在督導中，維護權力的適當使用，顯示督導者在這方面的角色，是充權者。由於督導者與受督導者之間，或者機構與受督導者之間，可能有權力不平等的現象，督導者除了自己適當地使用權力或權威之外，必須提供受督導者充權的機會，讓他們也有能力使用合法的權力。

（五）**倡導者**（advocate）：前述督導者的第六種任務，是協助受督導者敏感地覺察、評估及處理風險，以降低對案主的傷害程度。風險管理是一個新議題，而且需要相關人員共同管理，所以在這方面，督導者的主要角色，是倡導者。事實上，隨著社會變遷，在督導實務中不斷有新興的議題，例如：網路督導、督導者的督導（SoS）、自我督導等，督導者經常需要扮演倡導者的角色。

（六）**研究者**（researcher）：前述督導者的第二種任務，除了增加本身的實務知識之外，必須整合理論與實務，成為一種以理論為基礎的實務，顯示督導者在這方面的角色，是研究者。唯有在督導者的主導之下，不斷地研究及創新，督導工作始能常保生機、永續發展。

復有進者，耶喜（Ash, 1995: 22, cited in Beddoe & Davys, 2016: 25）指出，督導訓練的受訓者給於他們的督導者各種不同隱喻的角色，包括：

1. 一座溫暖的屏障（a warm wall）：支持我，給我溫暖。

2. 一口深井的泉水（a deep well）：讓我取得智慧，激發理念。

3. 一架準備好的直升機（a helicopter ready）：帶我脫離險境。

4. 一個領航員（a pilot）：引導我航向正確的航道。

5. 一個港口總管（a harbor master）：讓我遭遇風暴和壓力時，有一個安全的避風港。

卡羅（Carroll, 2014: 15）也有類似的隱喻，督導者像一把手電筒

（torch），指引我的工作方向；像一個容器（container），接納我，給我安全的空間。

　　綜觀上述新手督導者的任務與角色，呈現一種相互的對應關係，可幫助社會工作督導者以新手督導者的任務爲基礎，據以思考後續的督導任務，並且從督導的任務，據以思考其對應的角色。但是，社會工作督導者的任務及其對應的角色，絕對不是只有上述這六種。在不同的督導情境，可能有不同的任務及角色。

　　例如，在團體督導之中，督導者有領導受督導者成員互動的任務，必須對應扮演催化者的角色。因此，督導者與受督導者要從任務去思考其對應的角色，必須靈活運用，觸類旁通，這也是必要的認識，以期適時因應調整。

第五節　社會工作督導者的期待

　　理想上，一個健康的督導者，認識了自己在督導中的任務與角色之後，必然期待任務能如期執行，以達成機構的要求；期待角色能有效履行，成為一個「好的」督導者。以下略述督導者在這兩方面的期待：

一、期待能達成機構要求的基準

　　我們一再強調社會工作督導的特質，係透過機構的安排、依據機構的政策與實務的要求，進行督導工作，以完成機構交付的任務，克盡其應有的責信。

　　英國的社會工作改革委員會（Social Work Reform Board, SWRB）曾於2011年公布有關社會工作者的「受雇者與督導架構之標準」說明（Standards for Employers and Supervision Framework），在標準五，責成雇主確保社會工作者有定期與適合的社會工作督導，並規定機構要有明確的基準（explicit benchmarks）。這些基準，可視為機構對社會工作督導者的要求，茲引介並酌加標題，如下（Howe & Gray, 2013: xix-xx）：

　　（一）**督導納入責信體制**：確定已將社會工作督導納入於機構的社會工作責信體制（social work accountability framework）之中，而不是一種孤立處理的活動。

　　（二）**督導者繼續學習**：促進繼續學習與知識分享，藉此鼓勵社會工作者（即受督導者）參照同儕的經驗，反映在他們自己的個案上，而引出學習的起始點（learning point）。

　　（三）**督導者定期接受督導**：為社會工作督導者提供定期督導（regular supervision）。

　　（四）**督導工作及議題有人監視**：為促使督導工作及督導中所引發的議

題，都能被適當地監視，而設定明確的責任（誰監視並負責）。

（五）**視情況提供額外專業督導**：如果機構第一線的管理者不是由社會工作者擔任，必須由註冊的社會工作者為（這類管理者負責督導的）實務工作者，提供額外的專業督導（additional supervision）。

（六）**督導者定期提供督導**：確保督導工作能夠定期實施，而且有始有終地（consistently）實施。

（七）**為初任者提供督導**：對於一個剛取得資格的社會工作者，確保他們在就業初期的前面六週，至少每兩週實施一次督導，而且在他們就業的前面六個月期間，至少每個月提供一次督導。

（八）**督導會議至少一小時**：確保每一次督導會議（supervision session），至少一個小時，而且至少間隔半個小時，才再開督導會議。

（九）**督導次數及品質有人監視**：對於監視者（monitor）實際監視督導工作的次數、對於督導工作要達到怎樣的品質，都有明確的說明。

同時，英國社會工作改革委員會（SWRB）在這些督導基準的說明中，以附註方式，提出檢視有效督導的要素，包括：1.政策及處遇的品質、2.第一線管理者與機構的責信、3.個案量和工作量的管理、4.進階的個人學習、5.生涯和發展機會之認同（Howe & Gray, 2013: xx）。

上述督導工作的基準，是英國社會工作改革委員會（SWRB）期待機構有明確的社會工作督導機制。這些基準的內容，乍看之下，好像是政府對機構的要求，其實也可解讀為機構對社會工作督導者的要求。如果再換個角度，也可視為社會工作督導者的自我期待或自我期許。試想，一個社會工作督導者，同時也是機構的中階管理者，如果不能以身作則，達成機構要求的基準，又如何能要求或期待接受他督導的社會工作者，能落實機構的政策和規定？

甚至，這些督導的基準，也可視為受督導者對督導者的期待。相信受督導者也會期待他們的督導者：具社會工作專業背景、繼續增進實務知識、定期實施督導、準時召開督導會議且準時結束、關注他們（受督導者）的工作

量和生涯發展機會、督導有品質、有責信、也受機構監視、定期接受他人督
導。

二、期待成爲一個「好的」督導者

　　一個社會工作督導者，如果能夠達到前述英國社會工作改革委員會
（SWRB）所定督導基準的要求，就算是一個「好」的督導者（a good
supervisor）？這是一個耐人尋味的議題。

　　根據文獻記載，早在1982年，羅干比爾等人（Loganbill et al., 1982: 28-
29）就提出一個「好的」督導者，必須：有豐富的語言、個人對督導過程
的投入和承諾有強烈的意識、眞誠（genuineness）、樂觀、勇敢、重視時
間、有幽默感（sense of humor）、有親和力（capacity of intimacy）、有潛
力（potency）、對於幻想（fantasy）和想像（imagery）抱持開放的態度、
尊重並考慮他人（cited in Davys & Beddoe, 2010: 51）。後來，也有其他學者
從督導者與／或受督導者的角度，提出一個「好的」或「理想的」督導者所
需具備的特質（Davys, 2015: 16; Hawkins & Shohet, 2012: 52; Carifio & Hess,
1987: 244）。

　　在這裡，我們先從督導者的角度，引用霍肯斯與索海特（Hawkins &
Shohet, 2012: 52）的研究結果，說明期待成爲一個「好的」督導者應有的特
質。包括：

　　（一）**有彈性**：能夠靈活運用理論的概念（theoretical concepts），以及
各種不同的介入（interventions）和方法（methods）。

　　（二）**有多元的觀點**：對於同樣一種情境，能夠從各種不同的角度進行
觀察、分析和處理。

　　（三）**對所督導的問題和取向有堅實的知識**：也就是具備督導工作的
專業知能，對於受督導者所面臨的問題及其發展趨向，能夠迅速地評估與介
入。

（四）**有跨文化工作的能力**：能夠了解各種不同年齡、族群、性別、性傾向的受督導者之差異，並採取適當的督導方式。

（五）**有管理和包容焦慮的能力**：包括管理督導者本身的焦慮，並包容受督導者的焦慮。

（六）**開放的學習態度**：包括從受督導者身上學習、從所參加的情境中學習，都能抱持開放的態度。

（七）**對於廣大脈絡的議題有敏感性**：這些議題可能影響督導的過程，必須能夠敏感覺察，並且及時處理。

（八）**能適當地掌握權力**：在一個沒有壓力的方式之下，能夠適當地操作督導者所擁有的權威和權力。

（九）**幽默、謙虛、有耐心**：在與受督導者互動的過程，用語幽默（humor）、態度謙虛（humility）、能耐心地傾聽、回應。

由上述有關社會工作督導者期待的描述，期待達成機構的要求，或者期待成為一個「好的」督導者，都有助於增進督導者的自我認識。不僅如此，這些期待所涉及的內容，無論出於政府的政策規定，或者出於學者的研究結果，都含有規範性的意涵，在某種程度上，也可視為受督導者對於督導者的期待。

總結本章所述，我們強調社會工作督導者對自己的動機、發展階段、擔心事項、主要任務與角色、對督導工作的期待，必須有自知之明，始能有效引領督導工作的進行，以達成督導的目標。當然，社會工作督導者為了引領督導工作的進行，也必須認識受督導者的樣貌，這是下一章探討的課題。

【本章重點】

1. 督導者與受督導者，是督導工作的關鍵性人物，想要擔任督導者，除了符合一定的資格之外，對於自己的職責也要有所認識。

2. 社會工作督導者可能人選，包括：專職督導者、資深社工、機構管理者、學校教師、專科社工師、私人實務督導者、其他專業領域督導者。

3. 成為社會工作督導者的隱含動機，包括：晉升管理階層、專業發展、取得資格、增加收入、社會工作使命感。

4. 督導者由新手到老手，需要經過三或四個階段的發展。督導者必須有耐心，循序成長，並且經常自我檢視，進行必要的調整或改善。

5. 新手督導者可能擔心：(1)被受督導者的感受所壓倒，(2)被視為不適任的督導者，(3)被他人挑剔。認識這些擔心事項，應及早設法預防、緩和或化解。

6. 新手督導者六大任務：(1)協助受督導者，(2)增加督導實務知識，(3)界定督導過程與角色，(4)促進情緒穩定表達，(5)管控督導權力，(6)風險管理。

7. 社會工作督導者的基本角色，可對應他們的任務來思考，扮演著：促進者、教導者、支持者、充權者、倡導者、研究者等角色。但是，督導者的角色可能因為督導情境的不同，而變動或擴展。

8. 督導者無不期待能夠達成機構的要求。英國機構對督導者的要求，包括：(1)將督導納入責信的體制，(2)繼續學習，(3)也接受他人督導，(4)監視督導工作，(5)額外增加專業督導，(6)定期進行督導，(7)為初任者督導，(8)督導會議至少一小時，(9)監視督導的次數和品質。

9. 一個「好的」督導者所須具備的特質，包括：(1)彈性，(2)多元觀點，(3)督導知識，(4)跨文化能力，(5)管理焦慮，(6)開放學習，(7)議題敏感性，(8)掌控權力，(9)幽默、謙虛、耐心。

【有待探究的議題】

1. 要取得專科社工師的資格，必需接受他人督導並督導他人，各達一定時數，這兩者之間的角色轉換，其主要困擾為何？

2. 多數機構督導者，都願意督導社會工作實習生，其主要理由為何？

3. 社會工作督導者本身的專業生涯發展，可能歷經哪些階段？

4. 服務於非營利組織的社會工作督導者，最擔心他們的受督導者發生哪些事故？

5. 以某公立社會福利機構為例，探討該機構對於社會工作督導者有何要求？

第三章　認識社會工作受督導者

　　做爲社會工作督導者，除了認識督導者本身的樣貌之外，也必須認識受督導者。正如孫子兵法（謀略篇）所言：「知己知彼，百戰不殆」，如果「知己，不知彼」，可能難以確保督導的有效進行。同樣的道理，受督導者也必須認識受督導者本身的樣貌，以期在督導過程中，能與督導者協力合作，獲得必要協助。

　　爲了相互對照，增進彼此認識，本章將採取類似前一章的單元，從受督導者可能的人選及動機、發展階段、擔心事項、責任與角色、對督導的期待等面向，描述社會工作受督導者的大致樣貌。

第一節　成爲社會工作受督導者

　　社會工作督導者的督導對象，一般稱爲「受督導者」（supervisee）。那麼，誰可能成爲受督導者？他們爲何要成爲一個受督導者？這是要認識受督導者必先探討的兩個問題。

一、社會工作受督導者的可能人選

　　在文獻中，有關社會工作受督導者的議題，只受到有限的注意（O' Donoghue, 2015: 65）。從有限的資料中，加上我們的觀察，成爲社會工作受督導者的人選，大約有下列五種：

　　（一）**社會工作實習生**：依照規定，社會工作專業的養成教育，必須將學生安置在社會服務機構，實習一定的時數，並由機構督導與學校督導，平行進行督導。這是大多數社會工作者第一次接受督導的經驗。

　　（二）**實務第一年的社會工作者**：社會工作者進入職場的第一年，機構通常安排資深的社會工作者，負責督導新具資格的社會工作者（Howe & Gray, 2013: xvii）。在紐西蘭，這是多數社會工作者第二次接受督導的經驗，但也有少數社工，這是他們的第一次經驗（O' Donoghue, 2015: 68）。在國內，新進社會工作者在試用期間，機構也會安排專人負責督導和考核，眞除之後，也有專人繼續提供督導，並不限於第一年。

　　（三）**參加訓練中的社會工作者**：通常，社會工作者參加職前訓練或在職訓練，主辦訓練的單位會安排督導人員，負責督導和考核（Henderson, et al., 2014: 125; Howe & Gray, 2013: xvii）。在我國，除了這種情況之外，在專科社會工作師甄試辦法，也規定社會工作師必須接受他人督導達36小時，始具報考資格，也許可視爲一種自我訓練的受督導者。

　　（四）**機構的管理者**：由機構的中階或高階管理者，擔任社會工作督導

者，似乎司空見慣，不足爲奇。問題是有些管理者不具社會工作專業背景，或未曾受過督導相關訓練，其督導的正當性受到質疑。因此，第一線管理者接受他人督導，已逐漸形成一種嶄新的趨勢，有些管理者也成爲受督導者（Beddoe & Davys, 2016: 178; Davys & Beddoe, 2010: 54）。

（五）**機構的督導者**：雖然，督導是否永無終止（interminable），經常引起爭議（Tsui, 2005: 7），但是，督導者再接受適當的督導，已獲得許多督導者的支持（Howe & Gray, 2013: 143），而督導的督導（SoS），儼然成爲一個新興議題（Beddoe & Davys, 2016: 176; Henderson, et al., 2014: 137）。此時，機構的督導者，除了督導者的角色之外，同時也是他人的受督導者（Davys & Beddoe, 2010: 54）。

再者，有時候，督導者鼓勵他的受督導者養成自我督導（self-supervision）與個人覺察（personal awareness）的習慣（Henderson, et al., 2014: 19）。在這種情況下，好像受督導者也成爲自己的受督導者，這不僅詰屈聱牙，也不合乎邏輯。事實上，這是一種「自我的使用」（use-of-self），也是一種情緒智慧（emotional intelligence）的能力，包含自我覺察、自我管理（self-management）、覺察他者（other awareness）、關係管理（relationship management）等四個面向，且可同時適用於督導者與受督導者（Davys & Beddoe, 2010: 163）。

無論如何，受督導者有了自我認識之後，在接受督導過程中，有自知之明，比較容易找到自己的定位。更重要的是，督導者認識上述受督導者的可能人選，除了了解他們的受督導者身分之外，可進一步追究他們接受督導的原因或動機，以便有所因應。

二、成爲社會工作受督導者的動機

上述受督導者的五種可能人選，他們成爲受督導者的動機爲何？或者更明確地，他們「願意」接受督導的主要理由是什麼？

　　根據相關文獻，以及我們的觀察，不論出於個人意願或礙於規定，最後終究接受督導而成為受導者，約有下列四種動機：

　　（一）**為了取得某種資格**：例如：

　　1. **社會工作實習生**：為取得畢業資格，以及符合社工師報考資格，而參加機構實習，成為受督導者，在合格督導者的督導之下，完成一定的實習時數。

　　2. **受訓中的社會工作者**：為取得訓練合格證書，而成為受督導者，接受訓練單位的督導。

　　3. **一般社工師**：為了取得報考專科社工師的資格，而自動成為受督導者，並自行尋找他人督導36小時。

　　（二）**想要提升實務能力**：就個人而言，初任社會工作者的第一年，以受督導者的身分，定期接受督導；或者在後續任職期間，針對實務的議題，不定期以受督導者的姿態，主動尋求機構的專職督導者的督導。就團隊而言，針對某些實務議題，主動洽請外部的專家學者到機構進行督導。凡此情況成為受督導者，除了依規定接受督導之外，其主動尋求督導機會，且自願成為受督導者，主要動機無非在於提升個人或團隊的實務能力。

　　（三）**想滿足個人發展需求**：例如：

　　1. **在職的社會工作者**：成為受督導者，接受督導之後，進階發展個人的專業生涯，並在工作描述上添加紀錄。

　　2. **機構的管理者**：成為受督導者，接受督導，以促進新角色的適應、維持新關係的平衡、在生涯有不一樣的發展（Beddoe & Davys, 2016: 186）。

　　3. **機構的督導者**：成為受督導者，接受督導，以增進督導關係檢視，以及處理個案管理、訓練管理、績效管理等能力（Howe & Gray, 2013: 143）。

　　（四）**想獲督導人員的支持**：以國內為例，有時候，社會工作者在工作上遭到曲解、誤會、壓迫、責怪、怒罵等情事，就隨時找機構的督導人員訴苦、發洩，希望獲得他們的了解與支持。

　　此外，歐都諾奇（O' Donoghue, 2015: 67）在有關〈受督導者經驗上的

視窗：受督導者的督導故事探討〉（Windows on the supervisee experience: An exploration of supervisees' supervision histories）的質性研究中發現，有些受訪者表示在他第一次督導安置之前，對於什麼是督導有一點點好奇（dummy）。這種好奇心，似乎也是新社會工作者成爲受督導者的另類動機。

　　對於上述動機，無論督導者或受督導者，都有認識的必要。其中，受督導者認識這些動機之後，可適時強化原有動機、或者發展新的動機。至於督導者認識受督導者的動機之後，則可評估不同受督導者的動機，適時給予支持或激勵。

第二節　社會工作受督導者的發展階段

受督導者有多種可能的人選，但是社會工作督導的主要對象，是新手社會工作者與實習生（Davys & Beddoe, 2010: 163）。

通常，受督導者（社會工作者／實務工作者）的發展，如同前一章所述的新手督導者的發展，可能隨著歲月的流轉及實務經驗的累積，由青澀經過幾個階段，逐步轉向成熟。況且，社會工作督導的目的之一，就是要透過督導的過程，促使受督導者在實務上與專業上都能持續發展。以下針對受督導者的發展階段進行概覽與分析：

一、受督導者發展階段的概覽

在相關文獻中，學者專家對於受督導者的發展階段，常因其著重點不同，而呈現三或四個階段的發展。茲加以彙整，如表3-1：

表3-1　受督導者／實務工作者的發展階段

代表人物	第一階段	第二階段	第三階段	第四階段
Butler, 1996	新手	進階初學者	合格者	熟練／精熟者
Tsui, 2005	入門者經職前訓練	成為自主的社會工作者	進入相互依存的階段	熟悉實務工作技巧
Neukrug, 2008	混雜	合成	展現理論的整合	後設理論分析
McAllister & McKinon, 2009	服務前教育	早期生涯	成熟的實務	
Hawkins & Shohet, 2012	以自我為中心	以案主為中心	以過程為中心	以脈絡焦點為中心
Edwards, 2012	實務工作旅程開始	試用與實驗	挑戰與成長	
Howe & Gray, 2013	新手	能力發展中的社會工作者	有能力的社會工作者	成熟／專家

代表人物	第一階段	第二階段	第三階段	第四階段
Engelbrecht, 2014	初任者	中級者	資深者	
Henderson, et al., 2014	新的受訓者	有經驗的受訓者	剛合格的實務工作者	有經驗的實務工作者

資料來源：彙整自Engelbrecht, 2014, p.131; Howe & Gray, 2013, p.36; Hawkins & Shohet, 2012, pp.77-81; Edwards, 2012, pp.44-45; Tsui,2005, p.113; Butler, 1996, pp.276-279（sited in Davys & Beddoe, 2010, pp.31-32）.

由表3-1顯示，一個受督導者／實務工作者，並非一步到位，通常要經過三到五個階段，累積工作經驗，增進工作能力。

同時，由表3-1學者專家對於新手受督導者的發展階段，從新手（novice）到老手（expert），從依賴（dependence）到自主（autonomy），大致上可依其著重點歸納為四種情況：

（一）**專業領域的發展經歷**：例如，徐明新（Tsui, 2005: 113）、麥克歐斯特與麥克奇諾（McAllister & McKinon, 2009）、紐克魯（Neukrug, 2008: 80）、英吉爾布列奇（Engelbrecht, 2014: 131）。

（二）**實務工作的主要焦點**：例如，霍肯斯與索海特（Hawkins & Shohet, 2012: 77-81）、愛德華（Edwards, 2012: 44-45）。

（三）**訓練經驗的不同層次**：例如，韓德森等人（Henderson, et al., 2014: 72）。

（四）**實務工作的勝任程度**：例如，布特雷（Butler, 1996: 276-279）。

在這四種情況之中，受督導者專業發展的成熟度，可以顯示受督導者適合於各種不同需求的能力，有助於督導者採取適切的督導取向（Howe & Gray, 2013: 35），值得進一步加以分析。

二、受督導者發展階段的分析

通常，受督導者在不同的發展階段，有不同的成熟度。這種不同的成熟度，是社會工作督導者必須重視的重要因素。因此，我們從表3-1選擇布特雷

（Butler）的說法，進行分析，以觀一斑。

布特雷（Butler, 1996: 276-279; sited in Davys & Beddoe, 2010: 31-32）認為一個受督導者在實務表現上的發展，可分為四個階段。但是，第四個階段的「熟練／精熟」仍有一些差別，故改為五個階段說明之：

（一）**新手**（novice）：包括社會工作實習生、試用期間的新進社會工作者，也就是一般職場上所稱的「菜鳥」。在這個階段，受督導者為了取得某種資格（例如，完成實習時數、報考社工師資格、試用成績合格），通常會遵守規則（rule governed）。

（二）**進階初學者**（advanced beginner）：新進社會工作者試用期滿，仍在實務工作的第一年，包括正在接受初任人員職前訓練的實務工作者。在這個階段，他們對於實務上自己無法解決的困難問題，可能向外尋求答案（seeking the external answer）。

（三）**合格者**（competent）：完成初任人員職前訓練，從事社會工作實務也屆滿一年，經過評定或考核，成為合乎資格的實務工作者。在這個階段，他們有能力對各種不同的情境，進行個人的分析（personal analysis of each situation）。

（四）**熟練者**（proficient）：任職之後，經過三到五年的工作歷練，已具備相當豐富的實務經驗。在這個階段，他們已有能力將比較繁雜的實務，從大環境中凝聚重點（having the picture in focus）。

（五）**精熟者**（expert）：屬於資深的實務工作者，也就是一般職場俗稱的「老鳥」。在這個階段，他們對於實務工作的操作，駕輕就熟，熟能生巧，即使機構的督導者或管理者（上司）、同事不說話，他們也能心領神會（tacit understanding），彼此之間有充分的默契。有時候，這個階段的實務工作者，有機會被機構提升為新手督導者。

對於上述受督導者／實務工作者的發展階段，受督導者有所認識之後，可自我評估是屬於哪一階段？有無發展該階段應有的能力？作為尋求督導者協助的議題。至於督導者，最佳的督導實務，是認識受督導者專業成熟的發

展階段之後，依據受督導者該階段的需求，提供適切的督導工作。例如：

1. **第一個發展階段**：新手受督導者缺乏實務的基本技巧，容易產生焦慮，督導者應先提供情緒上的支持。

2. **第二個發展階段**：進階初學的受督導者在實務上的困難，有向外求助的需求，督導者應即時回應他們的需求。

3. **第三個發展階段**：合格的受督導者有能力分析不同情境，由依賴進入獨立自主，督導者應減少介入，鼓勵其自我決定。

4. **第四個發展階段**：熟練的受督導者對於實務工作的操作技巧，漸臻成熟，督導者應持續鼓舞士氣，引領其提升實務工作的品質。

5. **第五個發展階段**：精熟的受督導者對於實務工作駕輕就熟，默契十足，督導者應思考受督導者未來成為督導者的可能性，並針對這樣的發展預作準備，也就是除了考慮受督導者的專業或行政管理方面的因素，也要考慮其個人未來的志向和抱負（Tsui, 2005: 112）。

第三節　新手社會工作受督導者擔心的事項

　　凡是新手，擔心較多，新手督導者如此，新手受督導者何獨不然？尤其，社會工作實習生、初次任職的社會工作者，缺乏實務技巧，對於什麼是督導工作也不清楚，有一些擔心的事項，在所難免。

　　戴維斯與貝多（Davys & Beddoe, 2010: 161-162）認為新手實務工作者（受督導者）可能擔心的事項，與前一章新手督導者同樣是聚焦於三個面向：(1)擔心被情緒感受所壓垮（fear of being overwhelmed by feeling），(2)擔心他人的批評（fear of the judgments of others），(3)擔心在專業場合被誤解（fear of distortion in the professional encounter）（p.161），但是兩者之間所擔心的內容有些差異。在這裡，我們仍根據戴維斯與貝多（Davys & Beddoe, 2010: 160-168）的見解，冠上小標題，並舉例闡釋新手受督導者擔心的事項：

一、擔心被情緒感受所壓垮

　　第一年實務的社會工作者，以及社會工作實習生，剛開始參與實務工作，可能顯露他們對實務的憧憬和熱情，但也可能對於自己的準備有限，沒有接觸督導的經驗，害怕無法掌控自己的情緒感受，而有下列幾項擔心：

　　（一）**擔心過度悲痛無法負荷**：亦即擔心情緒感受可能太過於悲痛，而不知是否忍受或承認。例如，受督導者在督導會議中報告其所了解的案主背景時，因為案主的處境堪憐而數度哽咽，中斷報告。擔心被督導者發現他違背個案工作感情適度介入原則。

　　（二）**擔心反思過程被掀舊疤**：亦即擔心反思的活動（the act of reflection），可能更深地從過往的事件中，挖出那些未能充分探討且有威脅性的議題，而自己無法負荷。例如，受督導者曾經在兒虐案例中，未能實施

緊急庇護而造成兒童二度傷害，擔心在督導中對於類似案例的反思過程，被督導者提醒前事不忘，後事之師。

（三）**擔心感受的表達失控**：亦即實務工作者在壓力之下，有時感受到自己非常脆弱，擔心承認或表達任何感受，會「失去控制」（out of control）。例如，在團體督導中，受督導者自我揭露遭受上司權力壓迫時，擔心憤怒訴說被壓迫的感受，可能變成咆哮公堂，一發不可收拾。

（四）**擔心表達感受被羞辱**：亦即擔心表達感受，可能要冒著被羞辱（shame）和體驗失敗（failure）的風險。例如，受督導者被無理取鬧的服務對象向機構投訴，擔心向機構主管解釋時，會被羞辱是經驗不足，人際關係失敗。

（五）**擔心感受被壓抑**：亦即實務工作者可能因為過於忙碌，無法以任務為焦點（task focused），尋找時間傾聽和反映，擔心感受可能被壓抑。例如，受督導者為備受社會矚目的某一個案進行風險評估，以致疏忽其他個案的處遇，擔心向機構反映或不反映，都陷於兩難困境，不知如何是好？

二、擔心他人的批評

新進的社會工作者，第一次接觸實務工作，求好心切，想盡快證明自己的能力，獲得機構管理者、同事、督導者、案主的信任。但是，經驗不足，缺乏自信，擔心下列事項可能遭到他人批評：

（一）**擔心表達感受會被汙衊**：亦即受督導者（實務工作者）擔心表達感受可能被視為自制力不足（weakness）的象徵，或「過度牽扯」（over involvement）的跡象。例如，受督導者對於高難度個案與高個案量負荷，向機構管理者表達案量壓力造成個人失眠，希望酌減案量，卻擔心被責怪經不起考驗，是推諉塞責。

（二）**擔心輿論蓄意批評**：亦即在工作脈絡中，實務工作者擔心暴露任何自己的脆弱性（vulnerability）和感受（feelings），輿論就可能大肆批

評，實在是太過危險。例如，受督導者（實務工作者）所服務的案主，涉足不當場所被少警隊查獲，工作者擔心表達他的感受，認為責任在家長，會招致媒體批評他失職。

（三）**擔心案主的負面感受**：亦即在無條件的尊重（unconditional respect）被視為專業的規範時，實務工作者對於服務使用者（案主）強烈的負面感受，擔心自己可能會感到不舒服。例如，案主對機構有過度的要求，受督導者（實務工作者）擔心不能滿足案主需求，可能招致案主的不信任。

（四）**擔心案主表達性魅力**：亦即實務工作者擔心面對案主強烈積極向他表達感受，尤其是表達迷人的性魅力（sexual attraction），可能感覺不舒服。例如，受督導者（實務工作者）想對案主的「情傷」，擔心案主反移情（counter transference）。

（五）**擔心接受督導的事被看貶**：亦即在機構中，擔心接受督導這種工作被視為中看不中用、工作輕鬆，不需要吃苦，或者只是情緒上的閒聊（emotional babble）而已。例如，受督導者（實務工作者）擔心督導會議過多，會被同事誤以為他們假藉會議打發上班時間。

三、擔心在專業場合被誤解

社會工作已被認可為一種助人的專業，新進的社會工作者（受督導者）對於所屬領域也都有一定的專業認同，但是初任實務工作，擔心自己能力不足，專業被懷疑。例如：

（一）**擔心實務被視為不科學**：亦即實務工作者希望他的工作，看起來既科學（scientific），又客觀（objective），可能擔心看起來不像。例如，受督導者（實務工作者）擔心他如果依據案主情況而調整個案工作程序，會被督導者誤以為他不懂個案工作。

（二）**擔心情緒議題被列入督導**：亦即實務工作者相信強烈情緒表達的議題，是歸屬於諮商範疇（counseling realm），而不應放於督導之中。但是

擔心事實不是這樣。例如，受督導者（實務工作者）想在督導會議提出移情（transference）的問題，但是擔心被社會工作督導者拒絕。

　　（三）**擔心督導者對情緒無能為力**：亦即實務工作者可能不相信督導者有「掌控」（hold）情緒內容的能力，擔心果真如此的話，那就糟透了。例如，受督導者（實務工作者）以為自己對於過度悲傷的感受都無法負荷，如果表達情緒的感受，督導者可能也沒有能力處理，因而壓抑下來。

　　（四）**擔心接受督導會傷害案主**：亦即實務工作者認為表達他有關案主的感受，可能損害案主的權利，擔心不幸而言中，就不利於案主。例如，在督導會議討論工作者有關他對於案主的感受，受督導者（實務工作者）欲言又止，或顧左右而言他，擔心說出來是背後評論，有違倫理。

　　此外，前引有關實務工作者成為受督導者經驗的質性研究，亦有受訪者表示在第二次督導安置之前，他很擔心配置同一個督導者，會變成只是該督導者的「複製品」（dummy）（O' Donoghue, 2015: 67）。這是另類的擔心，值得探討。

　　復有進者，貝多與戴維斯（Beddoe & Davys, 2016: 66）表示，他們在過去二十多年看過至少一千張督導的影音紀錄片，發現實務工作者（受督導者）從新手到老練的專家，大約需要三至四年的實務歷練。但是，有些實務工作者未能順利達到應有的發展階段，就可能由擔心而爆發焦慮。他們看到這種情形的感受，可從英文字母A排到Z。包括：感嘆（admiring）、令人厭煩（bored）、諷刺（cynical）、氣餒（dejected）、同理（empathic）、被迷住了（fascinated）、不樂觀（gloomy）、糟透了（horrified）、印象深刻（impressed）、懷疑（jubilant）……侷促不安（squirmy）、好累（tired）、令人不舒服（uncomfortable）、自以為是（virtuous）、無聊（weary）、不可思議（wondering）、狂熱份子（zealous）。

　　無論如何，上述受督導者的擔心事項，有些可能是因為新任社會工作者，初次接觸實務及督導工作，情況未明而引發過度的擔心，假以時日，多數受督導者應該會逐漸化解擔心或焦慮。因此，受督導者對此有所認識之

後，可在心理上預作準備。至於督導者認識受督導者可能擔心的事項之後，再對照前一章督導者自己的擔心事項，不難發現兩者的層面相近，內容互異。因此，做為督導者，一則將心比心，多予同理；二則居於督導職責，應與受督導者共同評估擔心的原因，協力克服。簡言之，督導工作需要督導者與受督導者共同參與，受督導者在督導中也有一定的職責和角色。

第四節 社會工作受督導者的責任及角色

　　社會工作督導是一種互動的過程，需要督導者與受督導者共同參與，始能有效進行。因此，受督導者在參與督導工作的過程中，也要擔負一些責任，並扮演適當的角色。以下針對受督導者的責任與角色略作說明：

一、受督導者在督導中的責任

　　在現有的督導文獻中，殷斯卡普與普洛克特（Inskipp & Proctor, 1993）曾經為受督導者提出一份責任的清單，共有七項，並且強調受督導者在獲得正確督導的同時，應該以主動的態度，分擔督導工作的責任，積極爭取督導的權利（cited in Hawkins & Shohet, 2012: 36）。因為只有責任清單，沒有相關說明，因此，我們根據這些責任清單的意涵，申述受督導者在督導中的責任：

　　（一）**確認所需的議題**（identify practice issues）：在督導過程所討論的議題，可能由督導者、受督導者、機構，依其需要而提出。受督導者一方面有責任積極提出自己有需協助的議題，另一方面對於列入督導的議題也有責任進行確認。這不僅可使議題接近自己的需求，也使議題的討論更有效率和效益。

　　（二）**越來越多自由分享**（increasingly able to share freely）：無論是督導議題的討論，或者督導的相關事項，受督導者都應積極地參與，使自己越來越有能力在督導活動中，表達意見或分享經驗。這樣做，至少有三方面的意義：1.分享經驗，讓督導活動更有效益，2.藉由分享，引發他人對你的回應，讓自己獲益，3.為你所服務的案主發聲，讓案主獲得更佳的協助。

　　（三）**確認想要的反應**（identify what responses you want）：無論是議題討論中，督導者或同儕督導成員的反應意見，或者其他督導活動中，他人

的反應意見，受督導者都應該確認什麼是你想要的。這是對自己負責，而非不分青紅皂白，不經篩選、確認，就照單全收，或者視若無睹，事不關己，那是不負責任的。

（四）**對契約更多覺察**（more aware of the organizational contracts）：通常，機構關心督導工作，有一些契約或規定，用以規範督導工作的進行。這些契約或規定，與督導者、受督導者、案主都息息相關。受督導者有責任覺察機構的契約或規定對於自己、案主或督導工作的影響。必要時，勇於表達意見，減少負面影響。

（五）**對回饋開放地接受**（be open to feedback）：督導的主要目的，在於促進受督導者實務與專業的發展，進而提升其對案主服務的品質。因此，受督導者應該採取開放的態度，接受來自督導者或其他人的回饋意見，做為自我改善與服務案主的重要參考。這是對自己，也是對案主的責任。

（六）**監視正當性的趨向**（monitor tendencies to justify）：受督導者是督導會議及其他督導活動的主要參與者，有責任監視督導的發展趨向是否正當進行。必要時，要試著證明（justify）、解釋（explain）和保衛（defend）督導趨向的正當發展。

（七）**辨識回饋的有用性**（discriminate what feedback is useful）：對於前述各種回饋意見，尤其是針對受督導者與案主的回饋，受督導者應該有能力辨識哪些回饋是有用的？哪些是沒有用的？然後，去蕪存菁，善盡有效運用之責任。

除了上述責任之外，卡羅（Carroll, 2014: 84）認為社會工作受督導者必須關心三個問題：1.督導工作是什麼？2.如何在督導中做更有效的努力？3.什麼是你需要在督導中獲得並維持的技巧／能力（skills/competencies）？他強調受督導者最重要的任務，應該是聚焦於學習。

不管怎樣，在督導中，受督導者有積極參與的責任，也有平等參與的機會。因此，督導者對於上述受督導者的責任或學習的任務，應該樂觀其成，歡迎分擔或分享。相對的，受督導者對於自己在督導中應該承擔的責任或任

務，也要勇於負責，而且扮演適當的角色，以與督導者協力合作，共同經營督導工作。

二、受督導者在督導中的角色

在我們蒐集到的文獻中，有關受督導者角色的論述，相當有限。其中，歐都諾奇（O' Donoghue, 2015: 64）在〈受督導者經驗的視窗：受督導者的督導故事探討〉的質性研究報告中，曾多次提及受督導者在某種情境有他的角色，但並無明確指出是哪些角色，因此，我們只能根據他的見解，整理出一些相關角色，例如：

（一）**學習者**：學習，是督導工作的焦點，也是受督導者的主要任務。在督導者經驗的教導（instructional）、指導（directive）、角色示範（role model）之中，受督導者扮演學習者的角色，學習做為受督導者的責任和角色，以及1.社會工作實務的知識和技巧，2.有關案主工作和個案管理實務，3.個人的繼續專業發展（CPD）。

（二）**參與者**：受督導者在督導中，除了參與學習之外，也參與督導契約的商議及簽訂、督導議題的提出及討論、督導績效表現的評量，以及其他督導活動，在其中扮演參與者的角色。

（三）**受訓者**：在督導中，機構經常提供訓練機會，協助受督導者成長，包括：1.新進人員訓練，協助他們熟悉工作環境，2.在職訓練，協助他們精進實務技巧，3.督導訓練，協助他們準備成為督導者。在這些訓練之中，受督導者的角色，是受訓者。同時，在受訓期間，也必須接受訓練單位的督導。

（四）**促進者**：社會工作督導的最終目標，在於促進案主服務的品質。因此，案主及個案的議題，經常被提到督導會議中討論，以協助受督導者（實務工作者）改善其對案主服務的方法。在案主服務方面，受督導者也是促進者，促進案主成長。

（五）**反映者**：社會工作受督導者，也是社會工作者，必須經常檢視個案工作及其他服務事項。如果發現案主的困難問題，不是自己所能協助或解決者，例如：環境上的威脅、制度上的阻礙等，必須向機構管理階層反映，或在督導會議中反映，尋求督導者協助處理。

復有進者，貝多與戴維斯（Beddoe & Davys, 2016: 168）曾引用愛德華（Edwards, 2012）有關受督導者在優勢為本的督導（strengths-based supervision, SBS）之情境中的三種角色：

1. **消費者**（a customer）：有些受督導者知道自己想要什麼，如同消費者有能力、也有權力，選擇一個「好的」督導者。

2. **抱怨者**（a complainant）：有些受督導遇到工作場所欠佳，或工作量過多，可能就會憤憤不平，要求督導者協助他們改善。

3. **訪問者**（a visitor）：有些受督導者參加督導會議，只是因為日程表的規定，就如同家庭訪問者，照約定時間，到此一訪。

如果將上述兩種見解加以比較，看起來，歐都諾奇（O' Donoghue, 2015: 64）的見解，好像比較溫和。相對的，愛德華（Edwards, 2012）的見解，就顯得較為激進。也許，我們也可從受督導者的發展階段來思考這種現象，可能是新手受督導者的實務經驗較少，擔心的事項較多，因而採取比較安全的做法，依照督導者的引領，扮演被期待的角色。隨後，他們的成熟度與接觸督導的經驗增加，開始有了自己的想法，扮演了自己想要的角色。

事實上，角色是一種相對的概念，隨著情境的不同，經常有所更動。無論如何，受督導者認識了本身在督導中的角色，確認其正當性之後，即應努力履行，以符合相對人（機構、督導者、案主）的期待。至於督導者認識了受督導者的角色，評估其適當性之後，即應給予尊重，鼓勵及協助他們履行角色。

質言之，無論受督導者在督導中擔負什麼責任，扮演什麼角色，相信他們對於督導工作都會有所期待，尤其是期待遇到一個「好的」督導者。

第五節　社會工作受督導者的期待

　　雖然，前面引述實地訪問的資料，顯示少數實務工作者只是按照「規定」接受督導，成為受督導者，並不清楚自己有何動機（O' Donoghue, 2015: 68）；或者只是為了取得某種資格，而成為受督導者。但是，不管任何的動機或理由，他們終究還是參加了督導工作。一般而言，只要實際參加督導工作，心中都會有一些期待，至少是期待能從督導中得到一些好處，而不至於浪費時間。以下分別說明受督導者對於督導工作、對於督導者的期待：

一、期待督導工作是他們想要的

　　受督導者到底想要怎麼樣的督導工作呢？最好的方法，是直接詢問他們的想法。不過，針對受督導者進行意願調查的研究非常少。

　　根據前面引用過的一項有關實務工作者成為受督導者經驗的質性研究，其研究焦點是接受督導的經驗，並非參與督導的意願，可是有些受訪者也表示他們的相關期待，包括：機構能為督導提供安全的環境、機構的設施能夠援助實務的學習、讓受督導者擁有較大的自主權，有機會選擇他們想要的督導者（O' Donoghue, 2015: 67-70）。

　　再者，芒森（Munson, 2009: 181）曾提出「良善督導工作的要素」（elements of good supervision）。這些要素，在性質上，屬於規範性意見，某種程度是專家學者本其聰明睿智，盤點受督導者對於督導工作的相關需求，然後再經過沉澱、過濾、萃取、提煉而產出的結晶，應該也可視為受督導者的另一種期待。一般而言，受督導者無不期待他們能接受良善的督導工作。

　　考量訪談資料有限，證據較為單薄，必須補充資料，藉以增進認識，我們乃將這兩種文獻，平行列舉（第1-3項為訪談資料，第8-12項為芒森見

解），加上標題，略加說明：

（一）**機構的督導環境安全**：因為受督導者是實習生或新進社會工作者，接受督導是他們的第一次經驗，對於督導工作，了解不多，容易焦慮，因而期待機構能為督導提供一個安全、有保護措施、沒有威脅性的環境（O' Donoghue, 2015: 68）。

（二）**機構設施能援助學習**：受督導者的初始經驗，感覺督導工作好像集中在實務的學習，因而期待機構的設施（空間、設備、法規），能夠援助他們的實務學習（O' Donoghue, 2015: 69）。

（三）**受督導者擁有選擇權**：先前已有接受督導經驗的實務工作者，他們感覺前次督導會議好像都被督導者控制，因而期待擁有較大的自主權，對於督導工作的安排有發言機會、有權選擇內部或外部的督導者來督導他們（O' Donoghue, 2015: 70）。

（四）**督導能符合實務需求**：機構對於督導工作的政策、程序、以及督導者的安排，都必須立基於實務工作者的需求（the needs of the practitioner）。

（五）**督導能以教育為前提**：督導工作的實施，必須以教育為前提（the premise of education），對於實務工作者（受督導者）在實務技巧上的學習，有正向的促進功能。

（六）**督導能站在對方立場**：督導工作的立場，必須是為了良善的實務（good practice）而有明確的投入標的。尤其是那些實務工作者（受督導者）他們自己的投入有困難，而督導者也沒有投入的事情，必須優先投入，儘速處理。

（七）**問題能獲得明確回應**：當督導情境有所要求時，（督導者或機構）必須提供具體回應，給予答案（give answers）。

（八）**督導中避免強調權威**：在督導者的配置和進行過程中，不要過於強調機構和督導者的權威，而應該詳細說明督導工作將如何進行。

（九）**避免使用非語言溝通**：對於督導工作的說明，以及其他溝通事

項，必須儘量使用口頭的方式，逐句逐字說出來（spell it out）！避免以表情和動作，含混帶過。

（十）**避免使用類比或敘事**：督導者在教導實務技巧或示範實務時，必須像教練（coach）一樣，指導實務工作者操作，儘量避免採用類比（analogies）或說故事（stories）的方式。

（十一）**能於教育中使用案例**：在督導工作中，適度使用「案例」（case material）做為教育工具，這對於督導工作的準備和進行，並不會造成太大的威脅。

（十二）**與督導者有充分互動**：實務工作者（受督導者）與他們的督導者之間，有充分的互動（adequate interaction），對於實務工作者（受督導者）而言，是了解督導工作，並與督導者一致行動的關鍵。

職是以觀，實務工作者（受督導者）所期待的事項，指涉甚廣，涵蓋機構、督導者、受督導者、督導工作等面向。其中，不僅涉及機構的事項較多，而且其他事項也泰半與機構有關，不是基於機構政策的支配使然，就是處於機構管理的範疇所及，不妨視為受督導者對機構的期待，以與前一章督導者對於機構的期待，兩者之間加以對照，以增加彼此的認識。換言之，這十二項期待，也可視為受督導者期待能達成機構「良善督導」的基準。

因此，做為社會工作受督導者有此認識之後，可作為參與督導工作的自我期許，有為者，亦若是。相對的，做為社會工作督導者有此認識之後，可在督導過程中，審視督導情境之需求，協助受督導者滿足他們的期待。尤其，督導者應該做的事項，包括：在教導實務學習之中，以教育為前提、站在對方立場、避免類比或說故事，使用案例；在督導會議中，給予明確答案、避免使用權威、避免使用非語言等項，允宜以身作則，引領受督導者共同努力，以抵於成。

二、期待遇到一個「好的」督導者

　　在前一章，我們是引用霍肯斯與索海特（Hawkins & Shohet, 2012: 52）的研究結果，從督導者的角度，說明成爲一個「好的」督導者應有的特質。在這裡，我們改而引用戴維斯（Davys, 2005: 16）的看法，從受督導者的角度，來看一個「好的」督導者所需具備的特質（adapted from Davys & Beddoe, 2010: 51-52），希望兩相對照，更能認識受督導者對於他們的督導者之期待：

　　（一）**實務工作者的知識和能力**：督導者最好是由相同領域的實務工作者擔任，他們已具備做爲一個實務工作者的知識和能力（competence and knowledge as practitioners）。

　　（二）**受過訓練且具督導者的能力**：督導者並非年資較深或學歷較高，就自然成爲督導者。他們必須受過督導訓練並具備做爲一個督導者的能力（competence and trains as supervisors）。

　　（三）**有能力支持挑戰**：督導者對其督導對象在實務上遭遇的各種挑戰，有能力採取支持的方式（supportive manner），有效協助督導對象去因應挑戰。

　　（四）**有能力開放回饋並自我監控**：督導者能採取開放（openness）的態度，回饋受督導者的想法，或接納受督導者的回饋。同時，無論給予回饋或接納回饋，督導者有進行自我監督控制（self-monitoring）的能力。

　　（五）**有能力支持和包容各種情境和情緒**：督導者面對各種督導情境，或者面對受督導者的各種情緒表達，都有能力提供支持和包容（to provide support and containment）。

　　（六）**有管理權力及權威的能力**（an ability to manage and authority）：督導者對於機構所賦予的權力（power）和權威（authority），有能力加以管理，而不會濫用。

　　（七）**接受並肯定自己的督導工作**（they and their supervision）：

督導者對於他們的督導工作，已欣然接受（received），並肯定其價值（valued）。

　　對於上述兩方面的期待，不僅受督導者要有所認識，以作爲激勵自己積極參與督導工作的動力。而且督導者與機構，更需要認識受督導者的期待，努力滿足他們的期待，這些本來就是督導工作應該做的事。

　　最後，總結本章所述，我們強調社會工作督導者，除了「知己」，還要「知彼」。也就是要認識受督導者的樣貌，包括他們的動機、發展階段、可能擔心的事項、主要責任和角色、對於督導工作的期待。當然，受督導者也必須自我認識，以便適當地參與督導工作，與督導者密切合作，來滿足自己的期待。因爲督導工作必須是督導者與受督導者共同努力，始克有成。下一章將進一步探討督導者與受督導者之間的關係。

【本章重點】

1. 做爲督導者，爲了「知彼」，必須認識受督導者；做爲受督導者，爲了「知己」，也要自我認識。彼此都「知己知彼」，督導工作始能有效進行。

2. 社會工作督導的主要對象，是第一年實務的社會工作者與社工實習生。但是督導訓練的受訓者、機構的管理者、機構的督導者，也可能成爲受督導者。

3. 成爲受督導者的動機，包括：(1)爲取得資格，(2)爲提升實務能力，(3)爲滿足專業發展需求，(4)爲獲督導者支持。

4. 受督導者的專業成熟程度，通常歷經五個階段：(1)新手，(2)進階初學者，(3)合格者，(4)熟練者，(5)精熟者（可能被提升爲督導者）。

5. 受督導者擔心的事項，包括：(1)擔心被情緒感受所壓垮，(2)擔心他人的批評，(3)擔心在專業場合被誤解。

6. 受督導者在督導中的責任，包括：(1)確認所需議題，(2)越來越多分享，(3)確認想要的反應，(4)對契約覺察，(5)開放地接受回饋，(6)監視正當性趨向，(7)辨識回饋的使用性。

7. 受督導者的基本角色，包括：(1)學習者，(2)參與者，(3)受訓者，(4)促進者，(5)反映者。

8. 受督導者期待督導工作是他們想要的，也就是要符合「良善督導工作」（good supervision）的要素。

9. 受督導者也期待遇到一個「好的」督導者，具有下列特質：(1)有實務知識和能力，(2)受過訓練且具督導能力，(3)有能力支持挑戰，(4)有能力回饋並自我監控，(5)有能力包容各種情境，(6)有管理權力的能力，(7)肯定自己的督導工作。

【有待探究的議題】

1. 實務第一年的社會工作者必須接受督導，其主要理由爲何？

2. 在臺灣，由新手實務工作者成爲新手督導者，要經過哪些發展階段？

3. 以某私立機構爲例，社會工作者最擔心他們督導者發生哪些事情？

4. 社會工作者做爲一個受督導者，對於督導會議中有關案主議題的討論，應有的責

任和角色為何？

5. 如果你是一個大學畢業的資深社工，必須接受一個研究所剛畢業的年輕督導者的督導，你會期待他如何督導你？

第四章　社會工作督導的多樣關係

　　督導，是一種以關係為基礎的活動（a relationship based activity），有賴督導者與受督導共同努力，以形成和維持一種專業且有生產力的關係（Howe & Gray, 2013: xx）。換言之，督導工作至少要有兩個人，始能成立。其中，一個是督導者，另一個是受督導者。而且，他們之間必須共同建立、維持並發展良好的關係，始能確保督導有效運作，以達成督導工作的目標。

　　何謂「督導關係」（supervision relationship）？顧名思義，就是督導者與受督導者之間的相互關係。但是，督導關係並不是這麼簡單，它可能還會涉及機構、案主，甚至其他利害關係人，形成相當複雜的關係。有些學者指出：督導關係的複雜性，在督導和專業文獻中，是最模糊的概念，也是最具挑戰性的議題（Lizzio, Wilson & Que, 2009: 128; Davys & Beddoe, 2010: 50）。如果再將督導關係連結到周圍的整體系統，則整個關係可能更加複雜，而令人惶惶然，就像蜈蚣一樣，不知道要先移動哪一隻腳才是，反而變成動彈不得（Hawkins & Shohet, 2012: 7）。

　　有鑒於此，本章將儘量化繁為簡，簡單敘述社會工作督導的多樣關係，包括：社會工作督導關係的發展、互動關係、權力關係，以及潛在問題。

第一節 社會工作督導關係的發展

　　理想上，社會工作督導關係是由督導者與受督導者共同建立及發展，他們之間有平等的地位，或平行的參與機會。事實上，督導關係的建立及發展，通常由督導者主導，但他必須與受督導者協力合作，共同努力，始克有成。

　　戴維斯與貝多（Davys & Beddoe, 2010: 50-51）認為建立和發展督導的關係，是督導者的核心能力之一，而且督導關係的建立及發展，可分為四個階段，如圖4-1：

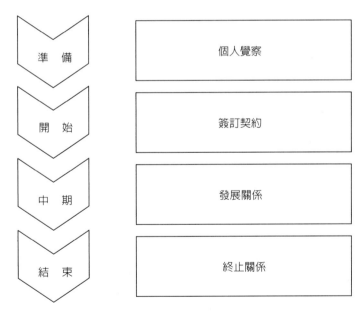

圖4-1　督導關係的發展階段

資料來源：根據Davys & Beddoe, 2010, p.51，繪製而成。

　　茲根據圖4-1的四個階段，並參考其他相關文獻，略加說明：

一、個人覺察的階段

通常，督導關係的建立，必須從了解「其他人」（understanding the 'other'）與了解我們（督導者）自己（including ourselves）著手（Howe & Gray, 2013: 65）。換言之，督導者必須先行蒐集兩方面的資料：一是做爲一個專業工作者／督導者的背景；二是督導者想從受督導者得知的訊息（Hawkins & Shohet, 2012: 71）。然後，依據這些資料，進行個人的覺察（personal audit），並考量督導者與受督導者兩者之間的匹配情況。

（一）**督導者個人的覺察**：督導者在建立督導關係之前，必須針對督導者個人的背景，進行自我檢視，例如：個人從事專業工作的歷史（supervisor's professional history）、擔任督導工作的經驗（supervision history）、個人的優勢（strengths）、劣勢（weaknesses）、興趣（interests）等（Davys & Beddoe, 2010: 53）。因爲，這些背景，在將來的督導關係發展中，可能影響督導者本身，以及他們所提供的督導工作。

（二）**考量督導者與受督導者的匹配情況**：良好的督導關係，有賴於督導者與受督導者的共同建立、維護和發展。因此，督導者對於自己與受督導者之間的匹配情況，允宜優先列入考量事項。例如，依據雙方的年齡、性別、性傾向、身體障礙、種族、文化差異、學習／教學的風格、專業／非專業的層面等等，來考量督導者與受督導者的匹配程度（Davys & Beddoe, 2010: 53-54）。

當然，督導者與受督導者之間的匹配程度，不宜只由督導者單方面做決定，可能的話，應該讓受督導者也有選擇其督導者的機會，至少在安排督導者之前，必須詢問受督導者，他眼中「好的」督導者應具備何種特質？他想從督導者得到什麼幫助？以便於準備如何因應他們的需求。如果，受督導者對選擇督導者的機會越大，他就越可能積極地參與整個督導的過程（Scaife, 2009: 19）。

二、訂定契約的階段

　　督導者與受督導者的正式接觸，通常始於第一次督導會議。這是雙方協商督導契約的適當場合，也是督導關係建立的階段。協商督導契約的過程，主要涉及兩個層面（Proctor, 2001: 29; Davys & Beddoe, 2010: 60）：

　　（一）**實務的澄清及協商**（practical clarification and negotiation）：針對督導契約內容清單所列舉的項目，進行討論與澄清。一般而言，督導契約的清單，除了督導者與受督導者的姓名、簽約日期之外，主要項目包括督導的：目的（aim）、內容（content）、頻率（frequency）、實施期間（duration）、會議長度（length）、會議地點（venue）、督導費用（cost）、回饋與檢視（feedback and review）、保密限制（confidentiality its limitations）、紀錄保存（record keeping）、會議休息日（missed sessions）（Hawkins & Shohet, 2012: 71; Wonnacott, 2012: 49-51）（詳見第十章第一節）。

　　（二）**資訊的分享**（shared information）：針對先前的工作經驗、先前接受督導的歷史、喜愛的學習型態、對督導工作的期待等相關議題，進行分享及協商，以增進彼此的了解及互信。

三、發展關係的階段

　　經過第二階段督導合約的協商及簽訂過程，已為督導關係建立了初步基礎。在督導工作正式實施之後，通常督導關係會伴隨著督導者與受督導者的各自成長（見第二章督導者的成長階段、第三章受督導者的成長階段），逐步發展。有時候，督導關係可能受到機構督導政策的改變、督導者的更換等相關因素的影響，而未能順利發展。此時，督導者除了加強評估與改善之外，可能要回歸到良好督導關係的基本特質，作為持續努力的方向，以維護督導關係的持續發展。這些基本特質，包括（Davys & Beddoe, 2010: 65）：

（一）**真心誠意**（authenticity）：在督導會議中，督導者真心誠意傳達他／她對於受督導者關切，讓受督導者受到鼓勵，信任督導者，並與督導者分享他們的工作經驗。這種行動力與熱忱的交換，可望形成一種良性循環。

（二）**尊重與正向看待**（respect and positive regard）：督導者的正向看待和尊重，也是受督導者繼續分享的必要條件。在這種良性循環中，增強受督導者分享相關題材的意願，又可促使他們的督導者增強其對受督導者的正向看待和尊重。

（三）**相互授權或開放學習**（mutual investment in or openness to learning）：在受督導者與督導者分享的過程，確定了督導工作的開放空間。在這樣的空間之中，可望強化督導者或受督導者的相互信任、相互授權，或者相互學習、相互成長，促使督導關係越來越好。不然的話，督導者可能必須重新評估、重新補強，或者重新建立良好的督導關係。

四、終止關係的階段

通常，督導契約都有明確的督導時程表，分別列出督導次數、檢視次數、回饋時間、終止日期。督導工作必須按照契約規定，次第進行。

其中，督導工作的檢視，係由督導者與受督導者共同進行，除了定期檢視工作進度及督導績效之外，也必須檢視督導關係的維護情形，以便於適時調整或強化。尤其在督導期程即將屆滿之前，督導者必須引領受督導者檢視督導工作的成果、優點、缺點，以及後續努力的方向和重點。至於督導關係終止，可能有四個原因（Davys & Beddoe, 2010: 67），其實例如下：

（一）**契約到期**（contract is terminated）：例如，在督導契約所約定的期間，該有的督導工作也已完成。如果，契約到期而督導工作尚未完成，可經雙方同意，酌予延長或辦理續約；如果，督導工作已經完成而契約尚未到期，亦可經雙方同意，提前結束督導工作。

（二）**離開原職或轉換角色**（leaving the organization or the role）：例

如，督導者或受督導者，任何一方離開自己所屬的組織（離職、退休），或任何一方的職務有所變更（調動、升遷），已不再擔任督導者的角色，或已不再是受督導者的身分，則原有的督導關係中斷，而需另行處理。

（三）**督導關係破裂**（breakdown in relationship）：例如，督導者與受督導者之間發生嚴重衝突，或者任何一方嚴重違反合約規定，導致督導工作無法繼續進行下去。

（四）**轉型的時刻到了**（it is time for a change）：例如，督導者已經盡心盡力，仍無法滿足受督導者的需求，必須中斷督導關係，由受督導者另請高明；或者受督導者在實務工作上面臨轉型的關鍵時刻，必須轉而其他督導者給予督導。

上述四個階段，個人的覺察階段，重點放在：每一相關的人，能為關係帶來什麼？想從關係中得到什麼？訂定合約階段，重點放在：對督導工作的不同需求和期待，是如何清楚表達並獲得同意以建立督導關係？發展關係階段，重點放在：進行督導工作，並維護督導關係；終止關係階段，重點放在：檢視並連結於督導的主要目的是否達成。

不過，上述四個階段的描述，只側重於督導者與受督導者兩者的關係。事實上，社會工作督導不同於一般助人專業督導之處，是社會工作督導必須透過機構的安排，而督導會議也經常涉及案主議題的討論。因此，在社會工作督導關係中，除了涉及督導者與受督導者之外，尚須將「機構」與「案主」一併納入，進一步了解它們彼此之間的互動關係。

第二節　社會工作督導的互動關係

任何督導，都是一種互動的關係，社會工作督導亦復如此。徐明心與何會成（Tusi & Ho, 1997: 181）曾經指出，在督導過程中所涉及的互動關係，不只是督導者與受督導者，應該擴及機構和案主。否則，不僅忽略了社會工作督導始於執行機構政策的行政功能，而且未顧及社會工作督導的最終目的在於改善案主的服務品質。

本質上，在這四者相互影響下所構成的督導關係，督導者與受督導者是核心人物，機構的督導政策是督導的指導原則，而案主的處遇實務，則是督導工作的標的。這四者的交互關係，如圖4-2：

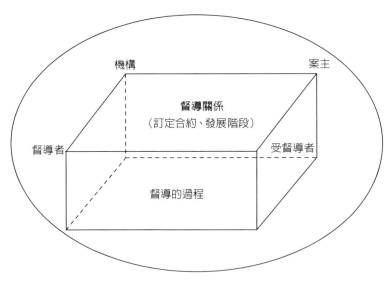

圖4-2　社會工作督導的互動關係

資料來源：修改自Tsui, 2005, p.40.

由圖4-2顯示，在社會工作督導的實施過程中，社會工作的機構、督導者、受督導者、案主，四者之間形成一種連帶的關係，其互動情形，分析如下：

一、機構與督導者的互動

在機構方面，機構組織的宗旨、結構、政策和程序，是決定督導者行為的重要因素。有些社會工作機構訂有督導政策與責信系統，要求督導者定期向機構管理階層報告服務輸送的進度和成果；有些社會工作機構可能沒有明確的督導政策或指導方針，但是督導者是在機構的安排之下，進行督導工作，仍不能忽略其行政責信。

在督導者方面，他們通常一方面是機構基層或中階的管理者，另一方面又是機構比較資深的實務工作者，必須在機構與受督導者之間，扮演「中間人」（middle person）的角色（Tsui, 2005: 41），遵循機構的政策和程序，促進受督導者提高服務績效。即使是機構的外部督導者，也必須依據機構的督導政策及其規定程序，為受督導者提供必要的督導。

簡言之，機構為督導者提供督導政策和程序，督導者為機構執行督導工作，兩者之間是一種行政上的責信關係。

二、機構與受督導者的互動

在機構方面，它是受督導者／社會工作者的雇主，一方面任用社會工作者，為機構提供專業服務，以完成機構的任務；另一方面安排督導者（含內外部督導者），以促進社會工作者（受督導者）有效達成機構的任務。

在受督導者方面，他們是機構所任用的社會工作者，必須承受機構所指派的任務，並且在機構所安排的督導者指導之下，努力完成應有的任務。

簡言之，機構賦予受督導者一定的任務，受督導者在機構安排督導之下完成任務，兩者之間是賦予任務與承受任務的關係，而且以督導者作為兩者橋接的管道。

三、機構與案主的互動

在機構方面，它是案主的服務提供者。在社會工作領域，機構任用社會工作者，在督導者的指導及協助之下，為有需要的案主提供相關服務。除了私人執業的服務之外，大部分的服務提供，無須案主繳納費用。

在案主方面，他們是機構服務的接受者。通常，人民只要符合相關規定的資格，就有權利向政府社會福利機關（構）或其委託單位，申請及接受免費的服務。當然，案主亦可自費申請私人執業的服務。

簡言之，機構任用社會工作者為案主提供服務，案主接受機構社會工作者的服務，兩者之間是服務提供者與服務接受者的關係，並且成為社會工作督導關注的議題。

四、受督導者與案主的互動

在受督導者方面，通常受督導者也是專業的社會工作者，在督導過程中，運用社會工作專業的知識和技巧，以及督導者的建議，為案主提供最佳服務，以達成處遇的目標。

在案主方面，直接受到受督導者／社會工作者／實務工作者的專業服務，間接受到督導者的協助，而使困擾問題得以解決或減輕，不當行為得以改變或緩和。

簡言之，受督導者直接為案主實施處遇，案主直接受到受督導者的處遇，兩者之間是實施處遇與接受處遇的關係，而且案主與督導者也有間接的關係。

五、督導者與受督導者的互動

有關社會工作督導的探討，傳統上聚焦於督導的過程。這個過程立基於

督導者與受督導者之間的關係，其主要構成要素是：1.督導的契約，2.一個適當的督導方式之選擇，3.一種發展的過程（Tsui, 2005: 42）。以下略述督導者與受督導者在這三方面的互動關係：

（一）**在訂定契約方面**：督導者與受督導者透過協商過程，雙方同意設定督導的目標、內容、頻率、期程、長度、地點、檢視／回饋、紀錄、安全等項目。經過契約的訂定，督導關係正式建立，使督導者與受督導者對於各自的權利和職責，有更明確的了解，同時對於督導會議的期程與要求，也取得雙方的共識。

（二）**在選擇督導方式方面**：督導方式的選擇，取決於一些要素，包括：1.被機構允許的專業自主程度，2.督導者的風格與技巧，3.受督導者的需求與經驗（Tsui, 2005: 42）。其中，第一個要素涉及督導者與受督導者各自的專業自主性，但是兩者都必須遵循機構所允許的界線。至於第二、三個要素，則是同時考慮雙方的情況，再行選擇彼此同意的督導方式（詳見第九章），並付諸實施。

（三）**在發展過程方面**：在督導過程中的不同階段，可依據督導的關係與受督導者的技巧這兩方面進展的指標，來決定發展的過程。藉由這些指標，提供督導者與受督導者一個機會，發展循序漸進（step-by-step）的行動指引，以改善工作績效表現（Tsui, 2005: 43）。

由上述分析，顯示社會工作督導的互動關係，圍繞著機構、案主、督導者、受督導者四者之間，環環相扣，節節連動，形成一種整體的（holistic）督導關係。

這種督導關係的整體考量，不僅兼顧其所屬機構相關政策的落實，以及對案主服務品質的改善，而且更加突顯督導者與受督導者對於訂定契約、選擇督導方式、發展過程，必須透過互動，形成共識。不過，督導者與受督導者之間的互動，也可能受到彼此之間權力的落差，而影響其互動的和諧關係。

第三節　社會工作督導的權力關係

　　無須諱言，在督導關係建立和發展的過程中，督導者往往立於主導的位置，引領受督導者去執行任務。推究其原因，可能是督導者在專業知能、工作年資、實務經驗，比受督導者略高一籌。有時候，督導者同時也是機構的中層管理者，擁有行政職權所賦予的合法性權力。

　　這樣的督導關係，意味著督導者的權力，凌駕於受督導者之上，因而產生一種權力不平等的動力（Brown & Bourne, 1999: 32）。

　　事實上，對於督導關係中權力議題，早在1970年代晚期，就被提出來討論和研究（Munson, 1979, 1981, cited in Tsui, 2005: 91）。然而，直到今日，督導者與受督導者之間的權力不平等，仍然無法有效解決，尚待繼續努力。目前，有關督導權力的討論，著重於督導中的權力來源及其影響、權力的壓迫與反壓迫、權力的賽局、權力戲劇的三角。

一、督導中的權力來源及其影響

　　對於督導中權力的來源，一般都以傅蘭奇與雷蒙（French & Raven）早期的模式爲基礎，認爲督導者的權力來自下列幾方面（Kadushin & Harkness, 2014: 59-62; Howe & Gray, 2013: 33; Tsui, 2005: 93-95; Brown & Bourne, 1999: 34-36）：

　　（一）**合法的權力**（legitimate power）：這是來自於機構賦予的地位和角色，讓督導者有合法的權力，去決定相關任務，要求受督導者執行，並監視其工作績效。

　　（二）**酬賞的權力**（reword power）：有時也稱爲資源的權力（resource power），督導者有權力給予或取走資源和酬賞。即使，在社會工作領域，這種權力與支付薪資沒有直接的關聯性，但是督導者也有權力提供意見，給機構高層作爲決策參考，等同於爲機構的服務或資金把關（gate keeping）。

督導者必須謹慎小心地使用酬賞的權力，讓受督導者覺得公平，以免引發怨恨，影響士氣。

（三）**強制的權力**（coercive power）：這種權力也是來自於機構當局所賦予，讓督導者有行使命令的權力；對於不執行任務者，也有指責或懲罰的權力。督導者使用強制的權力，必須尊重受督導者的專業自主性，否則可能影響受督導者的積極性，只做到督導者所設定的最低標準，而無法獲得專業實務的成長（Tsui, 2005: 92）

（四）**專家的權力**（expert power）：這是來自於督導者的專業知識和專業能力，因而有指導或教導受督導者實務知能的權力。如果督導者與受督導者同屬於一個專業領域，督導者在行使專家權力的同時，必須洞察受督導者專業不足之處，提供必要的建議，始能發揮專業督導的影響力。

（五）**參照的權力**（referent power）：有時也稱為理性的權力（relational power），來自於督導者個人特質所形塑的人格，贏得受督導者的認同，認為他值得尊敬，值得作為學習或仿效的榜樣。督導者行使參照的權力，有兩個條件：一是督導者與受督導者之間有良好的關係，二是受督導者對督導者有明顯的仰慕，不然的話，督導者必須提高個人的專業素質，始能產生影響力（Tsui, 2005: 94）。

（六）**資訊的權力**（information power）：這種權力可以被包含在其他權力之中，但是也可以從其他權力分離出來，認為督導者能夠拒絕（withhold）或過濾（filter）資訊及知識，也是一種權力（Howe & Gray, 2013: 33）。督導者可視情況，將資訊的權力結合專家的權力，以提高其對受督導者實務發展的影響力。

由上述情形看來，似乎是督導者集各種權力於一身，而受督導者擁有的權力微乎其微。事實上，受督導者對於督導者不合理使用權力，以致影響他們的實務時，受督導者至少也有抵制、拒絕或反彈的權力。如果督導者與受督導者之間的權力落差過大，可能又會衍生壓迫與被壓迫的問題，有待進一步探討。

二、督導中壓迫與被壓迫的關係

承續上一節有關督導者權力的來源，合法、酬賞、強制等三種權力，主要來自於機構，屬於正式的權力（formal power）。相對的，專家、參照、資訊等三種權力，主要來自於個人，屬於非正式的權力（informal power）。

其中，督導者來自於非正式的權力，如果再結合他個人的因素，可能利用自己的權力，壓迫受督導者；相對的，受督導者成為不合理的權力的被壓迫者。因此，我們必須倡導一種反壓迫的督導關係。

影響受督導者權力使用的個人因素很多，包括：階級、性別、年齡、種族、身心障礙、性傾向（Brown & Bourne, 1999: 42-47）。這裡，我們僅以性別與身心障礙兩個變項，舉例說明可能在督導關係中出現壓迫與被壓迫的情形，然後再說明如何建立反壓迫（anti-oppressive）的督導關係。

（一）**督導中性別與壓迫的關係**：尼爾森與郝羅威（Nelson & Holloway, 1990: 479）曾針對督導者與受督導者的會談紀錄檔案進行分析，以了解督導者對於不同性別督導者的督導方式有否差異，結果發現督導者（也是管理者）與女性部屬（也是受督導者）互動時，都顯得更有權力的樣態，有時候也會有限制女性部屬使用專業權力的企圖。因此，在督導關係中，女性受督導者較少有機會肯定自己也是專業人員的機會，用以回應督導者的高姿態（cited in Brown & Bourne, 1999: 44）。這個案例，顯示在一個以男性為中心的社會中，女性受督導者在督導關係中比較容易成為被壓迫者。

（二）**督導中身心障礙與壓迫的關係**：布朗與布爾尼（Brown & Bourne, 1999: 46）曾舉例說明一個身心障礙學生申請實習被打壓的情形：有一個視力受損的學生，向當地社會局申請實習，被一次又一次地拒絕，表示無法安排他的實習。雖然，沒有一次是公開說出理由，但是所有的跡象都顯示拒絕實習的主要理由是他的視力受損。這個案例，顯示整個社會對於身心障礙者仍廣泛存在著歧視，導致身心障礙者在督導中被壓迫，形成另一種藉由強制權力而壓迫身心障礙者的情況。

（三）**建立反壓迫的督導關係**：由於各種權力在督導者與受督導者之間有所落差，因而無論督導者或受督導者，都必須正視壓迫與被壓迫的事實，倡導及建立一種反壓迫的督導關係，並採取正向的督導措施（Brown & Bourne, 1999: 47）。包括：

1. **發展一個開放而誠實的關係**：督導者必須了解本身與受督導者對於權力的認知可能有差異，並與受督導者坦誠交換有關權力差異的看法，藉以增進雙方的互相了解與互相信任。

2. **尊重受督導者對督導者原有的偏好**：督導者應了解受督導者可能有其偏好的督導者，對於自己能否滿足受督導者的需求也有自知之明，當受督導者有意接近其他督導資源時，視爲一種重要的補充性資源，而不是對自己的一種威脅。

3. **在實務中發展一種充權的氛圍**：督導者想要發展互相信任、互相尊重及互相認知的關係，必須透過相互學習的過程，充權自己，也協助受督導者充權。

事實上，爲了降低因爲權力落差太大而造成壓迫或反壓迫，一方面在督導契約協議過程，就審視受督導者的偏好與督導者的自我認知、就督導配對做適當的媒合；另一方面將壓迫或反壓迫的議題，列入督導訓練課程，以促進督導關係的持續改善。

三、督導者與受督導者之間的權力賽局

由於督導權力的落差而引起的督導動力關係，還有一個不能忽視的議題，那就是督導者與受督導者之間的權力賽局（games of power）。這種權力賽局，好比下棋比賽或球類比賽，雙方雖然是對手，但必須合作進行，有始有終，始能完成一場比賽，就如同完成一場督導會議一樣。

根據相關文獻，督導者與受督導者之間在督導過程中，對於行使權力所使用的策略與戰術，錯綜複雜，指涉的範圍甚爲廣泛（Tsui, 2005: 98-106:

Howe & Gray, 2013: 86-87; Kadushin, 1979; Hawthome, 1975）。在這裡，我們無法逐一詳述，僅能擇要說明：

（一）**督導者在督導賽局中的說詞**：有時，督導者可能缺乏信心，而藉故放棄督導權力的行使；有時，督導者可能為了使受督導者聽從他的督導，而操縱權力，提出一些高姿態的說詞。這些說詞，如表4-1：

表4-1　督導者在權力賽局中常見的說詞

	說詞	案例說明
放棄權力	1. 是他們不同意	督導者假裝願意接納受督導者的做法，但是將責任推給資源管理者，說是他們不同意。
	2. 我好可憐	督導者為了沒有提供支持和保護，而尋求受督導者同情和諒解，抱怨工作忙不過來，自己好可憐。
	3. 我只是團隊的一員	督導者假如無意執行機構的政策或實務，可能拉攏受督導者站在同一陣線，說自己只是團隊的一員，無能為力。
	4. 你是專業，就這樣做	督導者經常詢問受督導者想要做些什麼，假裝關心，但是不提供任何方向或建議，總是說：你是專業人員，就照你的想法去做。
	5. 我很訝異你真的這樣說	督導者將受督導者所表達的不同意見，視為心理學上的反抗（psychological resistance），而將回應或解決議題的責任，轉移給受督導者。
操縱權力	1. 不要忘了，誰是老闆	督導者利用他在職位上的權力，提醒受督導者，他是老闆，有權主導督導中的任何決定，而壓迫受督導者服從他的督導。
	2. 我可能告你	督導者利用強制的權力，動不動就威脅要向資源管理者告發受督導者，藉此擴張他的權力。
	3. 父／母都知道	在支配督導工作的過程，督導者的表現，像父／母一般，保護著受督導者，以贏得受督導者認同他的（酬賞）權力。
	4. 我只是想幫助你	假如督導者的能力，受到受督導者的懷疑或貶低，督導者可能自圓其說，他只是試著幫助受督導者，成敗就看受督導者的作為。

資料來源：彙整自Howe & Gray, 2013, pp: 86-87。將其表格合而為一。

（二）**受督導者在督導賽局中的說詞**：雖然，受督導者在督導關係中的權力相當有限，但是他們與督導者可能同屬社會工作領域的實務工作者，對於督導者行使權力的形式並非完全陌生。因此，受督導者在督導賽局中也可能：修改要求的層次（manipulating demand levels）、重新定義

關係（redefining the relationship）、降低權力的懸殊（reducing the power disparity）、控制情境（controlling the situation）（Tsui, 2005: 102）。受督導者在督導賽局中的說詞，如表4-2：

表4-2 受督導者在督導賽局中常見的說詞

	說詞	案例說明
修改要求的層次	1. 我們雙方都反對機構	受督導者為迴避機構的要求，以自己也反對機構的政策為藉口，引誘督導者支持他們，而忽略機構的要求。
	2. 相互讚美	受督導者企圖透過相互讚美，與督導者建立一種相互支持的、相互同理的關係。
重新定義關係	1. 善待我，不要責備我	受督導者對於受助的需求，故意裝著漫不在乎的樣子，藉以搏取督導者的同情。
	2. 是朋友，就不評量我	受督導者企圖在督導者的權威之下，與督導者建立一種友誼的關係，看在朋友的情誼，評量標準從寬。
	3. 假如你像我一樣的話	受督導者以他們也有高知識或個人也有經驗，要求督導者平等對待們，甚至喧賓奪主，支配著督導者。
降低權力的懸殊	1. 我有一些清單	受督導者聲稱他比督導者更了解案主，手上已經有一些個案處遇的清單，企圖主導督導議程或轉移督導者討論另外的議題。
	2. 行前，引導他們放棄	受督導者在督導者引發他們討論之前，就揭露督導者的缺失或錯誤，企圖引導督導者知難而退，放棄督導工作。
控制情境	1. 我有一點老	受督導者聲稱自己有一點年紀，對督導議題一無所知或了解有限，而迫使督導者為督導工作負起責任。
	2. 要我做什麼，告訴我	受督導者對於督導者的相關決定，不願意分擔責任，而要督導者明確地告訴他，要他做些什麼，他會照辦。
	3. 它是如此地混亂	受督導者帶來一大堆衝突的意見和觀點，抱怨他不知道要如何讓事情協調一致，而留給督導者自己去處理。

資料來源：整理自Howe & Gray, 2013, p.87。將其十種說詞，歸納為四類。

由表4-1與表4-2，顯示督導者與受督導者對於權力行使的追逐，就像一場權力的賽局，為了爭取自己的權力或利益，在督導過程中，各有其「合理化」的說詞。即使，在督導過程中出現這類說詞在所難免，但是就督導關係而言，並非正常的現象，督導者應該克制個人的權力慾望，避免讓受督導者感到被壓迫；受督導者也應該克制個人反壓迫的情緒，避免直接衝撞督導者

的意見。換言之，督導者與受督導者合則兩利，分則兩害，雙方應該不忘參與督導工作的初衷，記取前述良好督導關係的基本特質，展現真心誠意、尊重及正向對待、相互授權與開放學習的胸襟，共同維護督導關係的發展，庶幾相輔相成，獲得雙贏結局。

四、權力的戲劇三角

前述督導中因權力落差引發壓迫與被壓迫的動力關係，以及督導者與受督導者權力賽局的各種說詞，也好像上演一齣權力角逐的戲劇。

卡普門（Karman, 2007）認為在督導關係中涉及權力不平等的關係，都是不健康關係的關係（unhealthy relationship），因此他以交流分析（transactional analysis, TA）的理論為基礎，創造戲劇三角（drama triangle）的模式，希望能協助人們簡單而且清楚地描述涉及不平等及權力的議題，以替代批評其他人的行為，進而發展自我覺察與了解（Howe & Gray, 2013: 85）。

這種戲劇三角的模式，也稱為「卡普門三角」（Karman triangle），整個模式由三種角色所構成，如圖4-3：

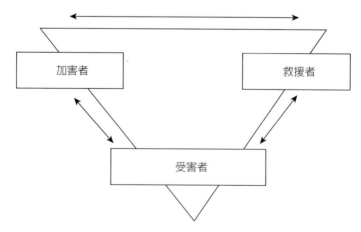

圖4-3　發展自我覺察與了解的戲劇三角

資料來源：Howe & Gray, 2013, p.85

根據圖4-3所示，在三角形的三個角落，有三種代表人物，他們在戲劇中扮演不同的角色（Howe & Gray, 2013: 85-86）：

（一）**受害者**（victim）：在這個位置或接近這個位置的人，被視爲受害者，經常因爲加害人對他的行爲，而覺得自己無能爲力、受到壓迫、傷害。他們也可能對相關情境，放棄任何信任，並且爲了他們淪落到受害者的位置而譴責加害人。在這個位置，有痛苦的感覺，有時候譴責其他人也有一種滿足感。因此，這種情形被描述爲「有苦有樂」（bitter-sweet）。

（二）**加害者**（persecutor）：在這個位置的人，他施壓、強迫或虐待受害者。這個人的行動，只是爲了他自己的利益，或者爲了相關的情境不是他們想要的，或是不能夠滿足他們的期待，就找一個代罪羔羊（scapegoat），懲罰受害者。他們對於相關情境所作所爲，也否認他們有責任。

（三）**救援者**（rescuer）：在這個位置的人，他的介入，是爲了協助相關情境或受害者。這個人認爲受害者有值得救援的理由，因爲他自己無力自救，必須以代替者的身分，將他們從加害者那邊救出來。救援者可能針對相關情境而責備加害人，但是對於相關情境的任何界線無法掌控，也沒有協助受害者充權。

這個模式的實際優點，讓我們認知所有角色是流動的，而且可視情況而互換角色。在輪流進行角色扮演的過程，一個人轉換角色，其他人就跟著轉換。雖然，角色轉換的扮演，不一定能眞正感受新角色的處境，還是可能於日後相關情境中改善自己的作爲。例如，受害人剛轉換角色時，很高興看到加害人轉換爲受害人，但是後來他們（新扮演者）的努力，卻令人失望，因爲他們並沒有解決他們成爲受害人的相關問題；而救援者也可能不愉快，因爲受害者（新扮演者）對於他們的介入沒有表示感激。但是，這種戲劇三角的模式，對於改善相關情境的關係，仍有其用處，至少配對演出的互動情形，以及角色流動的意義，都可作爲討論的議題，藉以疏解緊繃和難以駕馭的關係。

進而言之，卡普門（Karman）的戲劇三角模式，經過多年發展，已出現

多種版本。其中有一種版本，稱爲「充權循環」（empowerment circle）。這種版本，打破了戲劇三角一再重複的角色替代，進而採用建設性的心理角色。例如，一個人感覺自己像受害者的情境下，有用的方法就是變成學習者（learner），從情境中學習。再者，加害者也可變成教育者／諮詢提供者（educator/consultant）、救援者也可變成調解者（mediator）。這種充權循環的新版本，將有助於因應不同情境與不同動力組合的變動（Davys & Beddoe, 2010: 172-174）。

　　無論如何，卡普門（Karman）的三角動力，可透過平行的過程，重現於督導關係之中，而且目前已經常出現於社會服務實務督導關係中，進行有關動力型態的探討（Davys & Beddoe, 2010: 172）。樂觀地說，無論戲劇三角或充權循環的模式，應該也適用探討社會工作督導的動力關係。

　　從上述有關社會工作督導權力關係的探討，我們可獲得一些印象：督導中的權力來自多方面，如果權力落差過大，可能產生壓迫與被壓迫；督導者與受督導者也可能在權力賽局中，競逐自身的權力而產生緊繃的督導關係。也許，戲劇三角或充權循環的模式，可化解這種緊繃的督導關係。

　　儘管如此，社會工作的督導關係，牽涉範圍甚廣，其複雜度甚高，潛在的問題必然還有很多未被討論，我們必須持續給予關注。

第四節　社會工作督導關係的潛在問題

布朗與布爾尼（Brown & Bourne, 1999: 82-83）曾針對督導關係的樣態，提出十個不同情境的範例：1.現有團隊裡的新督導（the new supervisor in the established team）、2.個人與人際關係的混亂（personal/interpersonal complications）、3.性別與種族議題（gender and race issues）、4.意識型態的衝突（idealogical conflicts）、5.情感轉移（transference）、6.平行過程（the 'parallel process'）、7.個人資訊（personal information）、8.性傾向（sexual orientation）、9.「沒問題」的督導（'no problem' supervision）、10.不能接受的行為（unacceptable behavior）。徐明心（Tsui, 2005: 55）認為這十個不同的情境，有助於督導者了解督導關係可能發生的問題。在這裡，我們依據這些督導情境的性質，將其歸納為領域、對象、議題、問題等四個面向，略述其潛在問題及因應之道：

一、領域方面

在督導過程中，如果涉及督導者的更替、將個人關係與人際關係混淆在一起，或者談論個人的相關資訊，都可能影響督導關係的運作。例如：

（一）**原有團隊裡的新督導者**：一個新的督導者來到已經建立好的團隊時，他對於新單位每日的例行工作領域較不熟悉，因而比較缺乏信心，但又急著證明自己有督導的能力，在不知不覺中，可能傷害了受督導者，妨礙了督導關係的發展。

（二）**個人與人際關係的混亂**；督導者與受督導者之間的關係，應該是一種專業關係或工作關係。如果，以為他們本來就認識，不經意地將個人的友誼關係，帶入專業的督導關係之中，就可能造成公私關係混淆不清，產生角色之間的衝突（inter-role conflict）。

（三）**個人資訊**：督導會議是正式的督導過程，應該討論督導的相關議題。如果，在督導會議中討論個人的事情，不僅浪費督導的有限時間，也可能模糊了專業與個人之間的界線。

論及這三種督導關係的因應之道，我們強烈建議督導者新到一個單位，不必急著表現自己，而是「入鄉問禁、入境隨俗」，充分了解環境之後，再付諸行動。而且，面對新的受督導者，或者每隔一段時間，必須重新檢視或協商督導契約，以確定個人關係與專業關係的界線，並約定在督導會議中，不討論個人私事，等到離開會議場所之後，再恢復個人的友誼關係。

二、對象方面

在督導過程中，必然會涉及的對象，是督導者與受督導者。如果，他們之間的關係沒有適當的定位，可能就會衝擊到督導關係的平衡。例如：

（一）**情感轉移**：所謂「情感轉移」（transference），簡稱「移情」，是指服務使用者從先前關係中得到的感受，無意識地投射到現在的社會工作者身上，相信他們就是先前的那個人。相對的，所謂「情感反轉移」（counter transference），簡稱「反移情」，是指社會工作者將自己的想法、感受、行為，無意識地投射於服務使用者身上，作為自己的替代者（Howe & Gray, 2013: 72-73）。如果，受督導者在督導關係中，無意識地將督導者當作某人的替身，或者督導者無意識地將受督導者當作自己的替身，都可能扭曲正常的督導關係，甚至妨礙對方的專業發展。

（二）**平行過程**：所謂「平行過程」（parallel process），是「督導者與受督導者」的關係，與「社會工作者（即受督導者）與案主」的關係，並行運作。雖然，這兩種關係都提供情緒的支持，但是關注的重點不同。「督導者與受督導者」的關係，著重受督導者的實務表現及專業發展。至於「社會工作者（即受督導者）與案主」的關係，則著重受督導者（即社會工作者）對案主服務品質的提升。如果，將這兩種平行的關係混為一談，受督導者變

成案主,可能影響受督導者的專業發展。

　　論及這兩種督導關係的因應之道,我們認為一個最佳的實務,可能是立即提出、坦然面對、設法溝通、相互接納。因為情感轉移與平行過程,都是無意識的過程,必須將無意識提升到意識的層面,以便於真正面對問題,及時處理問題(Wonnacott, 2012: 70)。

三、議題方面

　　在督導過程中,由於督導者與受督導者的價值觀念、成長階段、工作經驗,有所差異、難免發生一些爭議,影響督導關係的協調一致。例如:

　　(一)**性別與種族議題**:督導者與受督導者之間,如果性別不同,可能因為性別偏見,甚至性別歧視,而引發焦慮、不安的關係;如果他們所屬族群不同,也可能因為價值觀念、生活習慣的差異,而產生緊張、衝突的關係。

　　(二)**意識型態的衝突**:督導者與受督導者之間,可能因為政治理念、宗教信仰、社會經濟地位的差異,而有不同的意識型態。尤其,政治理念與宗教信仰是相當主觀的個人意識,往往容不下任何批評,否則很容易引發衝突而破壞督導關係。

　　(三)**性傾向**:督導者或受督導者的性傾向,是一個相當敏感的議題。對於某些宗教信仰者而言,公開討論性傾向或「多元成家」,甚至被列為一種禁忌(taboo)。如果,督導者與受督導者的性傾向不同,或者對於性傾向的見解不同,在督導過程不小心被提起,即可能引發爭辯或抗拒,連帶影響督導關係。

　　論及這三種督導關係的因應之道,我們認為一個比較明智的做法,可能是督導者與受督導者相互包容、相互尊重、避免在督導會議或公開場合談論性別、族群、意識型態、性傾向等類議題。尤其,督導者對於此類敏感性議題,必須保持警覺,謹慎處理,以免破壞督導關係。

四、問題方面

在督導過程中，如果受督導者不能正視本身困擾問題的存在，或者對待問題的態度或作為無法被督導者接受，也可能影響督導關係的維護。

（一）**「沒問題」的督導**：受督導者不願意在督導會議中說出他們的困難，只是以「還好」（everything is fine）一句話輕輕帶過，避免進入討論，稱之為「沒問題」的督導（no problem supervision）（Tsui, 2005: 57）。這樣的督導，沒有什麼意義，督導關係也可能無法維持。

（二）**不被接受的行為**：這是受督導者的行為不符合專業要求的問題。例如，督導會議無故缺席、不受同事歡迎、案主對他出現防禦的反應（Brown & Bourne, 1999: 101）。受督導者如果出現這類不被接受的行為，可能使督導工作變成相當棘手，甚至迫使督導關係不得不中斷。

論及這兩種督導關係的因應之道，我們認為督導者必須多盡一些心力，找出受督導者的優勢，激勵他們的信心，勇於面對自己的困擾問題，並且挑戰行為不被接受的問題，然後協同評估原因，一起設法克服。

事實上，督導關係隨時都可能發生問題，督導者與受督導者必須共同努力，以督導關係守護者的身分（act as guardians）投入其中（Davys & Beddoe, 2010: 53）。對於已經出現的問題，勇於接納，立即處理，避免日積月累，積重難返。對於可能發生的問題，敏感覺察，防範未然，化危機為轉機，以確保良好的督導關係。

最後，總結本章的描述與分析，我們強調社會工作督導是以關係為基礎的活動，有賴督導者與受督導者共同建立、維持和發展。同時，社會工作督導關係相當複雜，除了著重督導者與受督導者的互動關係之外，也必須了解那些由權力關係所衍生的壓迫與被壓迫、權力賽局、戲劇三角，以及潛在問題的發生，以期未雨綢繆，防範未然。

【本章重點】

1. 督導工作需有督導者與受督導兩者，始能成立。他們必須共同建立、維持並發展良好的督導關係，以確保督導工作有效運作。

2. 戴維斯與貝多（Davys & Beddoe）認為督導關係的發展，有四個階段：(1)個人覺察階段，(2)訂定契約階段，(3)發展關係階段，(4)終止關係階段。

3. 督導契約有兩種形式：(1)心理契約（psychological contract），是一種默契；(2)制式契約（formatted contract），由督導者與受督導者共同簽署。

4. 社會工作督導的互動關係，包括：督導者、受督導者、機構、案主之間的互動。將互動擴及機構與案主，可突顯其重視機構政策與案主服務的特質。

5. 社會工作督導者的權力來源，包括六種：(1)合法權力，(2)酬賞權力，(3)強制權力，(4)專家權力，(5)參照權力，(6)資訊權力。

6. 督導者可能利用權力，壓迫受督導者，使受督導者成為不當權力的被壓迫者，從而形成一種壓迫與被壓迫的督導關係。

7. 督導者與受督導者對於權力的行使，進行追逐，像一場權力賽局（games of power），以爭取自己的權力或利益。

8. 卡普門（Karman）為說明督導關係中權力的不平等，創造戲劇三角（drama triangle）模式，也稱「卡普門三角」（Karman triangle）。在戲劇中，加害者、受害者、救援者，扮演不同角色。

9. 督導關係隨時都可能發生問題，督導者與受督導者必須共同努力，以督導關係守護者的身分（act as guardians）投入其中。

【有待探究的議題】

1. 將機構與案主納入社會工作督導關係中討論，有何特殊意義？

2. 國內機構影響督導契約在普及化的因素何在？

3. 如何在非營利機構建立反壓迫的督導關係？

4. 如何將「卡普門三角」（Karman triangle）運用於社會工作督導的實證研究？

第五章　社會工作督導的種種脈絡

督導工作，不會發生於專業的眞空（professional vacuum）中（Davys & Beddoe, 2010: 56）；督導工作必須在機構及更寬廣的社會脈絡下進行討論，因爲這些有結構的脈絡是形塑督導發生什麼的力量（Hawkins & Shohet, 1999: 12）。

有鑒於此，我們在了解社會工作督導的多樣關係之後，有必要再以督導關係爲核心，更積極地探討環繞著督導關係的相關脈絡，以及督導工作與相關脈絡之間的相互影響，以便爲後續督導工作的運作，奠立更堅實的基礎。

然而，社會工作督導的關係，指涉廣泛，錯綜複雜，而其相關脈絡也是盤根錯節，層見疊出，簡直是剪不斷，理還亂，自有一番滋味在心頭。

經過現有文獻的檢視，我們看到有關於督導脈絡的論述，大致上可分爲兩種取向：一種是任務取向，描述督導關係對於督導任務的影響；另一種是環境取向，描述環境因素對於督導關係或督導過程的影響。不過，這兩種取向的構成要素，難免發生小部分重複的現象。即便如此，爲了保持相關脈絡本身的完整性，本章將保留這些脈絡的原貌，分別說明社會工作督導的脈絡：專業脈絡、生態系統、組織脈絡、文化脈絡。

第一節　社會工作督導的專業脈絡

　　郝威與格雷（Howe & Gray, 2013: 6）認為探討社會工作督導關係的方法，必須考慮督導任務的關鍵性面向。這些關鍵性面向，包括：督導的關係（supervisory relationship）、工作／個案的討論（work/case discussion）、專業的發展（professional development）、管理的議題（managerial issues），與其他人的關係（relationship with others），並由這些面向形成一個專業脈絡，如圖5-1：

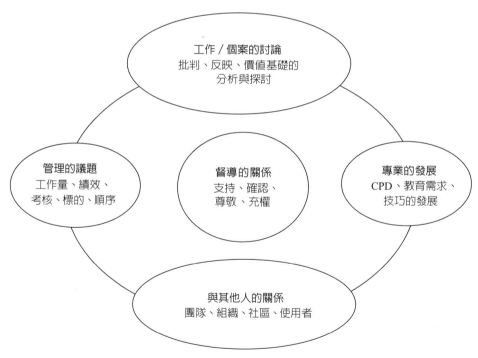

圖5-1　督導的關鍵性面向

資料來源：Howe & Gray, 2013, P.6

　　由圖5-1顯示，督導的關係是社會工作專業脈絡的核心面向，對於其他四種面向發生影響作用，屬於一種任務取向的督導脈絡。以下略述五種面向及其對督導任務的影響（Howe & Gray, 2013: 6-7）：

　　（一）**督導的關係**：這個面向，是督導者與受督導者之間的關係。這種督導關係必須根基於一種相互支持（support）、相互尊敬（respect）的環境中，並且分別確認他們（督導者與受督導者）的合法性（依法批准）。然後，將這種經過確認的督導關係，導入於充權（empowerment）的位置。在這種透明的方式之下，承認督導者使用權力的角色和實務工作的適當性，進而影響所有督導的其他面向。換言之，在專業脈絡中，有良好的督導關係，督導者得以行使合法的權力，進而影響個案討論及其他督導面向的運作。

　　（二）**工作／個案的討論**：這個面向，經常是督導會議或督導活動的主要焦點。不過，這個面向比那些在督導會議中倉促進行、粗略瀏覽，要來得用心。也就是在討論受督導者的實務或個案的議題時，會採用批判性反思分析（critical reflective analysis），去分析督導的基本價值（value based），並且有技巧地探討工作實施情況，使受督導者在實務和個案兩方面學到更多。這個面向的品質，往往表現在「操作」（doing）督導工作上，有不同的做法；而在督導會議上，也給社會工作實務帶來更有意義的結果。換言之，建立良好的督導關係，可影響督導會議更深入討論工作／個案的議題，進而促使受督導者（實務工作者）更有效地改善他們的實務工作，以及他們對於案主服務的品質。

　　（三）**專業的發展**：這個面向，是跨越督導者個人和所屬組織的觀點，去認知受督導者在服務上想要有所成就，以及他們的學習需求和技巧發展，也預期他們未來在服務上的改變，並提供發展機會，以回應這些需求。換言之，有良好的督導關係，除了有助於實踐督導者的督導理念，以及機構的政策和規定之外，更是影響受督導者滿足繼續專業發展（CPD）的教育需求，和實務技巧發展的重要因素。

　　（四）**管理的議題**：這個面向，必將衝擊一般服務的因素，以及對受

督導者個人實務的影響因素，都包含在管理的範圍內。不厭其煩地討論有關於工作量（workload）、績效（performance）、考核（appraisal）、標的（targets）、優先順序（priorities）等方面，將受到何種影響，比在督導中發牢騷，更加重要。換言之，管理是督導任務的一部分，必須掌控督導關係可能對受督導者發生影響的情況。

（五）**與其他人的關係**：這個面向，是有關於其他人的認知，因為社會工作不能在孤立的情境實施。一個受督導者在組織內部和組織外部都可能有一些角色。因此，督導者必須將其他的團隊（team）、組織的角色（organizational role）、社區（community）及其他服務使用者（service users），都一併列入整體考慮，因為這些都可能影響受督導者的實務和個人發展。換言之，除了督導關係之外，督導者也不能忽略其他人也可能影響受督導實務的運作。

另外，也有學者提出類似的看法。貝多與戴維斯（Beddoe & Davys）為了回應曼索普等人（Manthorpe, et al., 2013: 54）採取對立的觀點，將督導工作區分為內省（insight）與治療（therapy），乃從不同的透鏡（lens），探討督導在社會工作專業脈絡中的發展，藉以突顯督導具有社會工作的專業特性。他們所持的觀點（Beddoe & Davys, 2016: 22-30），聚焦於三個面向：

1.**個人生存的透鏡**（the personal survival lens）：在一個不斷強調「厭煩風險」（risk-averse）的世界中，督導者經常將督導工作視為保護專業實務工作者（受督導者）免於在工作上遭受重大衝擊的一種關鍵過程。

2.**專業發展的透鏡**（the professional developmental lens）：專業發展是一種終身生涯的歷程（career-long process），督導者經常將督導工作的焦點，放在促進受督導者實務上和生涯上的發展。

3.**品質保證的透鏡**（the quality assurance lens）：在強調責信（accountability）的時代，督導工作經常被視為雇主或專業單位的一種機制，用以控制實務工作者的服務品質，以確保實務工作能在適宜的軌道上，正常地進行。

如果將上述專業脈絡的兩種看法略加比較，可發現兩者之間，大部分相同，小部分有異。

首先，就其相同處而言，第一，兩者都採取任務取向，且以實務工作（含個案）的改善、專業的發展、績效（含品質）的管理等三項，作爲督導的主要任務。第二，兩者都以督導關係（督導者與受督導者），作爲專業脈絡的中心。第三，兩者都在探討督導關係（督導者與受督導者）對於前述三項督導任務的影響或衝擊。

其次，就其不同處而言，第一，郝威與格雷（Howe & Gray）對於督導任務的界定，除了三個任務面向之外，也擴及與其他人的關係，其涵蓋面較爲周延。第二，貝多與戴維斯（Beddoe & Davys）在探討督導者對於督導任務的影響時，所使用的詞語是「保護」、「促進」、「控制」，其處事態度較爲積極。

綜合兩者的見解，可知社會工作督導的專業脈絡，係由督導的關係、個人實務工作（含個案）的保護、專業生涯的發展、工作績效（含品質）的管理等面向所構成，而督導關係（含督導者）位居於專業脈絡的中心，是影響其他面向運作的重要因素。

第二節 社會工作督導的生態系統

卡督遜與哈克尼斯（Kadushin & Harkness, 2014: 14）認為，督導的過程，如同其他許多過程一樣，都是根基於某些生態系統之中，並且受到這些系統脈絡的構成要素所影響。

他們兩人對於社會工作督導生態系統的構成要素，於2002年曾提出五個要素：公眾（the public）、社會工作專業（the social work profession）、機構（the agency）、機構中的單位（the unit within the agency）、督導者—受督導者二人組（the supervisor-supervisee dyad）。到了2014年，他們將「公眾」調整為「社區」（the community）、將「機構中的單位」併入「機構」之中，並增加「第三部門利害關係人」（third-party stakeholders）、「社會工作認定者委員會」（board of social work examiners）、「社會工作者—案主二人組」（the work-client dyad），共為七個要素，形成更有結構的系統脈絡，如圖5-2：

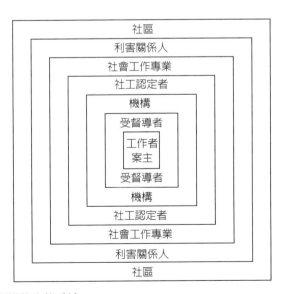

圖5-2 社會工作督導的生態系統

資料來源：Kadushin & Harkness, 2014, P.15

　　由圖5-2顯示，在社會工作督導的生態系統中，從「社區」環境到「工作者—案主二人組」，由外到內，都可能對於督導過程產生某些影響。茲就美國的情況，略述這些要素及其對督導的影響（Kadushin & Harkness, 2014: 14-19）：

一、社區環境

　　社區環境對於督導的影響方式，是對於社會工作專業與社會工作機構，是否認同和支持。通常，督導者與機構能夠合法、正當地運作，較容易得到社區（指廣義社區，含政府與民間）的贊助。但是，一旦社區的資金受到限制時，對於贊助督導的考量，也可能受到抑制。

　　而且，在社會穩定時，社區環境對於督導的影響，可能沒有引起注意。但是，每當經濟、政治、文化、人口有較大的變動時，社區環境對於督導的影響就很明顯。例如：

　　（一）**政治方面**：1980年代，美國由雷根（Reagen）與後現代保守政府，實施福利改革（welfare reform）、管理照顧（managed care）、人群服務私有化（privatized human services）。在政府財務急遽衰退之下，對社會工作的實務和督導，造成不利的影響。又如，1996年，美國實施「個人責任與工作機會協調法案」（Personal Responsibility and Work Opportunity Reconciliation Act），公共福利的組織、服務和行政監督，幾乎一夕之間發生改變。公共福利案量暴減，州及地方政府為因應通貨膨脹與貧民人數增加，社會福利經費不斷下降，營利法人相繼介入社會工作督導的實務。到了二十一世紀初期，有一部分營利法人的督導樣態，被視為：粗魯（heavy-handed）、短視（short-sighted）、考慮欠周（thoughtless）、敏感不足（blunt）（p.15）。

　　（二）**經濟方面**：2007年，美國因為房屋市場（二次房貸）突然崩潰，經濟成長的穩定時期宣告結束，國家在股票市場的財富一夕之間損失一兆美

金，其財務危機也快速影響全球。美國政府爲了挽救經濟，採取釋放銀行額度，但是經濟成長緩慢，引起企業恐慌，失業率居高不下，申請食物券人數變多。儘管聯邦從2009年起，注入救助經費，但是州政府仍刪減衛生與人群服務支出，以平衡他們的預算，社會工作督導已經持續被這些勢力所影響。

（三）**人口方面**：依據美國人口統計局2004年估計，每年約吸收180萬移民。假如最近的移民比率和人口數持續成長，預計在下半個世紀，西班牙裔和亞裔人口將輕快地超過非西班牙裔人口，達到全國人口的1/2。預估在2015年，非洲裔人口將從3580萬人，增加爲6140萬人，從總人口12.7%升到14.6%；非西班牙裔白人的人口，將從1億9570萬人，增加到2億1030萬人，或增加7%。這種非白人的人口的增加，將重新形塑督導的環境。

（四）**文化方面**：從國際觀點來看，文化是社會工作督導的拱形環境（overarching environment），要求督導者必須深思熟慮，注意文化全球化的影響。尤其，美國是多元族群的國家，文化的差異性，對社會工作督導的影響，更不容忽視。

簡言之，當政治、經濟、文化、人口等方面，有比較大規模的變動時，社會工作督導就可能受到社區環境的影響，而必須有適當的因應策略。

二、第三部門利害關係人

在社會工作督導之中，主要人物是督導者與受督導者；在社會工作實務之中，主要人物是社會工作者（受督導者）與案主。至於第三部門利害關係人，則在督導者、社會工作者（受督導者）、案主之間的互動中，扮演支撐或決定性的角色。第三部門可分爲兩種：

（一）**公共的第三部門**：可能包括：都市或郡的衛生部門、消防部門。這些部門可爲那些尋求提供人群服務的機構或組織，其所應具備的必要條件或證照，而進行設備設施的檢查。更加典型的要求，是在檢查期間，爲了表明人群服務的提供，能符合於包括社會工作督導和證照在內的相關規定之標

準，而擔負必要的任務和責任。

　　（二）**私立的第三部門**：可能包括：藍十字會（Blue Cross,美國非營利的保險組織）、藍色庇護組織（Blue Shield）、醫療補助（Medicaid）、醫療照顧（Medicare），以及管理照顧公司和保險公司。這些部門可爲社會工作服務在行爲健康照顧方面，也就是社會工作實務的最大領域，提供資金贊助或支付費用。

　　這些公私部門是督導的利害關係人，透過組織的權威化，監視社會工作服務，檢查其是否符合相關規定的標準，以決定是否代爲支付人群服務的費用（假如有任何需要），而影響社會工作督導。

　　簡言之，第三部門利害關係人，基本上是藉由組織的權威化、信用、爲社會服務代付費用，而影響社會工作督導。

三、社會工作專業

　　社會工作專業之所以在督導上發揮影響，是因爲基於專業的要求，督導者與受督導者必須忠於專業的價值觀，並使用有助於解決人群問題的實務技術。

　　通常，受過社會工作專業教育的督導者與受督導者，他們經過專業的社會化之後，分享著共同的規範、價值、目標和倫理標準，以決定他們在督導中的取向和行爲。尤其，社會工作專業作爲意識型態認同的來源，而機構作爲決定督導行爲認同的來源，兩相角逐之下，意識決定行爲，專業在督導上發揮更深遠的影響，就美國社會工作者協會（NASW）的倫理守則而言，它定義社會工作專業在行爲條件的價值，決定督導者、社會工作者（受督導者）、案主，以及實務環境之中的交換行爲。

　　在抽象的價值觀念之下，倫理標準可能長久不變，但是倫理守則必須定期更新，藉以澄清實務上棘手的議題，或者導引新實務所受的挑戰。2008／2017年，美國NASW修正倫理守則，就是爲了回應社會工作督導中模糊不清

的老議題，以及新議題的挑戰。

　　社會工作督導者必須為受督導者的行動和服務的成果，擔負法律的責任，需要有相稱的權威和資源，以交換他／她的職責。因此，督導者有倫理義務，以他們的能力所及領域，限制督導實務的範圍，並維持知識和技巧的更新、建立明確而適當的人際界線、避免雙重關係、激勵受督導者的專業發展、評量受督導者的表現、促進和維護一個有倫理的職場。

　　簡言之，社會工作專業透過倫理守則的訂定及修正，引導督導者與受督導者在價值觀和行為上，符合規定的標準，從而影響社會工作督導的實務。

四、社會工作資格認定者委員會

　　美國社會工作者協會（NASW）於1969年決議，在美國五十州實施社會工作證照的認定。依美國憲法規定，各州擁有管制專業的權威，也可授權公共團體管制專業的運作。NASW成功地取得授權，透過證照的認定，以管制各州的社會工作的實務。

　　NASW積極尋求規則以保護社會工作專業的發展和利益，並訂定許多指標，以突顯證照是專業地位的進階，也是對於社會工作實務的酬賞。無論如何，這種證照認定，是立基於保護的使命，引導州社工資格認定者委員會（State Board of Social work Examiners），參與公共保護，作為品質保證（quality assurance）的一種形式。

　　美國各州社會工作資格認定者的協會，係透過一些協議的方式，影響社會工作督導。在某些州，新領證照的社會工作者被要求接受督導實務，一般是不得少於二年。當社會工作者尋求臨床實務的進階證照時，則被要求在有照臨床社會工作者的督導之下從事實務，也是不得少於二年，並由社工資格認定者的協會依據書面的督導計畫（written supervision plan），在其參加並通過紙筆測驗（written examination）之後，進行覆核（review）和批准（approve）。再者，對於想要取得資格的臨床社會工作督導者，在程序上要

求接受臨床督導正式訓練，這類州的認定者協會的數量也在成長中，它提醒社工資格認定者，必須查看社會工作者的登記簿和證照，檢視專業管制是否傳達了國家的趨向。

2007年，另一個認證團體，美國社會工作委員會協會（Association of Social Work Board, ASWB），接受委託進行有照社會工作實務的研究，以區辨對於準備取得證照而提供督導時，其所要求的勝任能力（competence）和技術的知識（knowledge）、技巧（skills）和能力（abilities）（KSAs）。2009年提出分析結果，認定在督導中最佳實務的重要知識、技巧和能力（KSAs），其基本要素構成一份督導職責與任務的行為核對單（behavioral checklist）。例如：（一）建立並維持一種正向的督導關係；（二）在管制和法律中，列入倫理的實務，以輔導／指導受督導者確實遵守；（三）追蹤個案的規劃，以確定什麼是必須改善的工作、輔導和支持；（四）與受督導者一起發展學習計畫；（五）協助受督導者發展增加福祉的策略，包括壓力管理。同時，研究報告建議將這些要素，與必要的督導能力、知識和技巧，相互對照，進行核對。

簡言之，在美國，各州社會工作資格認定者的協會，將接受督導作為認證條件；美國社會工作委員會協會（ASWB）提出督導中重要的知識、技巧和能力，都對社會工作督導產生直接且重大的影響。

五、機構及其內部單位

社會工作督導有一個特質，是經由機構的安排，進行督導工作，因而機構組織、機構中的相關單位，都會影響督導的運作。

（一）**整體機構**：機構的組織系統，決定督導的結構、督導者在機構中的角色權利（role entitlements）與角色義務（role obligations），以及專業的角色組（role set）。機構的文化（culture）、使命（mission）和程序（procedures），也決定督導者與受督導者之間的互動。因此，有關社會工

作督導的討論，不能無視於特定的機構脈絡，因為所有督導工作都在機構中實施。督導者也必須認知，在不同的機構設施，可能要求採取不同的督導方式。例如，在公立醫療院所的督導工作，往往不同於家庭服務的督導工作。

（二）**機構內部單位**：督導者被配置於機構內部的某個單位，往往也賦予特定的任務，並為此任務擔負責任。這些特定的情境，也影響督導工作，包括工作單位的地理位置、支持的結構、資源的近便性。再者，機構內部單位的同儕團體，也在督導的生態中，影響督導工作。

簡言之，機構及其內部單位透過特定任務與角色的賦予，而影響社會工作督導的運作。

六、督導者—受督導者二人組

社會工作督導關係的建立和維持，有賴督導者與受督導者的共同努力，而且這兩種關鍵性人物的組合，提供了特定的互動系統，也在這個互動系統中，進行督導的過程。

有時候，這種互動的組合是一種小團體。例如，同儕督導、團體督導，都採取團體的組合方式進行。在督導的脈絡中，團體的組合屬於次級系統，透過這些次級系統的運作，在較大的生態系統中，產生特定的作用。

簡言之，督導者與受督導者的組合，是二人組（dyad）或小團體（small group），往往影響他們之間的互動關係，也影響督導的生態系統。

七、社會工作者—案主二人組

社會工作者（受督導者）與案主的組合，也是一種互動的系統，而且是社會工作督導的主要焦點。因為，社會工作者是透過互動的過程，去協助他們的案主，而且社會工作督導的最終目標，是要改善社會工作者對於案主服務的品質。

　　社會工作者與案主之間的互動情形，可能幫助或妨礙社會工作督導的範圍大小；社會工作者與案主二人組的動力，是無法估計的，經由他們的互動，將對於督導者與受督導者之間所發生的事，發揮一種相互影響。這種相互影響，可能掀起一波接一波的漣漪，轉變了督導的環境或系統。

　　簡言之，社會工作者與案主的組合，透過互動的過程，以及動力的激盪，影響社會工作督導的情境。

　　復有進者，除了卡都遜與哈克尼斯（Kadushin & Harkness）之外，詹森（Johnson, 2014: 536）也採用生態系統的架構，探討社會工作者早期生涯經驗對於督導角色的影響，忠告督導者必須重視社會工作者（受督導者）在其所處的地理、社會、文化和政治脈絡中的實務經驗，並注意個別的實務工作者，有他的機構、他的工作要求、他的工作資源。尤其在政治化的職場中，社會—政治的脈絡，是影響督導實務的重要因素（cited in Beddoe & Davys, 2016: 73）。

第三節　社會工作督導的組織脈絡

機構是一種有組織的實體，社會工作督導在機構中實施，或多或少會受到組織構成要素的影響。前一節探討社會工作督導的生態系統時，已約略提及機構及其內部單位對於督導工作的影響。事實上，還有其他組織要素也影響督導工作。

不過，回顧現有文獻，有關於組織影響督導工作的論述，也是各有偏愛，且繁簡不一。在這裡，我們將儘量彙整相關論述，以期較完整地了解組織脈絡對於督導工作的影響；

一、組織的目標

社會工作督導必須在組織中實施，而組織的屬性不同，就有不同的目標。卡羅（Carroll, 2014: 103）在說明督導的組織脈絡時，認為組織本身有多種型態，主要的四種是：

（一）**醫療的設施**（medical settings）：屬於衛生保健的脈絡。醫師、護理師、社會工作師、諮商師、心理治療師、公關人員等，在這個脈絡中，進行個別督導和團隊督導（Owen & Shohet, 2012; Curtis Jenkins, 2001）。

（二）**教育的設施**（educational settings）：屬於正式學習的脈絡。教師、學生、學者、諮商師、心理師、社會工作師、輔導人員等，在這個脈絡中，實施督導（Marzano et al., 2011）。

（三）**宗教的設施**（religious settings）：屬於教會照顧的脈絡。教士、牧師、教會工作者、年輕神職工作者、信徒等，從事團隊或個別的督導（Benefiel & Holten, 2010; Pohly, 2001）。

（四）**職場的設施**（workplace settings）：屬於工作場所的脈絡。管理者、教練、公關人員、行動學習促進者、組織發展顧問、團隊等，在這個脈

絡進行督導（Haan & Brich, 2012; Hawkins & Smith, 2007）。

　　社會工作督導在這四種組織脈絡實施時，必須配合該組織的屬性，設定督導的目標。例如，在醫療設施中，對醫務社工的督導，以協助其促進病人的健康爲目標；在教育設施中，對於學校社工的督導，以協助其增進學生適應爲目標；在教會設施中，對宗教社工的督導，以協助其提升信衆靈性發展爲目標；在職場設施中，對工業社工的督導，以協助其落實員工協助方案（employee assistance programs, EAPs）爲目標。

二、組織的政策

　　一個組織爲了達成目標，必須訂定達成目標的策略。有些組織對於督導系統已有明確的政策，對於督導工作的選擇和決定，必然有所影響。例如（Beddoe & Maidmentz, 2015: 73）：

　　（一）**對督導方式的選擇**：督導有許多方式，包括：個別督導、團體督導、同儕督導、跨專業督導。組織對於這些督導方式的選擇，可能因爲資源（經費、設施）與人力（督導者、受督導者的人數）、有用性的考量，在政策上決定採用督導方式的優先順序。

　　（二）**對督導者的選擇**：就督導者的來源而言，有內部督導與外部督導兩種。如果組織採取開放政策，受督導者就擁有較大的自主權，可選擇自己想要的督導者，包括外部督導。相對的，如果組織採取控制的政策，受督導者的選擇和選項就受到限制，甚至引起反作用。

　　即使組織沒有明確的督導政策，通常對於督導也可能有隱含的期待。例如，期待能確保督導品質、定期提出督導報告、遵守專業倫理的守則（Hawkins & Shohet, 2012: 70）。這些期待，常造成督導者的壓力，影響督導實務的運作。

三、組織的管理

社會工作機構是一種科層組織，對於督導系統管理，有支持或抑制的取向。以支持取向爲例，依據韋布與伯斯托克（Webb & Bostock, 2013: 1851, cited in Beddoe, 2015: 83）檢視督導研究文獻的發現，組織對於督導的實際支持，會表現在下列五方面：

（一）當組織將注意力放在任務的援助、社會和情緒的支持、督導者與受督導者的正向關係時，督導工作的表現最佳。

（二）已有證據顯示，督導者的雇主（組織）能提供保護措施，以對抗壓力，則督導者也會堅持優質的督導，而且影響實務工作者（受督導者）的工作滿意度。

（三）有組織的支持，督導者往往超越以任務爲焦點，而轉爲反思式的督導，提供機會。

（四）一個組織在職務上能照顧它的受僱者（督導者、受督導者），以及它所服務的消費者（案主），是有效督導的重要元素。

（五）組織對於督導績效有正向觀點、有較大的能力用以管理工作量，則督導者對於員工（受督導者）的案例分析、對於督導技巧的規劃，較能投入處理，而督導也較有效。

此外，組織在管理上，若能維持督導經費的穩定、勞動條件良好的工作環境（Davys & Beddoe, 2010: 183）、組織內部同事對於督導的接納和支持（Beddoe & Maidmentz, 2015: 45），也有助於降低督導工作的壓力。

四、組織的程序

在階層組織的體系中，舉凡行政的運作，都有一定的程序。這種程序，對於督導實務的影響，可由三方面來說明：

（一）**建立督導契約的程序**：許多組織有現成的契約格式，包括：時

間、次數、長度、地點、記錄、議程設定和日程安排（Howe & Gray, 2013: 8）。督導者與受督導者必須以組織印好的契約格式爲基礎，進行協議、簽定，並經組織同意或備查之後，付諸實施。

（二）**辦理督導訓練的程序**：有些組織，在行事曆明定辦理督導訓練的時間。而且，辦理督導訓練也有一定的程序。例如，從現存狀況的評估開始、規劃訓練課程、實施訓練，評量訓練成果（Brown & Bourne, 1999: 164）。

（三）**督導績效評量的程序**：依規定，年度結束之前，組織必須辦理員工考核。爲了簡化行政作業，督導成果的績效評量常被要求同步進行，就必須參照組織的考核程序辦理。

五、組織的文化

組織的文化，一種是學習的文化（a learning culture），另一種是責備的文化（a blame culture）（Howe & Gray, 2013: 95）。前者，對於督導工作抱持正向看法，肯定督導存在的價值；後者，否定督導在組織中實施的必要，對於督導也有嚴格的要求。其中，支持的文化，比較討人喜歡。

督導工作要在組織裡良好運作，組織的文化必須討人喜歡。如果組織文化不健康（unhealthy），督導工作將受到影響（van Ooijen, 2003: 221, cited in Davys & Beddoe, 2010: 69）。

霍肯斯與索海特（Hawkins & Shohet, 2012: 229-234）曾擔任多種組織的顧問，發現在健康服務機構、社會工作部門、觀護團隊、諮商和心理治療組織、志願組織，都有一種明顯的文化型態，他們稱之爲文化動力（cultural dynamics）。這些文化型態，環繞督導者與受督導者的動機、情緒感受、態度、行爲，有時可能造成督導工作退步，甚至不講理。這些不健康的組織文化，有五種型態：

（一）**尋找個人的毛病**（hunt the personal pathology）：這種組織文化，

將所有問題歸咎於個人。例如，兒童之家的院童，抱怨他們的問題都是某兒童惹禍，機構認為只要這個兒童離開，問題就解決。事實上，這個兒童被安置他處之後，另外的兒童可能變成代罪羔羊。在這種文化中，督導工作以「問題」為中心，變成有問題才予以督導，沒問題就不予督導，如果你去找督導者，一定是你有問題。這樣的督導工作，容易退步而陷入「假性治療」（pseudo-therapy）（p.230）。

（二）**過度警戒和官僚文化**（the over-vigilant and bureaucratic culture）：這種組織文化，高度任務導向（task orientation），忽略個人的情感連結（personal relatedness），且以組織的政策和規則，掩護所有發生的問題。尤其，在風險社會（risk-society），組織成員過度提高警戒心，害怕引起抱怨，而只做法律所允許的任務。在這種組織文化之下，督導會議緊綁在議程上，督導者更加關切核對任務是否正確？以致督導變成一種機械式核對清單的工作（mechantic's checklist），做完任務表所列項目，督導就大功告成，很少注意督導的品質，也常只是回應管理者的要求，而未提供受督導者想要的答案（pp.230-231）。

（三）**陰謀藏在背後**（watch your back）：這種組織文化，較常發生於階層化的組織之中。次級團體之間，為了贏得影響力、資源，或者價值觀、目的、優先順序有所不同，可能形成壓力團體（pressure group）和遊說（lobbies）、幫派（cliques）和陰謀集團（cabal）、競爭（rivalries）和爭辯（contents）、人格的不協調（clashes of personality）和同盟的束縛（bonds of alliance）。在這種文化之下，督導工作將會怎樣，要看你的督導者是誰？如果督導者是擁有權力的次級團體成員，督導會議可能陷入於討論「另一邊的人是如何糟糕」的情況（how awful the other sides are）（p.232）。

（四）**遇到危機才緊急處理**（driven by crisis）：霍肯斯與索海特（Hawkins & Shohet, 2012: 232）曾舉例說明一個兒童之家主管，在督導會議時，穿著比其他成員保守，一件夾克，一條領帶，戴著眼鏡，靜靜坐在角落寫筆記，看起來比較像圖書館員，不像社會工作者。但是，有一天有人告

訴他，兒童之家出事了，他馬上從督導會議中跳起來，衝出會議室，回去處理。因為，他很清楚，危機臨頭，必須掌握處理時間。在這種文化之下，督導工作罕見地被組織列入高度優先，且以事情緊迫為理由，刪除其他例行工作。

（五）**像藥物成癮的組織**（the addictive organization）：霍肯斯與索海特（Hawkins & Shohet, 2012: 233）曾工作於藥物成癮處理中心，發現有些社會工作組織，也有類似藥物成癮的觀念。例如：

1. 有一個組織的領導者是成癮者，有酒精依賴（alcohol dependent）和工作狂（workaholics），全部生活幾乎都埋頭於專業工作。

2. 在組織中，有些人複製他們的成癮協同工作者的型態。

3. 組織本身有一種成癮的本質，暗中煽動組織成員的工作狂，假如不想繼續在這裡，隨時可離開。

4. 組織像成癮者（as addict），促使組織系統的功能，在一種成癮人格平行運作之下被否認，組織變成不承認本身真相，也無法面對困難，而以合理化，保護不名譽和不當行為。

在這種文化之下，督導工作不被影響也難。有鑑於此，霍肯斯與索海特（Hawkins & Shohet, 2012: 234-235）也提出轉移上述五種組織文化的方式。首先，是強化督導者的文化覺察，但是組織文化如已染實，談何容易？正如俗語：「最後一個了解海洋者，是魚」（The last one to know about the sea is the fish）。其次，是三選一：(1)繼續（continue）——做一些安全防護措施，(2)停止（stop）——不再適用者，將多餘的包袱丟棄，(3)發動（start）——必要時，整合為一，做不一樣的事。

第四節 社會工作督導的文化脈絡

在督導工作的脈絡中，督導者、受督導者、案主等人物的角色、風格和技巧，都深受其所處文化的影響，而且他們帶著自己的文化特質，來到機構參與督導工作。因此，我們探討督導工作的運作，不能忽略文化脈絡的影響。

本章前面曾兩次提到文化：一是探討生態系統時，曾說明文化是社區的組成要素之一，督導者必須注意文化的影響。二是探討組織脈絡時，曾說明組織文化中有五種不健康文化，督導者必須強化文化知覺，並將其轉化為健康的文化。但是，社區的文化要素或組織的文化，都只是廣大文化脈絡中的一部分，可視為一種狹義的文化。

至於廣義的文化，則有許多不同的解釋。其中，有學者認為文化（culture）時常與民族性（ethnicity）交換著使用，對於了解性別、種族、階級、年齡等許多特質的交織情形，以及增進我們對不同文化的辨識，是有用的（Hair & O'Donoghue, 2009, cited in Beddoe & Davys, 2016: 173）。也有學者從後現代的觀點，強調一系列重要的社會變遷已朝向文化相對論（cultural relativism），並讚美文化的多元主義（pluralism）、不連續（discontinuity）和異質性（heterogeneity）（Eagleton, 2003:13, cited in Beddoe & Davys, 2016: 163）。

基於此種體認，這裡將文化擴大為一個拱形的脈絡，從文化的差異性、多元性、特殊性，探討其對社會工作工作督導的影響；

一、文化的差異性

督導者與受督導者都是專業人員，不是一個騰空的容器，等著被填滿，而是從他們自己的生活中，帶著他們的態度及樣貌：性別、性傾向、年齡、

教育和文化背景、宗教信仰、價值觀，以及早期的相關經驗，進入督導過程中（Davys & Beddoe, 2010: 42/70）。因此，督導者在實施督導工作之前，有必要探查自己與受督導者之間，在社會文化方面的差異性（difference）。

對於無所不在的文化差異、布爾漢（Burnham, 2012）創造一種記憶法，以英文字母的縮寫「優美」（graces）一字，協助我們記住社會文化差異的要素：「GGRRAAACCEEESSS」（cited in Henderson, et al, 2014: 28）。如果用中文的思考模式，將這些要素分為六組，透過聯想，也許更容易記住。例如：

（一）G組—性別的地理分布：性別（Gender）、地理區域（Geography）。

（二）R組—種族的宗教信仰：種族（Race）、宗教信仰（Religion）。

（三）A組—年齡的能力和外貌：年齡（Age）、能力（Ability）、外貌（Appearance）。

（四）C組—階級文化：階級（Class）、文化（Culture）。

（五）E組—民族性的教育和職業、民族性（Ethnicity）、教育（Education）、職業（employment）。

（六）S組——個人的性徵、性傾向和靈性：性徵（Sexuality）、性傾向（Sexual orientation）、靈性（Spirituality）。

這些社會文化差異的要素，除了文化本身之外，擴及文化最寬廣的意識，包含：性別、年齡、教育、職業、宗教及其他個人的背景，也就是研究上所稱的自變項。無論如何，它們也是督導實務不可忽視的變項。

二、文化的多元性

在督導過程中，為了因應泛文化督導（cross cultural supervision）的挑戰，對於文化差異性的考量，有兩種常見的趨向：一種是縮小（minimizing）文化的差異，另一種是放大（magnifying）文化的差異

（Arkin, 1999L12, cited in Davys & Beddoe, 2010: 43-44）。但是，無論將文化差異縮小或放大，都無法否認文化多元性（diversity）存在的事實。因此，有關督導者的訓練，必須使他們具備多元文化能力，包括下列四個面向（Beddoe &, Davys, 2016: 44-51; Davys & Beddoe, 2010: 44）：

（一）**覺知層面**（the awareness dimension）：督導者必須覺知他／她的本身文化和個人的價值觀、刻板化（stereotypes）、偏見（prejudices）和成見（biases），以及督導者與受督導者之間在價值觀、溝通的型態、認知的導向和情緒反應的差異，並探討他們的種族、性別對於督導的影響，以及它們之間互賴的部分。例如，族群的宗教和靈性信仰、生理能力／障礙，都可能決定督導的動力。

（二）**知識層面**（the knowledge dimension）：文化的知識層面，是一些事實和資訊，包括政治、社會和經濟的歷史、研究、世界觀（world view）、文化慣例（cultural codes）、不同的語言與非語言和情緒的表達管道。同時，也要認知社會階層組織可能有多元型態。尤其，在全球化的世界中，專業的督導者也必須認知現在和歷史上的創傷，並轉化到族群、性別等互賴部分的探討。

（三）**關係層面**（the relationship dimension）：在這個層面，需要督導者使用文化術語來檢視：文化認同（cultural identification）、期待、批判主義（criticism）、主導性（initiative）、順從性（passivity）、角色等現象，以便探討這些現象如何影響他們的實務，並尋求督導聯盟的共同根基，保持其間良好關係。

（四）**技巧層面**（the skills dimension）：督導者必須發展一種能力，也就是以文化敏感性（culturally sensitive）的方法，在不傷害專業品質之下，展現敏銳的興趣，並尊重實務工作者（受督導者）的文化認同與團體關係，藉以促使文化的處理正當化。換言之，督導者必須有意願和技巧，去挑戰文化的陳腔濫調（cultural cliché）和其他有關性別、宗教信仰等刻板化假定所造成的汙名化。

　　上述這些層面，有助於督導者了解文化多元能力的重要性，但是這種文化取向在督導上仍有其限制。因爲，多元文化取向，不是經常能夠回應督導相關權力和權威的議題，也沒有回答少數族群對於主流文化不適應的問題。

三、文化的特殊性

　　就文化相對論而言，少數族群的文化有其特殊性，應受到督導者的尊重，並給予必要的協助。例如，紐西蘭相當重視毛利族（Maori）的原住民文化，並且倡導一種所謂「文化的督導」（cultural supervision），就是立基於文化的特殊性。

　　伊魯拉（Eruera, 2007: 144）是「文化的督導」的先驅者，他認爲毛利族的督導工作，應以毛利人的文化爲取向，呈現毛利人的世界觀。他曾定義這種文化的督導爲（cited in Davys & Beddoe, 2010: 43）：

> 根據毛利人世界觀的哲學和原則，爲毛利人著想，以一種促使受督導者能夠達到安全而負責的實務、文化發展，以及自我照顧（self-care）爲目標，並經毛利人同意的一種督導關係。

　　由這個定義顯示，在文化的脈絡下，督導者不能忽略少數族群的特殊文化，而且要認知少數族群與生俱來的價值觀，以期爲這類少數族群的實務工作者（受督導者）提供符合他們想要的督導實務。

　　因此，就整體文化而言，它是一種拱形的脈絡，有關社會工作督導的實施，必須審視督導者、受督導者和案主，在文化上的差異性、多元性、特殊性，進而規劃及提供一種適當的督導實務。

　　總而言之，社會工作督導不是處於空中樓閣，不食人間煙火，而必須植基於眞實的環境，認知督導關係的專業脈絡、生態系統、組織脈絡、文化脈絡，並在這些脈絡之中，進行討論，據以實施，始能確保督導實務的有效運

作。同時，上述這些督導的脈絡，已呈現督導工作的一些取向，爲督導者選擇督導模式建立了基礎。有關督導的模式，是下一章將探討的議題。

【本章重點】

1. 督導工作無法發生於專業的眞空中，必須在機構及更寬廣的社會脈絡下進行討論。

2. 郝威與格雷（Howe & Gray）認爲社會工作督導的專業脈絡，包括：督導的關係、工作／個案的討論、專業的發展、管理的議題、與其他人的關係。

3. 貝多與戴維斯（Beddoe & Davys）認爲社會工作督導的專業脈絡，聚焦於個人生存、專業發展與品質保證等三個面向。

4. 卡都遜與哈克尼斯（Kadushin & Harkness）認爲社會工作督導的生態系統，包括：社區、第三部門利害關係人、社會工作專業、社會工作認定者、機構、督導者—受督導者二人組、社會工作者—案主二人組等七個要素。

5. 詹森（Johnson）採用生態系統，認爲督導者必須重視社會工作者（受督導者）在其所處地理、社會、文化和政治脈絡中的實務經驗。

6. 在社會工作督導的組織脈絡中，可從組織的目標、政策、程序、管理、文化，探討它們對於督導工作的影響。

7. 霍肯斯與索海特（Hawkins & Shohet）提出五種論不健康的組織文化：尋找個人毛病、過度警戒和官僚文化、陰謀藏在背後、遇到危機才緊急處理、像藥物成癮的組織。

8. 文化是一個拱形的脈絡，文化的差異性、多元性、特殊性，都可能影響社會工作、督導實務的運作。

9. 社會工作督導者必須具備多元文化能力，包括：覺知（如價值觀）、知識（如世界觀）、關係（如文化認同）、技巧（如文化敏感性）等四個面向的能力。

10. 文化的督導（cultural supervision）是指：對於少數族群的督導工作，以少數族群的文化爲取向，呈現他們的世界觀。

【有待探究的議題】

1. 督導關係是否相互支持、相互尊敬、確認合法、實施充權，其對社會工作督導成效有何影響？

2. 以某社會工作機構為例，說明該機構如何訂定督導政策？

3. 探討政治、經濟、人口、文化，對於臺灣社會工作督導過程的影響。

4. 試以布爾漢（Burnham）的文化差異要素：「GGRRAAACCEEESSS」，分析對原住民社會工作者實施督導應有的認知。

第六章　社會工作督導的不同模式

　　社會工作督導是一種實務工作，必須在所處的環境脈絡中實施。前一章所述督導的相關脈絡，已大略提示督導應該考慮的取向，這是選取或建構督導模式的重要基礎。

　　推究社會工作督導的運作，需要採取某種適當模式的理由，因為模式是一種有組織的系統，是督導工作的有用工具，可幫助督導者釐清督導的過程，並提供共同的語言，作為督導者與受督導者之間的溝通橋梁（Tsui, 2005: 17）。

　　在文獻上，有關社會工作督導的基本模式及其次級模式，眾說紛紜，不勝枚舉（Beddoe & Davys, 2016: 161-175; Hawkins & Shohet, 2012: 85; Davys & Beddoe, 2010: 31-44; Tsui, 2005: 19-32; Brown &Bourne, 1999: 134-153），大致上可彙整如表6-1：

表6-1　社會工作督導模式的種類

基本模式	次級模式	來源
1. 實務理論模式		Bernard & Goodyear, 1992
2. 結構功能模式	督導的功能模式	Kadushin & Harkness, 2002
	整合模式	Lowy, 1983
	權威模式	Munson. 2002
3. 機構模式	個案工作模式	Ko, 1992
	團體督導模式	Kadushin & Harkness, 2002
	同儕督導模式	Watson, 1973
	團隊服務輸送模式	Kadushin & Harkness, 2002
	自主性實務模式	Barretta-Herman, 1993
4. 互動過程模式		Shulman, 1993
5. 女性主義模式		Hipp & Munson, 1995
6. 發展的模式	直線發展模式	Davys, 2001
	過程發展模式	Hawkins & Shohet, 2012
	終生發展模式	Bernard & Goodyear, 2009

基本模式	次級模式	來源
7. 反思模式的督導		Fook & Gardener, 2007
8. 後現代取向的督導	優勢為本的督導	Edwards & Chen, 1999
	焦點解決模式	De Shazer, 1985
9. 文化取向的督導		Boddle & Egan, 2009

資料來源：第1-5，adapted from Davys & Beddoe, 2010, p.24:第6, adapted from Bernard & Goodyear, 2009, p.89:第6-9, adapted from Tsui, 2005, p.20

　　由表6-1顯示，社會工作督導的基本模式，有九種之多。另外，在助人專業督導的模式中，七眼督導模式（seven-eyed supervision model），也已被引用於社會工作督導（Henderson, et al., 2014: 51; Davys & Beddoe, 2010: 24）。如果，將督導的次級模式也計算在內，幾乎形成所謂「督導叢林」（supervisory jungle）（Rich, 1993, cited in Tsui, 2005: 18）。

　　然而，上面列舉的基本模式或其次級模式，有些只是督導的「方式」（mode），而不是「模式」（model）。例如，團體督導模式、同儕督導模式，通常被歸類為社會工作督導的實施方式或實施方法（Kadushin & Harkness, 2014: 275）。因為，在概念上，「模式」不同於「方式」，一種督導模式的建構，通常必須由一些要素或基準整合而成。例如：

　　李奇（Rich, 1993, cited in Tsui, 2005: 17）曾檢視當時許多督導模式，並建構一種包含督導觀點和構成要素的整合模式，分為六類：1.促進的環境（facilitative environment）、2.督導的關係（supervision relationship）、3.結構的要素（structural elements）、4.督導的技巧（supervisory skills）、5.學習經驗的提供（provision of learning experience）、6.督導的角色（supervisory roles）。

　　戴維斯與貝多（Davys & Beddoe, 2010: 45）曾為督導模式提出12個基本要素：1.結構（structure）、2.目的（purpose）、3.關係（attention to relationship）、4.過程（attention to process）、5.脈絡（attention to context）、6.支撐的理論導向（underlying theoretical orientation）、7.技術

（technical or clinical detail）、8.專業上的應用（utility across professions）、9.權力（attention to power）、10.文化觀點（cultural aspects）、11.差異的議題（issues of difference）、12.時間（time）。經過五年之後，他們在探討以優勢爲本的模式時，採用五個基準：1.支撐的理論導向、2.關係和權力、3.技術細節、4.受督導者發展的焦點、5.文化觀點（Beddoe & Davys, 2016: 163）。其中，受督導者發展的焦點，就是督導的目的。

　　本章將參考上述構成要素或基準，針對發展取向、反思學習、以優勢爲本、七眼觀點等基本模式，略述其理念、目的、支撐的理論、督導的關係、實施的過程、實施的原則。

第一節　發展取向的督導模式

　　將發展模式（development model）引用於社會工作督導，大約始於1950至1960年代，盛行於1980年代。在這個期間也曾經出現三種取向：1.直線發展階段（linear stages development），2.過程發展模式（process development model），3.終生發展模式（lifespan development model）（Bernard & Goodyear, 2009: 89-97）。

　　就督導模式的實施而言，我們通常優先關注受督導者（實務工作者）的發展階段，以便依其發展階段的特徵進行督導。有關受督導者的發展階段，在第三章已提及十一種。其中，霍肯斯與索海特（Hawkins & Shohet, 2012: 77）的見解，將實務工作者的發展分為：1.以自我為中心、2.以案主為中心、3.以過程為中心、4.以脈絡焦點過程為中心等四個層次，是經常被引用的一種模式。而且，它也可與生命發展模式相互結合，形成：以自我中心的開始者（beginner）、以案主中心的新手（novice）、以過程中心的專業實務工作者（professional practitioner）、以脈絡為焦點過程的進階實務工作者（advanced practitioner）（O'Donoghue, 2015: 71）。因此，我們以霍肯斯與索海特（Hawkins & Shohet）的發展模式為例，並參考相關文獻，說明其要點：

一、理念

　　這種發展取向的督導模式，認為受督導者從初階實務工作者到進階實務工作者之間的能力發展，可分為幾個階段，督導者必須了解這些發展階段的特徵，以便針對受督導者在該階段的情況，提供適切的督導工作。

二、目的

督導者運用發展取向作為督導模式，主要目的在於辨識受督導者不同階段轉換的關鍵點（key point），以協助受督導者往前一個階段繼續發展。

三、支撐的理論

支撐發展取向督導模式的理論導向，是發展的理論（developmental theory）（Davys & Beddoe, 2010: 47）。

由於社會工作督導的受督導者，是社會工作者，有時也稱為實務工作者，因此，發展取向督導模式所引用的發展理論，係指實務工作者的發展階段而言。通常，一個實務工作新手，常需經歷三至五個階段的發展，始能逐步臻於成熟。理想上，督導工作的實施，如能配合受督導者發展階段的特質和需求，其效果較佳。

四、督導的關係

在發展取向的督導模式中，督導者與受督導者之間是一種互動的關係。通常，在督導會議的過程中，由督導者與受督導者共同確認想要討論的主題，再由督導者決定如何引導受督導者探討其處理的方法。

例如，所要討論的議題是受督導者的成長方向，督導者可能要將重點放在個人自我（personal self）與專業自我（professional self）的了解，藉以引導受督導者進行個人的洞察（personal insights），發展他們的人格（Tsui, 2005: 31）。

五、實施的過程

發展取向的督導模式，聚焦於受督導者擁有能力的發展階段，以便透過訓練或督導者的指導，引領受督導者成長。

霍肯斯與索海特（Hawkins & Shohet）根據瓦新頓（Worthington, 1987）與史托田堡與迪沃斯（Stoltenberg & Delworth, 1987）有關實務工作者發展階段的見解，將受督導者的發展整合為四個層次，並配合不同的發展層次的特徵，提供適切的督導（Hawkins & Shohet, 2012: 77-81）：

（一）**以自我爲中心**（self centered）：受督導者（開始者）剛從事實務工作的階段，其主要特徵是對工作有高度動機，但可能也有一些焦慮，因而比較依賴督導者的指引。他們的焦慮，主要來自兩方面：評量方面的擔憂（evaluation apprehension）、客觀的自我覺察（objective self-awareness），也就是受督導者集中在個人自我的過程，擔心督導者對其工作表現可能有負面的評量，因而產生焦慮的感覺。因此，爲了因應這個層次受督導者的焦慮現象，督導者必須提供一種明確而有結構的督導環境，給予正向的回饋，並鼓勵受督導者從過早對案主和自己的判斷，回到注意實際發生了些什麼。這個階段，督導者面對的主要挑戰，是如何提供支持與平衡受督導者的不確定感。

（二）**以案主爲中心**（client centered）：在這個階段，受督導者（新手）逐漸克服他們初期工作的一些焦慮，而開始在依賴（dependence）與自主（autonomy）之間、在滿懷信心（overconfidence）與陷於窘境（being overwhelmed）之間，搖擺不定，猶豫不決。在這個階段，受督導對於案主的處遇工作，不再像初期那麼單純地將焦點只放在案主的發展過程。他們開始認識到要成爲助人的專業人員，需要長期的努力。同時，他們也發覺在某些情境有效的處遇方法，在其他場合的效果可能沒有那麼好。督導者面對這個階段的受督導者，必須比前一階段降低結構化和教誨性，而將重點放在受督導者與他的案主，好好協助他們處理情緒的掌控，因爲受督導者可能在熱

衷工作（excitement）與沮喪感受（depressive feeling）之間，游移不定，無法克服，甚至以為進入錯誤的工作之中。

（三）**以過程為中心**（process centered）：在這個階段，受督導者（專業實務工作者）更能夠適應他們自己對於案主的取向，以滿足他個人及案主在特定時間的特殊需求。他們也更加能夠從一個寬廣的脈絡來看待案主，以及發展所謂「直升機的技巧」（helicopter skills）（Hawkins & Shohet, 2012: 79）。這些技巧，如同直升機一般，能與案主在督導會議出現，且透過概覽，能夠看到督導脈絡的內容和過程，包括：介入關係的整體過程、案主的個人歷史和生活型態、案主外在的生活環境、案主的生命階段、社會脈絡和族群背景。這個階段，受督導者明顯增加專業的自信（professional self-confidence），只有某些情境依賴督導者，他們更能內省（insight），工作的動機也較穩定。此時，督導者可能變成更像學院的督導工作，透過專業的分享、增加舉例的示範、個人的面質（personal confrontation）等方式，協助受督導者的處遇過程能夠更上軌道。

（四）**以脈絡焦點為中心**（process in context centered）：這個階段的受督導者（進階實務工作者）接近「精通」（master）的層次，其特徵是：有個人的自主性、有內省的覺知（insightful awareness）、個人的安全、穩定的動機、覺知必須面對個人和專業的問題。同時，這個階段的受督導者也可能搖身一變，成為別人的督導者，連帶著有助於鞏固及加深他們自己的學習。因此，這個階段可視為一種「整合」（integrated）的階段，督導者在督導過程，可協助受督導者分析督導的脈絡，了解相關資源的連結，以利於實務工作的整合運用。

綜觀上述，督導者的督導重點是依據受督導者發展階段的特徵，協助他們處理該階段的關鍵性問題，如表6-2：

表6-2　受督導者發展階段及關鍵性問題

層次	發展階段	關鍵性問題
層次一	以自我為中心	我能達成這項工作嗎？
層次二	以案主為中心	我能幫助案主達成他的需求嗎？
層次三	以過程為中心	我們的關係如何？
層次四	以脈絡焦點為中心	整個過程是如何相互交錯？

資料來源：Hawkins & Shohet, 2012, p.81

六、實施的原則

　　戴維斯與貝多（Davys & Beddoe, 2010: 33）曾綜合相關文獻的見解（Bernard & Goodyear, 2009: 101; Nye, 2007: 90），認為發展取向的督導模式，容易受到批評，因為這種模式：1.沒有經過研究加以檢驗，等於贊同那些依照規範來做的人，而將那些偏離正常進度的受督導者視為有問題；2.階段發展模式過於呆板，可能使督導者忽略了受督導者的獨特性；3.發展模式限制了學習的領域，使得受督導者只能從「實際發展」（actual development）的路徑進行學習，而無法透過與其他人合作的管道，產生「潛在發展」（potential development）的學習。因此，他們提醒督導者在採用這種督導模式時，必須因應上述缺失，實施適當的督導策略（Davys & Beddoe, 2010: 34）。茲舉例說明如下：

　　（一）**根據受督導者發展階段提供督導**：在督導過程中了解受督導者的發展階段，提供他們在該階段專業實務所需的技巧。例如，對於新進社會工作者（受督導者），在建立督導關係時，著重於協助受督導者了解他們在服務中的定位；等到受督導者進入狀況之後，可酌減督導的頻率，讓受督導者在直接服務中有較大的自主性。

　　（二）**根據受督導者的個性提供督導**：評估受督導者的獨特性，使用與受督導者成長相關的介入方式，來促進受督導者的成長。例如，對於缺少實務經驗，尋求實務技巧的積極行動者（activists），可鼓勵他們從嘗試中

（trying thing out），進行學習；對於有經驗的實用主義者（pragmatists），可運用問題解決（problem-solving）的介入方式（Wonnacott, 2012: 43）。

　　綜言之，發展取向在督導模式中，發展的時間較早，運用的機會也較普遍，其受到使用者的批評，在所難免。然而，這種發展取向在督導的運用上，大多數督導者只是從受督導者的工作資歷和實務經驗，粗略估計其專業發展程度，而調整督導議題的寬度或深度，至今仍然缺乏準確的、個別化的評估工具，有待持續努力。

第二節　反思學習的督導模式

反思實務（reflective practice），或者經驗學習（experiential learning），在社會工作督導中已行諸有年。大約在1990年代，任教於澳大利亞奧克蘭大學（University of Aukland）的戴維斯（Allyson Davys）將兩者結合，逐步發展成為一種督導的模式，作為跨專業督導課程（interprofessional supervision programme）的教學內容（Davys & Beddoe, 2010: 88）。

一、理念

受督導者成長的過程，依靠繼續不斷的學習。反思學習督導的模式是結合反思實務與成人教育的理念，以促進受督導透過「行動─反思」的循環（action- reflective cycle），進行學習和成長。

二、目的

反思學習督導的模式聚焦於受督導者成長的議題，以促進受督導者透過經驗與行動的反思，找出有效解決實務問題及專業成長的方法。

三、支撐的理論

在反思學習的督導模式中，反思是一種過程，學習才是目的。因此，支撐反思學習模式的理論，是成人學習理論（adult learning theory），以及寇伯（Colb）的經驗學習理論（experiential learning theory）。

大部分受督導者是成人，而且有工作經驗。成人學習的特質，不同於兒童及青少年的學習。依據成人教育專家諾利斯（Knowles, 1987）的研究，成

人知道自己想學什麼、有自主性（self-directing）、有豐富的經驗，期待有效學習（陳錦棠，2015：38）。再者，寇伯（Colb）強調成人學習與成人經驗相互結合，學習更有效果。

　　因此，將反思學習督導模式實施於成人受督導者，必須配合他們的學習特質，並以他們的經驗為基礎。

四、督導的關係

　　在反思學習的督導過程中，督導者與受督導者是一種協力合作的關係。督導者在督導過程，從「專家」（expert）的位置走下來，進入「促成者」（facilitator）的位置，而督導者也成為自我學習的促進者。

　　這也意味著督導者的角色，是取得受督導者的信任，並與受督導者共同創造一種安全的學習空間，以確保受督導者能夠有效地學習和成長。

五、實施的過程

　　反思學習督導是根據經驗學習的循環而發展出來一種模式，戴維斯與貝多（Davys & Beddoe, 2010: 95）認為這種反思學習的督導模式，係由事件、探索、試驗、評量等四個階段，形成一種循環的過程，逐步實施，周而復始，如圖6-1：

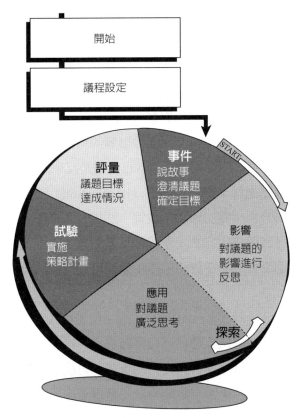

圖6-1 反思學習的督導模式

資料來源：根據Davys & Beddoe, 2010, p.95精簡文字

依據圖6-1，反思學習督導模式的實施過程，在督導會議開始時，設定會議的題目及優先順序之後，即可由事件、探索、試驗、評量等四個階段，逐步進行，最後做成會議結論。茲根據文獻（Davys & Beddoe, 2010: 102-114）略述這四個階段的要點：

（一）**事件**（the event）：在反思學習模式的第一個階段，督導者最重要的一件事，是協助回顧有關討論議題的「事件」或「經驗」，描述他們的想法和感受。例如，希望討論這個議題的原因、希望在督導過程如何處理這個議題。在這個階段，督導者必須主動協助受督導者澄清會議的真正議題、

確認該議題所要達成的目標，而避免一再敘述事件的細節，以致模糊了督導會議的焦點。

（二）**探索**（the exploration）：議題已提出，目標也確認之後，督導者可鼓勵受督導者從兩個觀點進行議題的探索和檢驗：

1. 從個人的觀點進行，稱之為影響（impact）。也就是由受督導者辨識自己的情感、信念、態度、行為受到事件影響的情況，而督導者的角色是建立一個空間，讓受督導者能在其中探索自己。這是反思的部分。

2. 從分析的觀點進行，稱之為應用（implication）。也就是由督導者針對實務的處理，去分析相關的理論、政策、法規、脈絡等，以檢視其間相互連結的可行性，發展解決的方法。至於督導者的角色，則適時分享自己的知識和理念，以協助受督導者在實務中產生新而可能的解決方案。這是概念化的部分。

（三）**試驗**（the experimentation）：經過反思與概念化的探索之後，受督導者對於實務問題的解決方法已形成某種決定，接著就是進行試驗，以確定這些解決方法是否可行？是否有足夠的資源？可能衍生什麼情況？有無應變方案？可能帶來何種結果？在試驗階段，督導者的角色，在於鼓勵受督導者對試驗要有信心，並將解決方法與相關資源等方面的落差記錄下來，連結到後續的訓練課程之中。

（四）**評量**（the evaluation）：將評量的重點放在：督導者提出的議題是否充分討論且獲得適當的處理？受督導者是否得到他想要的督導內容？此外，督導者也評量自己是否達成此次督導會議的目標？對受督導者反思學習的成效如何？是否有什麼議題必須列入下一個議程中討論？

當約定的督導時間到了，所要討論的議題也已處理或解決，此次督導會議就可結束。有始有終，一以貫之。好的開始，開創學習的方向；好的結束，讓學習成果能維持和整合，並提供專業使用（Davys & Beddoe, 2010: 102-114）。

六、實施的原則

反思學習的督導模式，是由督導者在督導過程中，鼓勵受督導者從他們服務案主的經驗中，進行自我反思（self-reflective）和學習。因此，反思學習的督導工作，相當重視督導關係的品質，督導者與受督導者必須共同致力於建立一種良好的督導氣氛。

麥克馬弘（McMahon, 2014: 11）為了協助督導者在反思督導中參與督導關係的建立，乃從受督導者的觀點，提出四個指導原則（cited in Beddoe & Davys, 2016: 59），茲舉例說明：

（一）**對於情緒的存在保持敏感**：以「事件」為例，如果督導者從資料中得知受督導者早期生涯有過創傷事件，在督導過程應保持敏感性。除非受督導者願意討論，否則等督導關係穩固之後，再進行討論。

（二）**肯定脆弱和能力的價值**：以「探索」為例，如果新手受督導者在實務上缺乏經驗，對於案主問題的處遇，沒有信心，容易露出脆弱的一面。督導者在這種情境，仍應肯定受督導者的努力，並引導他／她探索過去有無成功經驗和處理能力，以便勇於面對現在困難的挑戰。

（三）**以謙卑態度給予知識和經驗**：以「試驗」為例，如果督導者想在反思督導過程中，建議受督導者強化某方面的知識或經驗，在態度上必須謙卑地表示，讓我們一起做個「試驗」，相信明天會更好。

（四）**發展一種關係以支持個人和專業的發展**：以「評量」為例，如果受督導者提出實務上想發展個案管理技巧，或者專業生涯上想報考專科社工師，則督導者對於其發展的意願給予支持，並建議共同評量達成意願的最佳時機。

另一方面，貝多與戴維斯（Beddoe & Davys, 2016: 59）從督導者的觀點，補充兩個實施的原則：首先，受督導者對於督導者開放有關知識、經驗和意願的反思機會，要忠實地參與。其次，當督導者要求或詢問時，受督導者要給予回饋。

　　綜言之，社會工作督導的主要目的，在促進受督導者（實務工作者）提升其對案主服務的品質，且受督導者的主要任務在於學習。督導者採用反思學習的督導模式，正可從有關案主相關事件著手，引領受督導者循著探索（含影響和應用）、試驗、評量等過程，進行自我反思與學習成長。

第三節　以優勢為本的督導模式

　　由督導者覺察受督導的優勢，做為實施督導的基礎。這種督導取向，是引用沙利白（Saleebay, 2002）的優勢觀點，改變傳統上視受督導者為有問題的取向，轉而聚焦於受督導者的優勢（Gray, 2011: 6, cited in Beddoe & Davys, 2016: 163）。

一、理念

　　以優勢為基礎的督導，來自於以優勢為基礎的實務。這種優勢取向的督導工作，聚焦於受督導者所具有的優勢、潛能和機會，而不是他們的缺點、限制或不足，以避免受督導者被貼上標籤，或者以某種缺陷或病理學的語言，描述他們的問題或行為。

二、目的

　　優勢取向的督導，係由督導者促使受督導者以他們的優勢為基礎，優先以他們的正向經驗，去發現解決困擾問題的方法。

三、支撐的理論

　　以優勢為本的督導取向，係以後現代主義（post modernism）有關於語言和意義的解釋、社會建構論（social construction）、異體同態論（isomorphism），為其理論導向（Davys & Beddoe, 2010: 47）。

　　其中，後現代主義的基本教義是：聚焦於優勢而非不足、注意潛能而非抑制、承認多元觀點及普遍真實，而較少階層的取向（Beddoe & Davys,

2016: 164）。社會建構論著重於社會環境與權力關係的檢視，強調建構社會正義（Davys & Beddoe, 2010: 36）。異體同態論是一種平行的結構，兩個系統有相似的過程（Beddoe & Davys, 2016: 163）。例如，督導者—受督導者（實務工作者）之間、實務工作者（受督導者）—案主之間，這兩個系統是平行的結構，它們的運作過程會產生相互影響。

四、督導的關係

由督導者與受督導者共同為未來聚焦於潛能、可能性及多元觀點，而創造一種以優勢為基礎的督導關係，而不是假設一個標準的方向，試圖「修正」（correct）或主導受督導者的目標或看法（Davys & Beddoe, 2010: 39）。如此，督導者可形塑一種由服務使用者驅使和充權的實務理念，繼續維持信任、安全、協力合作的督導關係。

五、實施的過程

愛德華與秦恩（Edwands & Chen, 1999, 353）認為，優勢督導的過程是督導者與受督導者「協同想像願景」（co-vision）與「協同創造」（co-created）的過程，好像是共同緊握著「虎頭鉗」（co-visee）的兩邊把手，期待成為處理工作問題的熟手（cited in Davys & Beddoe, 2010: 39）。

同時，愛德華與秦恩（Edwards & Chen, 1999, 355）也以諮商人員為例，說明優勢督導過程的六個脈絡。不過，社會工作督導者原則上不與案主直接接觸，此與諮商督導略有不同，因此我們將其第三個脈絡「案主參與督導」（client-participated supervision）修改為「想像案主就在現場」（imaging the client are present in the room）。

在這裡，補充我們（含東吳大學趙碧華、文化大學黃志成、臺灣師大林勝義）的經驗，我們曾經在士林法院觀護人室督導大專義務輔導員，有一

次嘗試邀請案主與案父到督導會議現場，想讓他們感受輔導員在假日還為協助案主而開會的用心，藉此激勵案父給案主多些關切。可惜，得到的是反效果，案主一直低頭不語，案父當場責罵案主的不是，讓案主更加難堪。於是，馬上改變方式，請他們到隔壁房間「感受」另一現場的情形。從此以後，再也不敢嘗試這種做法，以免重蹈覆轍，造成二度傷害。

以下略述優勢取向督導過程六個脈絡的要點（cited in Davys & Beddoe, 2010: 39-40）：

（一）**發出呼應的聲音**（symmetrical voices）：與其由督導者提供一種唱獨角戲的指導，給予一些敘事的文件，不如由督導者支持受督導者為其所服務案主的問題，探討解決方法的選擇，並強調案主的選擇能力。

（二）**以能力為焦點**（competence focus）：督導者為他們想要受督導者自己主導他們為案主的服務，提出有價值的示範。並聚焦於受督導者的優勢和成功的處遇，讓受督導者感覺受到肯定而更有處遇的能力。即使在談論有關案主的事，也是使用「非-病態」（non-pathologising）的用語。

（三）**想像案主就在現場**（imaging the client are present in the room）：社會工作督導是間接服務，不直接與案主接觸，但是督導過程可能討論到案主的相關問題，不妨想像案主就在督導會議的現場。不過，督導的話題，必須從案主有所不足的分析，轉移到對案者的尊重、好奇和有希望的方面。

（四）**播放實情的投影片**（unassuming transparency）：督導者不播放那些裝腔作勢（unassuming）的投影片，而是根據事實，與受督導者分享他們本身專業的奮鬥情形，使受督導者能夠準備好處理「未知的情況」（not-knowing position）。

（五）**團隊的即時回應**（the "reflecting team"）：在處遇脈絡的現場督導中，團隊可為新理念的產生，即時投入或提供一些資源。

（六）**進行捉迷藏團隊的團體督導方式**（tag-team group supervision format）：受督導者在督導過程中描述個案的情形之後，扮演其服務中的案主，並指定其他成員，一個扮演受督導的實務工作者，其他人扮演觀察

者，直到先前留下來的觀察者都觀察及回饋意見之後，完成「捉迷藏式」（tagged）的督導。這樣的督導方式，對於傳達優勢的討論和回饋，允許不同的觀點出現，使受督導者得到更多有關他的優勢之回饋。

顯然，優勢取向的督導過程，無論對於受督導者，或者他們所服務的案主，都是強調他們有能力、能成功、有希望、有資源，而且所使用的語言，也都是正向的、尊重的、肯定的。

六、實施的原則

優勢取向的督導模式，聚焦於以受督導者為中心的督導過程，督導者的注意力放在受督導者的能力，而不是將自己的想法硬加在他們身上。戴維斯與貝多（Davys & Beddoe, 2010: 38-39）綜合相關文獻對於優勢取向督導的見解（Tomas & Davis, 2005; Edwards & Chen, 1999; Presbury, Echterling & McKee, 1999; Santa Rita, 1998），提出五個實施的原則：

（一）**所有實務工作者都擁有能被動員的優勢**（all practitioners possess strengths that can be activated）：督導係放眼於未來，並認定會成功。與其浸泡在問題的談論（problem-saturated talk），不如討論精進能力的潛在性，以協助受督導者建構更精進的能力。

（二）**受督導者是他們本身實務的行家**（supervisees are expert about their own practice）：督導者要有勇氣安於不確定性，而不是以專家自居，並且能聚焦在實用性，對於人們建構經驗的許多方法，都保持開放的態度，予以尊重。因為，有關於受督導者的實務方面，他們是個中行家。

（三）**督導者暫時不表達自己的信念和臆測**（supervisors need to suspend their beliefs and assumptions）：先傾聽受督導者敘述他們的故事，再視情況表達自己的想法和推測。

（四）**督導者支持受督導者的目標**（supervisors support their supervisees' goals）：對於受督導者設定的目標，表示支持，使他們的優勢能展現在工作

之中。這種取向，也鼓勵受督導者將談論的範圍，結合當初督導契約協議所設定的安全程序中，那些具有挑戰性的議題。

（五）**督導者必須尊重受督導者**（supervisors need to be respectful）：讓受督導者覺得有希望，而且在討論或解釋的過程中，必須避免使用病態式的語言。

綜言之，以優勢爲本的督導模式，在於協助受督導者善用他們的優勢、潛能和機會，用以改善自己的實務工作，以及對案主服務的品質。

第四節　七眼觀點的督導模式

　　七眼觀點的督導模式（seven-eyed supervision model）係由霍肯斯（Hawkins）於1985年爲諮商輔導而提出的一種督導模式，原先稱爲「雙矩陣模式」（double matrix），1995年改稱爲七眼督導模式，並擴大其適用範圍，包括社會工作督導在內。

　　後來，霍肯斯與索海特（Hawkins & Shohet）在2000、2006、2012年修訂他們的著作，每一版次都針對模式的發展而進行小幅度調整，以期適用於不同的助人專業（Hawkins & Shohet, 2012: 86）。以下依據2012年的版本所載，整理這個督導模式的要點如下：

一、理念

　　七眼觀點督導模式將焦點放在「關係的」（relational）與「系統的」（systemic）兩大面向，密切地關注那些與案主的關係中發生了什麼？以及在督導關係中發生了什麼？並且考慮在案主、實務工作者（受督導者）、督導者的廣大系統脈絡中的交互影響。

二、目的

　　這個督導模式，主要目的是將督導工作的眾多焦點，拉回到探討督導關係的過程，以期在督導會議中有適當的因應策略。同時，這個模式也可運用於各類助人專業的督導訓練，從教師到教練，從一般實務工作者到管理諮詢人員的訓練及發展。

三、支撐的理論

　　霍肯斯與索海特（Hawkins & Shohet）在描述他們的七眼督導模式時，並未提到這個模式的理論依據。但是，由他們發展七個面向的用意，在於協助督導者於督導會議與督導訓練中選擇適當的焦點，看起來類似一種「焦點解決的督導」（solutions-focused supervision, SFS）。

　　在社會工作實務中，焦點解決（solutions-focused）是一種短期的處遇方式。將這種焦點解決的概念，用之於督導的脈絡，是在每一個督導會議的時段，設定許多小的目標（焦點），且能達成，以提升士氣，其基本假設（Santa Rita, 1998: 129-132）是：（一）受督導者必須與督導者合作，而且共同負責。（二）督導者必須辨識及「增強」（amplify）受督導者期待的行爲，以突顯正向有生產性的經驗。（三）督導者僅使用先前有效的處遇方式，如果督導工作動不了，則積極嘗試新的取向。（四）在督導過程中，由受督導者定義學習的目的，而督導者則提供指引（cited in Davys & Beddoe, 2010: 40）。這些基本假設，都強調督導工作要有焦點，與七眼觀點之強調選擇焦點，如出一轍。

四、督導的關係

　　這個督導模式可在不同的時刻，採取不同面向的運作，但是所有督導的情境，至少都涉及五個要素：1.督導者、2.受督導者、3.案主、4.工作脈絡、5.寬廣系統的脈絡。因此，督導過程涉及兩個交互影響的系統或矩陣：一是案主與受督導者的矩陣；二是受督導者與督導者的矩陣。這個模式以督導關係爲核心，其架構，如圖6-2：

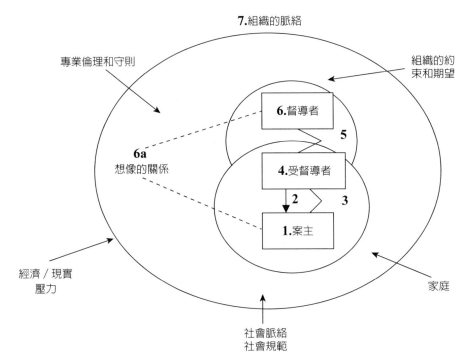

圖6-2　七眼督導模式

資料來源：Hawkins & Shohet,2012, P.87

五、實施的過程

　　這個督導模式的實施過程，將注意力放在受督導者與案主的矩陣，形成兩種主要的督導類別：一是在進行督導時，由督導者與受督導者針對反映意見、督導會議紀錄（含錄音、錄影），共同進行探討。二是透過督導會議，將此時此刻（here and now）的經驗反映出來，並加以解釋。

　　這兩種督導類別，依其注意力強調的重點，可進一步各區分為三種面向，再加上一個強調督導脈絡的面向，顯示督導工作可發生在七個面向（Hawkins & Shohet, 2012: 87-89）：

（一）**聚焦於案主及其呈現的內容和方法**（focus on the client and what and how they present）：在這裡，督導者將注意力集中放在督導會議的實際現象，關心受督導者的案主如何表現他們自己？他們選擇分享些什麼？他們想要探討他們生活上的什麼領域？以及這次督導會議的內容，可能與先前督導會議的內容有何關聯？簡言之，這個督導形式的目的，係由督導者協助受督導者將其注意力放在案主、案主所作所為，以及案主生活的各種不同樣態之間的連結。

（二）**探討由受督導者使用的策略和處遇**（exploration of the strategies and interventions used by the supervisee）：在這裡，督導者將焦點放在受督導者對於案主處遇策略的選擇，不僅關心受督導者所使用的處遇策略是什麼，並且關心他們使用這些處遇策略的原因和時機。因此，可能發展另類的策略和處遇，以達成預期的效果。簡言之，這個督導形式的主要目的，係由督導者協助受督導者增加其在案主處遇中有用技巧的選擇。

（三）**探討案主與受督導者之間的關係**（exploration of the relationship between the client and the supervisee）：在這裡，督導者將注意力放在受督導者和他們的案主之間的關係，包括有意識或潛意識所產生的關係。這個督導形式的主要目的，係由督導者協助受督導者跳脫他們既有的觀點，發展一種較寬廣的內省，並了解他與案主之間特定工作關係的動力。

（四）**聚焦於受督導者**（focus on the supervisee）：在這裡，督導者的焦點放在受督導者有關他與案主工作時的意見反映，包括有意識與潛意識的表達。有時，它也聚焦在受督導者的專業發展，以及他們所得到的支持情況。簡言之，這個督導形式的主要目的，係由督導者強化受督導者的資本（capacity of supervisee），以便受督導者將督導者針對他們反映意見的回饋或建議，更有效地使用於案主處遇的過程。

（五）**聚焦於督導關係**（focus on the supervisory relationship）：在這裡，督導者聚焦於他們本身與受督導者之間的督導關係。這個督導形式，有兩個實質的方法和目的：首先是在於確保定期地注意督導者與受督導者之間

協力合作的品質，其次是爲了探討督導關係如何潛意識地付諸實施，或者如何能與案主一起工作的潛在動力並駕齊驅。

（六）**督導者聚焦於他們本身的過程**（the supervisor focusing on there own process）：在這裡，督導者將主要的注意力，放在他們本身於督導裡此時此地的經驗；對於他們與受督導者進行督導工作，以及彼此分擔督導工作相關事務的反應，自己有什麼感受、想法和印象。這個督導形式的目的，係爲了讓督導者能使用這些受督導者的反應於督導之中，進而找出可能發生於督導過程，或可能發生於受督導者與案主關係，這兩方面的其他有用的資訊來源。

（七）**聚焦於與工作有關的廣大脈絡**（focus on the wider contexts in which the work happens）：即使上面六個督導方式，其所包括的範圍，如同在案主與受督導者、受督導者與督導者等兩個矩陣裡一般，已包括全部的督導過程。但是，督導關係與案主關係也存在於更寬廣的脈絡裡，這個脈絡可能影響或活化督導關係與案主關係的過程。因此，督導者對於寬廣脈絡裡的：專業倫理守則、組織的要求和限制，與其他涉及機構的、社會的、文化的、經濟的脈絡之各種關係，都必須注意到且列入督導工作之考慮範圍。

六、實施的原則

七眼觀點督導模式的創始者，霍肯斯與索海特（Hawkins & Shohet, 2012: 86）曾表示該模式原本爲諮商輔導而設計，後來爲了適用於其他助人專業，而做了一些修正。

在社會工作督導領域，韓德森等人（Henderson, et al., 2014）曾引介七眼觀點的督導模式，做爲選擇督導焦點的工具（p.51），以及創新督導取向之用（pp.81-82）。同時，他們針對運用七眼模式於創新督導取向時，提出五個基本原則（pp.84-85）：

1. 爲了工作的需要，清楚地了解督導契約的規定。

2. 事前準備好相關資料，以便督導會議中隨時可以使用。

3. 當受督導者正在工作時，保持一種開放而非教導（non-intrusive）的現場。

4. 謹慎小心地觀看和傾聽，以便引誘受督導者訴說他們的經驗，而不是為他們提供說明。

5. 為你的受督導者提供時間和空間，讓他們「放下角色」（de-role），有反思自己的機會。

綜言之，七眼觀點督導模式的運用，已由諮商督導擴及社會工作督導，使督導者在督導會議與督導訓練中，有更多的選擇，也更能集中焦點。

最後，歸結上述四種主要的督導模式，它們之間經常發生交互關聯。例如，反思學習督導模式，必須配合受督導者發展階段的實務經驗；發展取向督導模式中，某發展階段的關鍵點，則與七眼觀點督導模式的焦點選擇有關。況且，這四種督導模式，都重視受督導者的優勢和潛能。因此，督導者在督導過程中，經常視實際需要，整合運用二或三種督導模式，藉以增進督導的效果。

【本章重點】

1. 社會工作督導模式由許多要素整合而成，可幫助督導者釐清督導過程，提供共同的語言，作為督導者與受督導者之間的溝通橋梁。

2. 霍肯斯與索海特（Hawkins & Shohet）提出的發展取向督導模式，依據受督導者的發展階段的關鍵點，分別提供四個層次的督導重點：(1)以自我為中心、(2)以案主為中心、(3)以過程為中心、(4)以脈絡焦點過程為中心。

3. 戴維斯與貝多（Davys & Beddoe）提出的反思學習督導模式，由受督導者對其案主服務的事件、探索、試驗、評量等四個階段，依序進行督導。

4. 以優勢為本督導模式的實施過程，有六個脈絡的要點：(1)發出呼應的聲音、(2)以能力為焦點、(3)想像案主就在現場、(4)播放實情的投影片、(5)團隊的即時回應、(6)進行捉迷藏團隊的團體督導方式。

5. 霍肯斯與索海特（Hawkins & Shohet）提出的七眼觀點督導模式，顯示督導工作可聚焦於七個面向：(1)督導內容和方法、(2)策略和處遇、(3)案主與受督導者的關係、(4)受督導者、(5)督導關係、(6)督導過程、(7)督導脈絡。

6. 各種督導模式都有其支撐的理論導向：(1)發展取向的督導模式—發展的理論，(2)反思學習的督導模式—成人學習理論、經驗學習理論，(3)以優勢為本的督導模式—後現代主義、社會建構論、異體同態論，(4)七眼觀點的督導模式—焦點解決理論。

7. 各種督導模式之間經常相互關聯，督導者在督導過程中，必須整合使用其中二種以上的督導模式。

【有待探究的議題】

1. 將發展取向的督導模式運用於督導實務，有何優點及限制？

2. 以某「家暴事件」為例，論述督導者如何運用反思學習督導模式，引領實務工作者探索該事件對案主的影響。

3. 以優勢為本的督導模式，強調受督導者的優勢、潛能和機會。如果督導者評估結果，發現受督導者也有缺點、限制和不足，應如何督導？

4. 將七眼觀點的督導模式運用於社會工作督導，有何限制？

第七章　社會工作督導的各類風格

　　在督導過程之中，採取不同的督導模式，或者由不同的督導者帶領督導活動，往往就會展現不同的督導風格（supervision style）。而且，任何一種督導的風格，都攸關督導關係是否穩定發展，連帶著影響督導的成效。因此，有關督導風格的探討，近年來已漸受重視。

　　本質上，「風格」（style）一詞，是行為科學對於問題解決者（problem-solvers）的行動和反應而引起注意所描述的一種樣態（aspects）；在督導過程中，督導者的督導取向或實務樣態，一般稱為督導風格（supervision style）（Munson, 2009: 115）。

　　然而，有些中文書刊將"supervision style"一詞，譯為「督導模型」、「督導模式」或「督導方式」，我們很擔心這樣的譯名，可能與第六章提及的督導「模式」（model），以及第九章即將探討的實施「方式」（methods），產生混淆，造成困擾。因此，本章將採用「風格」一詞，說明督導者的「作風」。至於，受督導者可能也有自己的風格，以及他們所偏愛的督導者風格（Hawkins & Shohet, 2012: 65），必要時，將一併討論，以突顯督導者與受督導者的互為主體性。

　　透過相關文獻的回顧，我們發現有關社會工作督導風格的論述，不在少數。茲依其分類的取向，歸納為四種，如表7-1：

表7-1　不同分類取向的督導風格

取向	區分的類別				代表人物
督導功能	教導式督導	訓練式督導	管理式督導	諮詢式督導	Hawkins & Shohet, 1989/2012
	師徒式督導	訓練式督導	管理式督導	諮詢式督導	Brown & Bourne, 1999
	「保姆在側」模型、關懷模型	現場督導模型	管理模型、經典模型	對話模型	陳錦棠，2015
領導型態	鼓舞型督導	教練型督導	導演型督導	授權型督導	Howe & Gray, 2013
權威使用	權威型督導	專制型督導	寬容型督導	疏忽型督導	Wonnacott, 2012

取向	區分的類別				代表人物
其他取向	哲學家／哲學的概念	理論家／理論的主張	技術專家／技術的策略		Munson, 2009
	組織取向模式	社會工作者中心模式	綜合模式		Tsui, 2005
	積極介入的督導者	積極反思的督導者	消極的督導者		Wonnacott, 2012

資料來源：筆者彙整

　　本章將根據表7-1，在前三種不同取向之中，各選取一種，至於「其他取向」類，則選取兩種（合為一節），據以探討該分類取向的督導風格，並略加評論：

第一節　依功能分類的督導風格

　　目前，多數文獻依據督導的功能，進行督導風格的分類。例如，霍肯斯與索海特（Hawkins & Shohet, 1989: 44）於1989年的著作中，提出督導的四種主要類型：教導式督導（tutorial supervision）、訓練式督導（training supervision）、管理式督導（managerial supervision）、諮詢式督導（consultancy supervision），其最近的版本，仍然沿用此種分類方式（Hawkins & Shohet, 2012: 65）。

　　後來，布朗與包爾尼（Brown & Bourne, 1999: 52）在其著作中，也引用霍肯斯與索海特（Hawkins & Shohet）的分類方式（最近版本爲2005年版）。因此，兩者的論述雷同，不待贅言。不過，布朗與包爾尼（Brown & Bourne）著作的中文譯本，將其引自霍肯斯與索海特（Hawkins & Shohet）的「教導式督導」（tutorial supervision）一詞，譯爲「師徒式督導」，在意義的解讀上，稍有不同（Brown & Bourne著，江盈誼等譯，2000：56）。

　　2015年，任教於香港理工大學的陳錦棠，則提出六種督導模型：管理模型、「保姆在側」模型、現場督導模型、對話模型、經典模型、關懷模型，而且表明這些督導模型並非全部，可能還有其他模型（陳錦棠，2015: 114-117）。

　　上述這三種文獻，無論稱爲督導的「類型」、督導的「形式」或督導的「模型」，就其所指涉的內涵觀之，均爲督導者的風格。同時，這些文獻的分類，雖然數量多寡不一，但其所涵蓋的意義，也大致相同，都是以督導的功能爲取向。因此，我們僅以陳錦棠的督導模型爲例，就其微言大義，申述督導風格，藉觀一斑：

一、管理模型

在「管理模型」中，督導幾乎等同於「管理」，督導者的大部分工作，是依照機構的政策和程序，對受督導者進行必要的督導，以促使受督導日常實務得以正常運作。因此，督導者必須扮演機構中階主管者或經理人的角色，並承擔行政監督的責任，而受督導者的角色是遵循者，在督導者的指導下，完成交辦的工作。

換言之，在「管理模型」中，督導者的主要任務，是按照機構的常規，督促受督導者依機構的要求，為案主提供最佳服務。在這種情況下，督導工作著重於行政的功能。

二、「保姆在側」模型

在「保姆在側」模型中，督導幾乎等同於「陪伴」，督導者的主要工作，就像一個「良師益友」，隨時陪伴在受督導者的身旁，觀察及指導他們從事日常的實務。必要時，督導者也透過經驗分享，協助受督導者學習。因此，在「保姆在側」模型中，督導者經常扮演示範者的角色，帶領受督導者逐步成長。而受督導者則扮演類似「學徒」的角色，跟隨著他的督導者，學習實務的經驗和技巧。

換言之，在「保姆在側」模型中，督導者的主要任務，是與那些新進或資淺的實務工作者（受督導者）一起工作，並從旁觀察和指導，使受督導在實務有所成長。在這種情況下，督導工作著重在教育的功能。

三、現場督導模型

通常，「現場督導模型」比較常被使用於督導訓練的場所。在「現場督導模型」中，督導者的主要工作，是針對受訓中的社會工作者，提供即時性

的督導。訓練機構對於受訓者的督導方式，大概有三種：(1)由督導者直接參與受訓者面談或座談，當場提供建議，(2)由督導者參加機構的訓練工作指導會議，研議督導相關事宜，(3)透過訓練現場的單面鏡，進行觀察、記錄，甚至直接打電話，通知受訓者應該如何做（陳錦棠，2015:115）。因此，在「現場督導模型」中，督導者經常扮演觀察者與指導者的角色，而受督導者扮演被指導者的角色。

換言之，在「現場督導模型」中，督導者的主要任務，是在訓練機構的現場或相關活動之中，對受訓者（受督導者）進行直接或間接的建議和指導，使受訓者在受訓期間學得更多、更好。在這種情況下，督導工作以教育的功能爲主，其次是行政的功能。

四、對話模型

在「對話模型」的督導中，聚焦於雙向溝通，督導者的主要工作，一方面是自己提出問題，另一方面也鼓勵社會工作者（受督導者）提出有關實務的問題，然後透過對話，進行雙向溝通，相互影響，以促進社會工作者（受督導者）批判思考及自我學習的能力。因此，在「對話模型」中，督導者的主要角色，是促成者，促使受督導者對於自身實務進行反思學習；而受督導者的角色，則是學習者，從批判反思中，自我學習。

換言之，在「對話模型」中，督導者的任務是引領受督導者提問、溝通、批判反思、自我學習。在這種情況下，督導工作的主要功能，也放在教育方面。

五、經典模型

在「經典模型」中，督導者與受督導者的關係，類似傳統上「社工—案主」的關係，督導者採取「一對一」的互動方式，對社會工作者（受督導

者）實施個別督導。因此，督導者的主要角色，是專家，對於受督導者提供意見，並評價他的進步情形。而受督導者則被視為不諳事故的「學生」，有時也扮演類似「案主」的角色（陳錦棠，2015: 116）。

換言之，在「經典模型」中，督導者的主要任務，是以專家的身分，對受督導者的實務問題，提供意見和評價。在這種情況下，督導工作的功能，有支持功能，也有教育功能。

六、關懷模型

在「關懷模型」中，督導者的工作重點，放在關懷社會工作者（受督導者）的壓力問題，並給予支持，讓他們覺得自己「有所依靠」（陳錦棠，2015:117）。因此，督導者主要角色，是支持者，而受督導者則扮演受助者的角色。

換言之，在「關懷模型」的督導中，督導者的主要任務，是對受督導者提供支持和協助。在這種情況下，督導工作的主要功能，聚焦於支持方面。

綜合上面所述，依功能分類的四種督導風格，各有其對應的督導功能，如圖7-1：

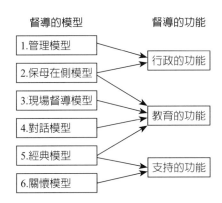

圖7-1 督導模型與督導功能之間的聯繫

資料來源：陳錦棠，2015, p.113

　　平情而論，圖7-1陳錦棠（2015）所揭示的六種督導模型，雖然詳細描述各種模型的督導風格，但這些模型與傳統督導功能之間的對應關係，並非完全互斥，仍有一部分相互重疊。例如，管理模型的督導風格，除了行政的功能之外，也含有教育的功能。又如，「保母在側」模型的督導風格，顧名思義，應該也含有支持功能。而且，督導者為了因應不同督導情境，以提高督導工作的效益，往往不只採取一種督導風格，而會評估督導情境的變化，彈性採用兩種以上的督導風格。

第二節　依領導分類的督導風格

　　上面依功能分類的「管理模型」之中，我們曾提及督導者必須扮演機構中階主管者或經理人的角色。其中，中階主管的角色，本質上也是一種領導者的角色，因而形成督導者兼領導者的雙重角色。

　　郝威與格雷（Howe & Gray, 2013: 35）認為要提高社會工作督導的成效，不能忽視督導者的領導型態，他們曾引用哈雪利與布蘭雀（Hersery & Blanchard, 1993）有關於情境領導的理論（theory of situational leadership），並且結合霍肯斯與索海特（Hawkins & Shohet, 2006）有關於受督導者由新手到老手的發展階段，將社會工作督導的督導風格區分為：鼓舞型（supporting）、教練型（coaching）、導演型（directing）、授權型（delegating）等四類，如表7-2：

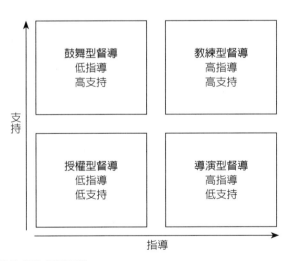

圖7-2　依領導型態分類的督導風格

資料來源：修改自Howe & Gray, 2013, p.35

　　茲根據圖7-2，將郝威與格雷（Howe & Gray, 2013: 36）的見解，以逆時鐘的方向，逐一闡釋這些督導型態的特徵、適用對象及督導者的風格：

一、導演型督導

在「導演型」的督導型態中，督導者以類似電影導演（director）的身分，對於受督導者採取「高度指導」（high direction）、「低度支持」（low support）的策略，以協助他們在實務中扮演適當的角色。

通常，導演型的督導工作，比較適合用以督導那些專業成熟度處於最低層次的職場新手（novice）。這類新手受督導者，其專業發展上的特質是：實務經驗比較少，重視機構的治理和規則，比較依賴督導者的導引和建議，並且渴望完成機構所賦予的角色／任務。有時候，他們似乎過於注意實務的內容和細節，將任務視爲簡單容易的事，往往從片斷的資訊下結論，比較缺乏整體的考量。

爲了因應職場新手的特質，導演型督導者的風格是：定期進行監視和觀察，透過正式或非正式的督導，提供教學和結構性督導（以上是高指導）。另一方面，督導者給予受督導者定期且有結構的回饋，並視受督導者的需要，鼓勵他們進行反思和學習新技巧（以上是低支持）。

二、教練型督導

在「教練型」的督導型態中，督導者以類似競技場教練（coach）的角色，對於受督導者採取「高指導」（high direction）、「高支持」（high support）的策略，以協助他們在實務中發揮應有的潛能。

通常，教練型的督導工作，比較適合用以督導那些專業成熟層次正處於發展能力之中（developing competence）的受督導者。這類專業能力發展中的受督導者，其專業發展上的特質是：對於他們的案主或服務使用者的介入，往往在自主處理與依賴督導之間，舉棋不定，左右搖擺，有時候過於自信，有時候又自陷困窘，甚至將自己的錯誤，歸咎於督導者。他們已開始從事一些比較複雜的實務，也開始擁有自己的角色，對於他們的案主或服務使

用者，也能開始媒合相關的處遇措施。

為了因應這類受督導者的特質，教練型督導者的風格是：仍舊像督導職場的新手一樣，繼續提供結構化的指導，但是指導次數相對上少了一些，也會要求受督導者找時間將督導者的建議，反映在實務上（以上是高指導）。另一方面，督導者也支持並協助受督導者擁有自己的工作型態，允許他們偶而發生錯誤，但是要從錯誤中學習，並且能將實務聚焦於寬廣的脈絡上（以上是高支持）。

三、鼓舞型督導

在「鼓舞型」的督導中，督導者以類似球賽場邊聲援者（supporter）的角色，對於受督導者採取「低指導」（low direction）、「高支持」（high support）的策略，以激勵他們為了做好自己的實務而努力前進。

通常，鼓舞型的督導工作，比較適合用以督導那些專業成熟層次上已具一定能力的受督導者。這類已具能力的受督導者，其專業發展上的特質是：在專業發展中不斷地增加自信，也能始終如一地完成任務；對於督導中所學習或發展的技巧，也能概括化地應用於實務之中；對於服務的脈絡與使用者的需求，也有較寬的視野。但是，他們不喜歡冒險（danger of boredom），仍喜歡按慣例實施（habitual practice）。

為因應這類受督導者的特質，鼓舞型督導者的風格是：更加強調與受督導者協力合作，且不予限定界線（以上是低指導）。另一方面，為了受督導者進階發展的需求，適時提出一些新的挑戰，促進受督導者獨立擔負責任，以維持其對固有角色的興趣（以上是高支持）。

四、授權型督導

在「授權型」的督導中，督導者以類似行政管理上授權者（delegate）的角色，對受督導者採取「低指導」（low direction）、「低支持」（low support）的策略，讓受督導者對於督導議題有一定程度的自由裁量權或自我抉擇權。

通常，這種授權型的督導工作，比較適用於督導那些專業上漸臻於成熟或即將成為專家的受督導者。這類成熟的受督導者，其專業發展上的特質是：專業成熟度已明顯達到預定的層次，也能將實務的技巧、知識和自己的覺知，加深整合，以增進機構對其專業角色的了解。而且，他們能不斷地擴展專業知能的領域，也能協助其他人學習技巧；對於自己擁有的優勢與不足，也有所覺知。

為了因應這類受督導者在專業發展上的特質，督導者的風格是：承認受督導者已具一定程度的專業知能，而適時授予更大的責任，也確信受督導者會將他們的經驗運用於機構之中（以上是低指導）。另一方面，在督導過程中，能與受督導者協力合作，而且注意到更寬廣的議題（以上是低支持）。

上述郝威與格雷（Howe & Gray, 2013）所揭示的四種督導型態，是督導者依據受督導者／實務工作者發展上的特質，而提供相互對應的督導作風。這種分類方式的優點有二：第一，它鼓勵督導者思考受督導者的特質，並依據他們的反應，來決定督導的取向，這樣比較能聚焦於促進受督導者的實務發展。第二，督導者隨著受督導者由新手發展到老手，其所提供的支持與指導，在程度上逐步降低，在次數上也有所減少，這樣對於雙方都有好處。尤其，社會工作環境經常面臨時間上的壓力，如果能在不降低督導品質的情況下，允許受督導者酌減督導次數，可讓他們將多出的時間，使用於實務上。

即使，這四種督導風格都很有用，但實際運用時，也可能受到一些限制。例如，這四種分類的方式過於嚴格，也過於僵硬，如果未能顧及受督導者發展上的個別差異，而彈性提供支持或指導，對某些受督導者而言，效果

可能就相當有限。又如，假設受督導者的發展是直線的（linear），如果未能考慮到受督導者在發展上可能被各種不同的事件或處境所影響，仍然「執迷不悟」（stand still），沒有覺察督導情境的變化而改變督導風格，最後的結果將很難達到預期的水準（Howe & Gray, 2013: 37）。

第三節　依權威分類的督導風格

　　我們在第二章探討督導者的六大任務時，曾經提及其第四種任務，是管理那伴隨著各種不同型態的角色和權力而來的權威，並且要求使用正當的權威，以免督導的關係被曲解，督導者的責信被破壞（Davys & Beddoe, 2010: 113）。

　　瓦納克特（Wonnacott, 2012: 68-69）在討論權威議題時，曾經引用莫里森（Morrison, 2005）有關影響社會工作實務品質的要素：（一）角色明確（role clarity）、（二）角色安全（role security）、（三）情緒能力和同理心（emotional competence and empathy）、（四）準確的觀察和評估（accurate observation and assessment）、（五）適當地運用夥伴關係和權威（to use the partnership and authority appropriately）、（六）有效地規劃督導工作（planning effectively within supervision），並且認爲要在督導與成果之間，加強連結這些關鍵性因素，則首先必須透過適當的督導風格，其次是隨著這個風格之後，將這其間的連結，反照（mirroring）於實務之中。

　　接著，瓦納克特（Wonnacott, 2012）針對「適當地運用權威」這個督導的關鍵因素，結合他在2004年所完成的督導工作對兒童保護成效之影響的研究結果，運用貝姆林德（Baumrind, 1978）所發展的類型學（typology），將其研究中有關父母教養方式分爲四種類型：權威的或愛深責切的（authoritative or 'tough love'）、專制的（authoritarian）、自由放任或寬容的（laissez-faire or permissive）、不約束或疏忽的（disengaged or neglectful）等四個類型（p.74），反照在督導風格上，乃類比父母教養的分類方式，依據督導者使用權威的情形，區分爲四類：權威型督導（authoritative supervision）、專制型督導（authoritarian supervision）、寬容型督導（permissive supervision）、疏忽型督導（neglectful supervision）（p.79）。

　　也許是，瓦納克特（Wonnacott, 2012）爲了強調權威型督導風格的重要性，乃特別針對權威型的督導風格，詳加論述，至於其他三種督導風格的說明，著墨並不多。而且，他對於四種督導風格的描述，都聚焦於這些督導風格對於受督導者可能造成的後果（p.78，原圖3-2），此與本章前面兩節將重點放在督導者的作爲，明顯不同。因此，爲了前後行文一致，也爲了彼此相互對照，我們在不違背原著的旨意之下，比照前文的做法，將附圖的標題，由「四種督導風格可能的結果」，修改爲「按權威分類的督導風格」，附圖的內文亦援引瓦納克特（Wonnacott, 2012）四種父母教養方式，因爲他表明在他的研究中，父母的教養方式，在督導工作具有普遍的適用性（p.74）。至於這些督導類型對於受督導者可能的後果，則融入內文中，一併說明。調整後的督導風格，如圖7-3：

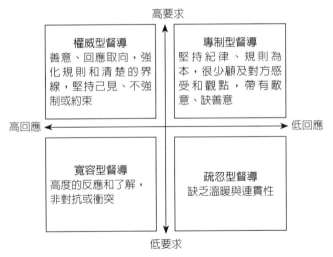

圖7-3　按權威運用分類的督導風格

資料來源：修改自Wonnacott, 2012, p.78

　　根據圖7-3所示，我們參考瓦納克特（Wonnacott, 2012）的見解，申言在這四種督導風格中，督導者的作爲，以及其對受督導者可能產生的後果。

一、權威型督導

　　權威型督導的作風，主要是：督導者與受督導者共同確定預期的實務標準，並且要求受督導者按照機構的規則和界線（rules and boundaries）去實施（以上是高要求）。同時，督導者對於受督導者的實務成果或相關意見，也會給予善意與回應（warm and responsive）（以上為高回應）。有時候，督導者基於機構賦予的角色權威，或者基於本身的專業權威，可能比較堅持己見（assertive），但是對於受督導者的任何回饋，都表示有興趣，也不強制（aggressive）或約束（restrictive）受督導者的回饋。

　　受督導者在這種權威型督導的影響之下，可能產生的後果是：（一）對實務有信心，因為已有實務標準、規則和界線，可供依循，而且能得到督導者的善意與回應；（二）在工作上有安全感，因為督導者歡迎回應或建議，但不強制或約束他們如何回應，能讓他們可以專注於問題的解決。

二、專制型督導

　　專制型督導的作風，主要是：督導者堅持受督導者必須遵守紀律（discipline），並且以規則為基礎（rule-based practice）去執行實務（以上是高要求）。但是，在督導過程中，督導者很少注意到受督導者的感受（feelings）或觀點（perspective），有時候甚至帶有敵意，而缺乏善意（以上是低回應）。

　　受督導者處於這種專制型督導的影響之下，可能產生的後果是：（一）比較獨立，因為督導者很少顧及他們的感受或觀點，凡事要自己承擔責任。（二）容易焦慮，因為擔心違反紀律。（三）缺乏變通，因為實務必須照著既定的規則去做。（四）迴避解決問題，因為督導者有時候帶有敵意，缺乏善意，為避免動輒得咎，不如靜觀其變。

三、寬容型督導

　　寬容型督導的作風，主要是：督導者在督導過程中，始終抱持寬容的態度，對於受督導所提議題或回饋意見，都給予善意回應（以上是高回應）；督導者放手讓受督導者去做，除非發生嚴重錯誤，通常沒有特別要求（undemanding），因而彼此之間相安無事，不致於發生對抗或招致衝突（nun-confrontation）（以上是低要求）。

　　受督導者處於這種寬容型督導的影響之下，可能產生的後果是：（一）對督導者回應的意見，無法聚焦，因為督導者都沒有特別強調他要做什麼；（二）過於自主（overly autonomous）或過於依賴（or over-dependent），因為督導者都沒有特別的要求，只好自行決定，或者等待回應意見；（三）無效的問題解決，因為督導者沒有明確指示，不像權威型督導有共同確定的實務標準。

四、疏忽型督導

　　疏忽型督導的作風，主要是：督導者疏忽於履行自己應有的督導任務，也疏忽於了解受督導者的真正需求；對於受督導者的提問或回饋，比較不在乎，溫暖度也不足（lacks warmth）（以上是低回應）；督導者在督導過程的發言內容或行為樣態，往往前後不一，缺乏一貫性（lacks consistency）（以上是低要求）。

　　受督導者處於這種疏忽型督導的影響之下，可能產生的後果是：（一）焦慮不安，因為督導者的回應或指導，前後不一，不知道要如何是好？（二）孤立無援，因為他們所提出的問題，督導者好像都不在乎；（三）對於角色含糊不清，因為督導者不置可否的回應，讓受督導者不知道扮演怎樣的角色才好？（四）迴避問題的解決，因為督導者疏忽於監視或指導，讓受督導者覺得問題繼續存在也不會怎樣。

　　瓦納克特（Wonnacott, 2012）提出上述四種督導風格之後，特別強調：督導者的任務，就是要與受督導者一起努力，以便極大化權威型實務的可能性（p.75）。同時，他也承認社會工作督導者往往不小心就落入專制型、寬容性，甚至是疏忽型的督導。一般而言，不是因為督導者的能力不足，而是由於他們自己過於緊張，或是對自己擁有的角色沒有弄清楚（p.75）。

　　由上述督導風格及其後果觀之，瓦納克特（Wonnacott）好像是強烈推薦社會工作督導者儘量採取權威型督導風格，而對於其他三種督導風格並沒有什麼好感。同時，他也沒有說明這四種督導風格的使用時機。但是，根據上面這段描述，我們不妨大膽地做兩種推測或推論：

　　第一，督導風格與督導者的發展階段有關：可能是新手督導者的督導經驗較少，角色較不明確，接到督導議題時，比較容易焦慮不安，所以才會走上兩個極端，不是採取專制型督導，就是採取寬容型督導，甚至不小心落入（slip into）疏忽型督導。相信假以時日，隨著督導者的成長，他們慢慢就會知所取捨，審視適當的時機或對象，而選擇其中一種督導風格，甚至兼採其中兩、三種督導風格。

　　第二，督導風格與受督導者的發展階段有關：通常，督導者會針對受督導者發展的不同階段，或者不同的督導情境，而採取對稱的督導風格。例如，對於新手社會工作者或實習生，除了採取權威型的督導之外，也側重於專制型的督導。而對於已臻於成熟的受督導者，則側重於寬容型的督導，這也許是另一種選擇。就好像父母的教養方式一般，對於年齡較小的孩子，嚴格要求他們遵守規矩；對於年齡較大的孩子，則放手讓他們自己做決定，自己承擔責任，必要時再從旁提醒一下。

　　當然，我們同意疏忽型督導風格不值得推薦，應該儘量避免採用。不過，既然有些督導者可能出現這種風格，列舉出來也有警惕作用，至少可提醒其他督導者在採取任何一種督導風格之前，都要深思熟慮，詳加評估。否則，一不小心就可能落入疏忽型督導，反而對於受督導者造成不良的後果。

第四節　其他分類的督導風格

　　除了前面三個節次所探討的督導風格之外，還有一些文獻也提出各種不同分類的督導風格（Hawkins & Shohet, 2012: 73-75; Wonnacott, 2012: 72; Munson, 2009: 123; Brown & Bourne, 1999: 21; Tsui, 2005: 22）。不過，這些督導風格的分類方式，有的內容過於簡略，語焉不詳，無從解讀；有的比較像是督導模式，混淆不清，只好割愛。因此，我們只從中選取二種比較有明確分類的督導風格，略加說明：

一、依互動分類的督導風格

　　芒森（Carlton E.Munson）生前寫了一本相當受歡迎的著作—《臨床社會工作督導手冊（*Handbook of clinical social work supervision*, 2002／再版為2009）。他在這本手冊中，引用比爾斯與費爾波（Beels & Ferber）研究家庭治療錄影帶之後所界定的兩種主要風格；嚮導者（conductor）與反應者（reactor），並將之修改為積極者或行動主義者（activist）與反應者（reactivist），並且進一步發展出：（一）哲學家／哲學的概念（philosopher/philosophical abstractions）、（二）理論家／理論的主張（theoretician/theoretical arguments）、（三）技術專家／技術的策略（technician/technical strategies）等三種次級督導風格（Munson, 2009, 125），如圖7-4：

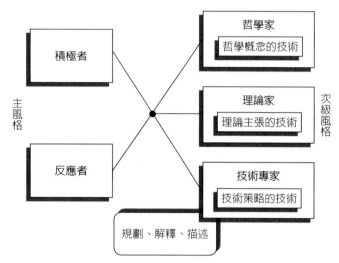

圖7-4　督導者主風格與次風格的概念

資料來源：Munson, 2009, p.123

　　由圖7-4顯示，督導者的主要風格可分為積極者（行動主義者）與反應者兩大類。其中，積極的督導風格，是直接指揮受督導者、要求他們指出問題、直接回答問題，然後給予說明。相對的，反應的督導者，是比較緩和與間接地涉入問題，詢問受督導者數量有限的一般問題，沒有給答案（Munson, 2009: 121）。

　　再者，芒森（Munson, 2009: 121-122）曾補充說明他在一項有關大學畢業生的研究結果顯示，總計有64%的學生認為他們的督導者是反應的督導者，36%認為是積極的督導者；另一個有趣的發現，是畢業第一年所接受的督導者，74%是反應的督導者，第二年所接受的督導者，64%是積極的督導者。他從邏輯的立場加以推論，認為剛開始工作的畢業生，需要比較多積極性的指導，而畢業較久的學生，可以從反應督導者的督導中，得到較多的好處。但是，他也承認，這樣的推論，還需要更多的研究，來界定這兩類風格在督導上的差異和應用。因此，他將兩類主要風格的督導者交互思考，認為反應的督導者傾向於哲學家的風格，積極的督導者傾向於技術專家的風格，

而處於反應與積極兩者之間的督導者，則傾向於理論家的風格（p.132）。以下擇要說明這三種次級風格督導者的作為：

（一）哲學家風格的督導者（philosopher style of supervisor）

這類督導者對於受督導者的問題，其主要回應型態，是採取哲學的概念。他喜歡說自己的經驗，很少與受督導者對話，對於問題也不直截了當給答案，很容易使急於尋求技術協助的受督導者感到失望和憤怒，因為他們的需求與期待之間沒有連結。如果受督導者請求督導者解釋他的經驗與我的問題之間的連結關係，他的回應往往是：「你認為那個連結關係是什麼？」這類督導者既避免評論，也不給回饋、缺乏行動角色，甚至沒有特定時間的督導。即便是定期實施督導，其督導過程也很寬鬆，漫不在乎。

乍看之下，他好像是一個沒有能力的督導者。但久而久之，受督導者會感覺他有許多知識和資訊可以給，只是難以解釋他要做什麼？為什麼？這類督導者還有一些特徵，就是當受督導者由於工作影響而感到焦慮時，他會給予一種安全感（security）和再保證（reassurance）（p.127）。而且，在督導過程中，受督導者也可自由地發問，或者表達自己的看法；可以嘗試新的處遇方法，喜歡做，就可去做。

這類督導者好像特別喜歡案主，相當關切受督導者對於案主的協助情形，也會適時激發受督導者克服困難去協助案主，讓受督導者對於實務工作感到有希望。

這樣看來，這類督導者的風格，好像不錯，又好像不好。假如，他使用哲學的概念時，能夠簡明扼要，針對重點，清楚陳述，先給受督導者一些思考的時間，再要求他們去嘗試，則受督導者將可從哲學概念中獲益。同時，督導者如果能透過有意識的過程，反思督導工作的互動關係，注意哲學概念不過度使用或誤用，相信這種督導風格，會變得更加有效。

（二）理論家風格的督導者（theoretician style of supervisor）

在督導過程中，經常使用理論的督導者，他們相信精通了理論之後，可以引領受督導者將實務工作做得更好。這類督導者喜歡討論理論，尤其是有關個案工作的議題，常常以理論做為了解案情的一種方法。例如，運用家庭理論來了解案主的家人關係是對立的、融合的，或者是三角關係，並據以協助受督導者提供有效的處遇。

這類督導者通常會詢問受督導者一些特定的問題，並針對問題相關的理論，進行邏輯的（logical）、有秩序地（orderly）的陳述。同時，督導者對於未來可能出現的反應或行動，給予對等地畫分（evenly divided），常可獲得受督導者的敬佩，但有時也被視為是一個嚴格分派工作的「工頭」（taskmasters）（p.128）。

當然，不是所有理論家都是積極的，有些督導者將焦點停在理論上，保留對受督導者的反應，好像了解理論是督導的目的，協助受督導者只是順便做的事。還有一種情況，理論家督導者常被視為是負面的，當他們類似哲學家陳述理論的概念，而沒有直接連結於督導議題或學習需求時，或漫談一個理論到另外一個理論，而兩者之間缺乏一貫性，則受督導者可能感到不舒服或心煩意亂。

因此，督導者在使用理論時，必須呈現明確的概念，以避免受督導者誤解那些理論，或者假裝了解那些理論。必要時，這類督導者也應該引導受督導者，整理出理論與實務之間的連結關係，以便他們能有效地應用於特定問題的解決上。

（三）技術專家風格的督導者（technician style of supervisor）

這類督導者的感覺相當靈敏，能以問題為焦點，以互動為導向，以同理為方法，有技巧地詢問受督導者一些高度特定的問題，並且鼓勵受督導者去發現自己的答案。

這類技術專家風格的督導者，不說任何無意義的話，而是強調督導工作的技術策略，包括：

1. **規劃**（planning）：技術策略的組成，是環繞著實務工作和受督導者，去規劃相關策略和處遇技術，以便使用於一般個別的案例。規劃的首要焦點是具有實用性的教學技術。一個好的技術專家，不僅精於言語表達的設計，而且經過傾聽、規劃、策略性提問，然後與受督導者討論處遇的架構、主題和關鍵性議題。

2. **解釋**（explanation）：督導者針對關鍵性議題的處遇策略做成判斷，並以適當的、有效的方法，向受督導者解釋，讓他們確信那是有幫助的策略。

3. **描述**（discretion）：在處遇策略討論之後，督導者透過描述的過程，向受督導者說明實務上適合使用的技巧，以及在處遇情境裡使用的時機。並且，清楚表達何以提供處遇、行動或使用口語，以及如何去促進案主內省，或者將互動轉移到更能幫助案主改善的領域。

這三項督導技術的策略，適合於個別督導會議時使用，必要時也可使用於督導工作裡的教學。不過，教學的結果如何顯示於受督導者的實務？或者教學的最後結果如何發展成為有效的行動？這是一個複雜、多層次的過程，需要在處遇和督導工作有老練的研究策略，並以改善技術與特定問題的處理為目的。

抑有進者，綜觀上述芒森（Munson, 2009）所揭示的三種種督導風格，雖然其著重點略有差別，但必要時可相互轉移運用。就其重要的差別而言，在使用哲學的概念時，強調「必須知道什麼」（what ought to be know）？在使用理論的主張時，強調「為什麼做」（why of doing）？在使用技術的策略時，強調什麼是（what was）？或什麼必須去做（what should be done）（Munson, 2009: 130）？再就其轉移運用而言，很少督導者單獨使用其中一種督導策略就能達成督導目標，往往在督導過程的某一個關鍵點，必須轉移到另一種督導策略，始能增益督導的效果。況且，哲學的概念、理論的主

張，最後都必須轉化爲實務技術，而不宜停留在概念層次，否則不能與受督導者的問題解決或學習緊密連結，督導工作可能變成徒勞無功，以失敗收場。

二、依積極性與消極性分類的督導風格

瓦納克特（Wonnacott）除了在2012年提出權威型、專制型、寬容型、疏忽型等督導風格，已如前述之外，他早先在2004年做了一項有關督導工作對兒童保護成效之影響的研究，訪談了27位從事兒童保護的社會工作者，以及他們的督導者，並將這些督導者的風格歸納爲三類（Wonnacott, 2012: 72）：

（一）積極介入的督導者（The active intrusive supervisor）

這種積極介入的督導風格，其主要特徵是以任務爲中心（task-centered）做爲優先的督導取向。

這種風格的督導者，爲了達成機構有效服務案主的任務，乃積極地確認他們對於受督導者的案主是否有所了解，也確認受督導者是否訪視案主家庭，而且訪視和報告也已完成。

這類督導者比較關心受督導者服務案主的任務，而很少提供受督導者反思的機會，也傾向於不與受督導者討論他們的感受，或者討論工作對於他們的影響。

（二）積極反思的督導者（The active reflexive supervisor）

在這種積極反思的督導風格中，督導者對於受督導者的工作也有興趣，如有必要，會去確認受督導者的任務是否完成。

同時，督導者也會助長受督導者進行批判性反思（critical reflection），以引發受督導的思考。並且，關心受督導者的工作對於他們情緒上的影響。

尤其，這種風格的督導者，也會自我反思，覺察自己的督導作風對於受督導者及督導關係的影響，而不斷地評估自己在督導績效上的表現。

（三）**消極的督導者**（The passive supervisor）

在這種消極性的督導風格中，督導者能靈敏地回應受督導者的議題，並且允許受督導者自己界定督導的議程。

但是，這類督導者對於受督導者實務工作的細節，不太注意；對於受督導者任務的完成，也不大在意；對受督導者沒有什麼挑戰，比較在乎的是受督導者能感覺到他所提供的支持。

平情而論，上述瓦納克特（Wonnacott）於2004年所揭示的三種督導者風格，只是一個小樣本研究的結果，其代表性有限，不宜過度推論。如果回過頭來，從督導的功能觀之，積極反思的督導者應該比較受歡迎，因爲督導者關心受督導者任務是否完成、也助長其批判反思（學習）、關心其工作的情緒、覺察督導者本身的作風和督導績效的表現，顯示這類風格的督導者，能兼顧行政、教育、支持等傳統功能。

至於其他兩種風格的督導者，就督導功能方面的表現而言，積極介入的督導者過於重視行政功能，忽視其他功能；而消極性的督導者則過於在乎支持的功能，忽視其他功能。過與不及，都不是良好的督導工作。

最後，歸納本章所述，社會工作督導有各種不同風格，其分類方式，無論依據督導功能、領導型態、權威運用、督導互動、積極性與消極性，都可再分爲三至六類不等，看起來好像很複雜。其實，社會工作督導者可依督導情境的需求，或者受督導者專業發展的階段，從中選取適合的督導風格，應用於督導實務之中。相對的，受督導者亦可依自己的興趣或需求，從中選取自己喜愛的督導風格，並在督導契約協議或督導工作過程之中，表達自己的意見。

無論如何，還是一句老話：沒有單一的督導風格，可以適用於任何督導情境。其可能發生的情況，是在督導過程的某個關鍵點，轉換另一種督導

風格，或者以某一種風格爲主，另一種風格爲輔。這樣，對於督導功能的發揮，比較能夠著力。至於督導功能的探討，將是下一章的議題。

【本章要點】

1. 在督導過程中，督導者的督導取向或實務樣態，稱爲督導風格（supervision style）。任何一種督導風格，都攸關督導關係是否穩定發展，連帶著影響督導的成效。

2. 陳錦棠（2015）依督導的功能，將督導風格分爲：管理模型、「保姆在側」模型、現場督導模型、對話模型、經典模型、關懷模型。

3. 在「保姆在側」模型中，督導等同於「陪伴」，像「良師益友」隨時陪伴在受督導者的身旁，觀察及指導他們從事日常的實務。

4. 郝威與格雷（Howe & Gray, 2013）依督導者的領導型態，將督導風格分爲：鼓舞型、教練型、導演型、授權型。

5. 「教練型」的督導者，類似競技場的教練（coach），對受督導者採取「高指導」、「高支持」的策略，協助他們在實務中發揮潛能。

6. 瓦納克特（Wonnacott, 2012）依督導者使用權威的情形，將督導風格分爲：權威型督導、專制型督導、寬容型督導、疏忽型督導。

7. 受督導者在權威型督導的影響之下，可能的後果是：對實務有信心，因爲能得到督導者的善意與回應；在工作上也有安全感，因爲督導者不約束他們如何回應，讓他們可專注於問題的解決。

8. 芒森（Munson, 2009）依互動情形，將督導風格分爲：哲學家／哲學的概念、理論家／理論的主張、(3)技術專家／技術的策略等三種督導風格。

9. 瓦納克特（Wonnacott, 2004）曾依督導者的積極性與消極性，將督導風格分爲：積極介入的督導者、積極反思的督導者、消極的督導者。

10. 沒有單一的督導風格，可適用於所有督導情境。可能是在督導過程的某個關鍵點，轉換另一種督導風格，或以一種風格爲主，另一種風格爲輔。

【有待探究的議題】

1. 觀察某一社會工作機構，其多數督導者的風格屬於管理模型、「保母在側」模型，抑或其他模型？

2. 在眾多督導風格之中，對於新手社會工作者（受督導者）提供督導，最佳督導風格是哪一種？

3. 瓦納克特（Wonnacott, 2012）認為社會工作督導者容易落入疏忽型的督導風格，原因是對自己的角色沒有弄清楚。試以學校督導者為例，探討其督導實習生時，如何避免落入疏忽型的督導風格。

4. 具有理論家風格的督導者，喜歡針對受督導者的問題，提出相關的理論，進行邏輯的陳述。試評論其優缺點。

第八章　社會工作督導的主要功能

　　前一章探討社會工作督導的不同風格時，曾提及在督導風格的各種分類取向之中，以督導功能分類者，占最大多數。事實上，無論何種風格的督導者，最後都在發揮督導的功能，使受督導及其所服務的案主可得到好處。否則，督導者可能就沒有存在的必要。

　　對於社會工作督導的功能，有許多學者提出他們的看法。依據他們提出看法的時間先後，經過彙整，如表8-1：

表8-1　社會工作督導的相關功能

代表人物	第一種	第二種	第三種	第四種	第五種
Pettes, 1967	行政的功能	教學的功能	助人的功能		
Kadushin,1976	行政的功能	教育的功能	支持的功能		
Inskipp & Proctor, 1993	規範的功能	形成的功能	修補的功能		
Morrison, 2001	行政的功能	專業發展的功能	個人支持的功能	調解的功能	
Hawkins & Smith, 2006	品質的功能	發展的功能	應變的功能		
莫藜藜，2011	行政性功能	教育性功能	支持性功能		
黃源協，2014	行政性功能	教育性功能	支持性功能	調解性功能	
McPherson, et al., 2015					安全的功能
Noble, et al., 2016	行政的功能	專業發展的功能	個人支持的功能	調解的功能	

資料來源：彙整自Noble, et al., 2016, p.23; Kadushin & Harkness, 2014, p.159;
　　　　　黃源協，2014, pp.472-475; Howe & Gray, 2013, p.5; Wonnacott, 2012, p.25;
　　　　　莫藜藜，2011, pp.193-196; Davys & Beddoe, 2010, pp.25-26。

　　由表8-1顯示，多數文獻聚焦於督導的第一至第三種功能。其中，卡都遜（Kadushin, 1976）所提出之行政的功能（administrative function）、教育的功能（educative function）、支持的功能（supportive function），是社會工作督導功能的經典之作，也經常被稱為督導的傳統功能。

　　但是，後來有些學者對於這三種傳統的督導功能，卻有不同的命名。例如，殷斯卡普與普洛克特（Inskipp & Proctor, 1993: 6）稱之為：規範的

功能（normative function）、形成的功能（formative function）、修補的功能（restorative function）；霍肯斯與史密斯（Hawkins & Smith, 2006）稱之為：品質的功能（qualitative function）、發展的功能（developmental function）、應變的功能（resourcing function）。

比較而言，卡都遜與與哈克尼斯（Kadushin & Harkness, 2014）的論述，著重於督導者的任務或角色；殷斯卡普與普洛克特（Inskipp & Proctor, 1993）的論述，著重於督導的過程；霍肯斯與史密斯（Hawkins & Smith, 2006）的論述，則著重於受督導者的權益。因此，為了相互對照，對於督導功能有較為周延的了解，本章將這三組不同的論述，就其對應的功能，相提並論，平行敘述。

除此之外，莫里森（Morrison, 2005）在三種傳統的督導功能之外，新增一種功能，稱為調解的功能（function of mediation），也受到許多學者的迴響及引用（McPherson & Macnmarn, 2017: 8; Howe & Gray, 2013: 5-6; Davys & Beddoe, 2010: 77）；麥克費森等人（McPherson, et al, 2015: 5）認為在專業督導之中，安全的需求是有效督導的核心，應該將「安全」（safety）列為督導的第五項功能（citing Beddoe & Davys, 2016:25）。本章也將簡短說明這兩種新增的督導功能。

第一節　行政／規範／品質的功能

對於督導的第一種功能，有三種不同的命名：行政的功能、規範的功能、品質的功能。茲分別說明如下：

一、督導的行政功能

將督導的第一種功能稱為行政的功能者，以卡都遜與哈克尼斯（Kadushin & Harkness, 2014）的見解，最早提出，也最常被引用。

卡都遜（Kadushin）早在1976年撰寫《社會工作督導》（*Supervision in social work*）一書（第一版）時，即認為社會工作督導有三種功能，並以行政性功能最為重要，也以最多的篇幅描述行政督導的任務及其相關問題。到了2002年，他與哈克尼斯（Harkness）共同撰寫該書（第四版）、2014年進行增修（第五版），仍然堅持行政的督導最為重要。

他們兩人認為社會工作督導者經常被機構提醒，必須完成特定的任務，以履行下列行政督導的責任（Kadushin & Harkness, 2014: 28）：

1. 機構員工的招募（recruitment）和遴選（selection）。
2. 新進員工的引導（inducting）和安置（placing）。
3. 說明督導工作相關事宜。
4. 工作規劃（work planning）。
5. 工作分配（work assignment）。
6. 工作授權（work delegation）。
7. 對工作進行監督、檢視和評量。
8. 工作協調。
9. 溝通的功能。
10. 督導者作為倡導者（advocate）。

11.督導者作爲行政的緩衝器（administrative buffer）。

12.督導者作爲變革的經紀人（change agent）與社區的聯絡者（community liaison）。

上述這些行政性督導的功能之中，有八種功能與人力資源管理有關，包括：員工的招募與遴選、新進員工的引導與安置、工作規劃、工作分配、工作授權、工作的監督檢視和評量、工作協調、溝通功能。

其他四種功能，則與督導者的職責和管理角色有關：作爲倡導者，督導者必須爲社會工作者（受督導者）爭取權益；作爲中階行政主管，督導者必須扮演高階管理者與第一線社會工作者之間的行政緩衝器；作爲經紀人與聯絡者，督導者必須扮演促進機構政策與所處社區環境整體變革的重要角色（Tsui, 2005: 72）。再者，基於本身的職責，督導者必須向受督導者說明督導工作相關事宜。

不過，上述傳統督導的行政功能之中，有一些原本屬於人力資源管理部門的職責，也交由社會工作督導者負責，因此被批評爲過於廣泛（wide-ranging）（Davys & Beddoe, 2010: 111）。

二、督導的規範功能

類比於傳統上督導的行政功能，殷斯卡普與普洛克特（Inskipp & Proctor, 1993）稱之爲「規範的功能」（normative function）。

她們兩人認爲督導契約及相關工作，必須認清下列問題的規範性答案，以及相關的責任（Inskipp & Proctor, 1993, cited in Henderson, et al., 2014: 43）：

1.誰管理（manages）那些實務工作者（受督導者）？

2.被信賴和被期待的回饋是什麼？

3.什麼工作被要求評量和監視？

4.誰將批閱（assess）實務工作者的紀錄？甚至是批閱督導者的紀錄。

5. 被期待的標準（standards）是什麼？當（督導者）與受訓者一起工作時，期待揭露（評量）標準，是極為重要的。

6. 訂有抱怨的程序（a complaint procedure）？

7. 督導者被期待撰寫一份（評量）報告或參加考核？如果是，誰將察看本質上有關保密的任何文件？

而且，對於實務工作者（受督導者）的例行監視、他們的工作時數、他們與案主之間保持符合規範的專業關係，有時也相當重要。至於其他比較極端的議題，尚有：實務工作者（受督導者）是否違反倫理要求？有無傷害到案主？可否只交督導報告就允許他們通過（評量）？另外，督導工作也要維持受督導者機敏地運用機構政策於工作上。

簡言之，督導的規範功能，立基於整體的考量，對於督導者、受督導者及其服務案主的實務，都要求符合一定的規範或標準。

三、督導的品質功能

類比於前述督導的行政功能，霍肯斯與史密斯（Hawkins & Smith, 2006）稱之為「品質的功能」（qualitative function）。

他們認為有品質的督導樣態，是指督導者在與人們一起工作時，能提供品質管制的功能（quality control function）。對於品質管制，不僅督導者本身經常缺乏這方面的訓練和經驗，有些實務工作者（受督導者）也看到督導者的工作缺乏品質管制。而且，從督導者本身受過的傷害和本身的偏見，都顯示督導者也有人類不可避免的一些缺失、盲點和脆弱的領域。

正因為如此，許多機構要求督導者對於受督導者如何服務案主，以及對於案主的福祉，都要負擔一些責任。當然，督導者也有責任去支持機構的標準，並確保在工作中實現這些標準。而且，幾乎所有的督導者，包括非線上的管理者，都有責任確保受督導者的工作都是適當的，且能落實於機構所定義的倫理標準和專業標準（citing Hawkins & Shohet, 2012: 63）。

　　簡言之，由於督導者普遍缺乏品質管制的訓練和經驗，更需要落實機構的標準，並促進受督導者及其案主的福祉，而發揮有品質的督導功能。

　　再者，綜合上述行政的功能、規範的功能、品質的功能，雖其使用名稱不一，但是殊途同歸，都可視為督導的管理功能。由於督導者負有中階管理的責任和責信，必須關切工作的標準和品質，並監督工作的進度、績效、機構政策的配置，從而整合這些功能（Howe & Gray, 2013: 5）。而且，將這三種功能並列在一起，也讓我們除了注意傳統的行政任務之外，也注意機構的規範和標準，以及督導過程的品質管制，從而提高督導的品質，使受督導者及其案主獲得更多利益。

第二節 教育／形成／發展的功能

對於督導的第二種功能，也有三種不同的命名：教育的功能、形成的功能、發展的功能。茲擇要說明如下：

一、督導的教育功能

傳統上，卡都遜與哈克尼斯（Kadushin & Harkness, 2014）將督導的第二種功能稱爲教育的功能。他們認爲督導的教育功能，其目的在協助社會工作者（受督導者）發展其實務工作所需的知識、技巧和態度。因此，社會工作機構的督導者在教育性督導的議程，將下列五種領域（5Ps）作爲主要內容（Kadushin & Harkness, 2014: 96-97）：

（一）**服務對象**（people）：督導者將個人、家庭、團體，或社區等各類服務對象，在面對社會問題的壓力時，可能反應的人類行爲，作爲教育督導的內容。

（二）**社會功能的問題**（problem）：督導者將各種機構所關切的社會問題，作爲教育督導的內容，包括：社會問題產生的原因、社區對於特殊社會問題的反應、這些問題的心理社會的性質（psychosocial nature）、社會問題對於社區不同人群的衝擊、特定問題對於社會工作者（受督導者）和人們生活的影響等。

（三）**社會機構**（place）：督導者將機構的情況，作爲教育督導的內容，包括：特定機構的組織和行政、對其他機構的關係、對於整體社區服務網絡的適合情況、機構的目標、可提供的服務、機構政策的形成和變革、機構的法定權威的性質等。

（四）**助人的過程**（process）：無論社會工作者受僱協助案主的過程是使社會功能更有效地修復或改善，或預防社會失功能（social dysfunction），督導者都必須教導社會工作者（受督導者）某些助人的技巧。

（五）**社會工作者**（personnel）：督導者必須進一步教導社會工作者（受督導者）朝向專業認同（professional identity）去發展，包括：開始、增進及維持與案主有效助人關係的態度、感受和行為之發展。

簡言之，教育的督導功能，在於協助社會工作者（受督導者）獲得實務工作所需具備的知識和技巧，以使他們的工作更加有效。而且，教育督導與行政督導有共同的目標，可透過行政控制與發展專業導向及同事間忠實意識的互動，補充行政督導功能之不足（Kadushin & Harkness, 2014: 126）。

二、督導的形成功能

類比於前述督導的教育功能，殷斯卡普與普洛克特（Inskipp & Proctor, 1993）稱之為「形成的功能」（formative function）。

他們兩人認為，督導的形成功能賦予督導者教育的任務，但是督導者的大部分時間並非只是單純一種「教學」（teaching）的任務。督導工作還要誘使受督導者謹慎小心地反思有關實務上的錯誤，鼓勵他們使用心照不宣的默會知識（tacit knowledge），並注意他們作為一個實務工作者所擁有的職業技巧。

這種促進學習的方式，是在實務中整合理論與經驗。督導者在協助受督導者填補其知識上的落差時，可以選擇推薦他們參考相關文獻，或者提供技巧示範（demonstrating skills）。最常見的情形，是督導者在督導過程中，以本身的行為去影響受督導者。這是一種理想的傳播方式，當作一種典範的行動，以身作則或透過人際溝通引發受督導者的共鳴（Henderson, et al, 2014: 43）。

簡言之，督導的形成功能，是在少量教學之外，透過督導者的誘導、鼓勵、技巧示範、行為典範，藉以引發受督導者對於實務所需的知識和技巧，

進行自我學習。

三、督導的發展功能

類比於前述督導的教育功能，霍肯斯與史密斯（Hawkins & Smith, 2006）稱之為「發展的功能」（developmental function）。

他們認為督導的發展功能，是依據督導的定義中，有關實務工作者在督導者的協助下，關注他們與案主的關係，而去協助受督導者了解實務和能力，並發展相關的技巧。這些，通常透過受督導者與他們案主共事的探討和反思，才得以實現。因此，受督導者可能從下列方式得到督導者的協助（citing Hawkins & Shohet, 2012: 62）：

1. 對於案主有更佳的了解。

2. 對於案主的反應，以及他們（受督導者）自己對案主的回應，變成更有覺察。

3. 對於他們（受督導者）自己與他們的案主之間互動關係的動力，有所了解。

4. 去探討上述這些工作的其他方式，或者探討其他類似的案主情境。

簡言之，督導的發展功能，是受督導者在督導者的協助之下，發展對於案主服務的實務能力和技巧。

再者，綜合上述教育的功能、形成的功能、發展的功能，雖然其使用的名稱不同，但是這三種功能都賦予受督導者專業知識和技巧的發展，包括透過受督導者工作的探討和反思，協助受督導者了解他們的案主和環境，同時也包括協助受督導者個人發展的規劃（Howe & Gray, 2013: 5）。而且，將這三種功能相提並論，讓我們除了注意傳統的教育角色之外，也同時注意受督導者自我學習的形成，以及在督導過程中如何協助受督導者發展他們服務案主所需的知能。

第三節　支持／修補／應變的功能

對於督導的第三種功能，仍然有三種不同的命名：支持的功能、修補的功能、應變的功能。茲擇要說明如下：

一、督導的支持功能

傳統上，卡都遜與哈克尼斯（Kadushin & Harkness, 2014）將督導的第三種功能稱爲支持功能者。

他們認爲社會工作督導者與受督導者面對各種工作相關的壓力（job-related stresses），顯然比其他專業更多。除非有一些資源可用於協助他們處理他們的壓力，否則他們的健康、他們的工作，可能受到影響，可能時常感覺疲於奔命，甚至辭去工作，而傷害機構的有效運作（Kadushin & Harkness, 2014: 159）。因此，督導者有責任協助受督導者克服工作有關的壓力。督導者的行動，包括（Kadushin & Harkness, 2014: 183）：

（一）**預防壓力和緊張**（prevent stress and tension）：例如，協助受督導者認清那些可能發生暴力威脅的危險信號，以預防這類暴力突然降臨的壓力和緊張情緒。

（二）**協助工作者脫離壓力源**（remove worker from the source of the stress）：例如，酌減受督導者的工作量，或者安排問題較輕的案主，以解除一部分壓力源。

（三）**減少壓力的衝擊**（reduce the impact of stress）：例如，提供彈性的工作時間表，或者將那些壓力較大的任務，抽出一部分交由其他成員分擔，作爲減壓的一種方式。

（四）**協助工作者適應壓力**（adjust to stress）：例如，爲受督導者安排壓力管理工作坊，教導他們解決角色衝突的技術，以及放鬆緊張情緒的方

法。

　　簡言之，督導的支持功能，將重點放在工作壓力的來源，由督導者以具體有效的行動，協助受督導者預防壓力、減少壓力、脫離壓力、適應壓力。

二、督導的修補功能

　　類比於前述督導的支持功能，殷斯卡普與普洛克特（Inskipp & Proctor, 1993）稱之為「修補的功能」（restorative function）。

　　他們認為修補功能的目的，在促使受督導者發展自我覺知（self-awareness），但不是詢問一些無關緊要的問題。督導者可在督導會議開始時，詢問實務工作者（受督導者）在他們的生活中發生什麼困擾問題？如何發生？以確認（check-in）其對實務工作的影響。

　　當督導者與受督導者有充分的互信時，也可開創一些使能（enables）的方式，包括：隱喻（metaphor）、想像（imagery）或其他創新方法。例如，使用「老鷹與青蛙」（eagles and frogs）的比喻，引領受督導者發揮想像力，如果他飛得夠高，就可能看到整個工作的樣貌；否則，可能像溫水煮青蛙，慢慢陷入死亡之路。有時候，受督導者為了他們自己的福祉，需要督導者支持他們離開一種嚴重不健康的工作環境（Henderson, et al., 2014: 44）。

　　簡言之，督導的修補功能，是督導者針對受督導者的困擾問題，引導他們透過隱喻、想像的方式，增加自我覺知的能力，對不健康的環境，進行一些修補。

三、督導的應變功能

　　類比於前述督導的支持功能，霍肯斯與史密斯（Hawkins & Smith, 2006）稱之為「應變的功能」（resourcing function）。

　　他們認為督導的應變功能，是督導者對於任何與案主共事的工作者

（受督導者），無論如何在督導過程都要給自己留有餘地，以便緊急回應受督導者有關協助案主的憂慮（distress）、痛苦（pain）、心力交瘁（fragmentation）等情緒反應。而且，督導者也必須即時覺察這些情緒對他們的案主之影響，並立即處理他們（受督導者）的任何反應。

假如工作者（受督導者）不能實際克服他們情緒的溢出，這些情緒可能被案主同理（empathy），或者再受刺激（restimulation）就產生，甚至反作用於案主身上。

如果受督導者不在意這些情緒，就很難說是一個有效的工作者，而可能變成不是過度認同於他們的案主，就是爲他們所受的影響，進行自我防衛。

因此，督導者必須針對受督導者的工作壓力，或者現在普遍稱爲的「倦怠」（burnout），即時採取應變措施。如同1920年代英國的礦工，在走出「坑道口時」（pithead time），就利用老闆的時間，藉著燈光洗掉身上的汙垢，而不將那些汙垢帶回家。督導工作也應該像礦工一樣，對於受督導者個人的憂慮、病態和心力交瘁的情緒反應，要有緊急應變的處理方法（citing Hawkins & Shohet, 2012: 63）。

簡言之，督導的緊急應變功能，是督導者在督導過程，即時覺察受督導者的情緒反應，並立即處理，以免轉而影響他們的案主。

再者，綜觀上述支持的功能、修補的功能、應變的功能，雖其使用的名稱不同，實質上都涉及督導者與受督導者一起工作，在高度複雜和苦惱的環境裡，即時「解開」（unpack）專業對個人的、情緒的衝擊（Howe & Gray, 2013: 5）。而且，將這三種功能相提並論，也讓我們在注意傳統的支持者角色之外，同時注意受督導者不良環境的修補，與在督導過程覺察受督導者的情緒而緊急應變。

第四節 督導的調解功能

　　前面三個節次所探討的三組督導功能，尤其是傳統的行政功能、教育功能與支持功能之間的關係，經常引起一些爭論。例如，有些學者討論督導的功能時，將支持的功能排除在外，他們認爲「支持」（support）是一種手段（means），而不是目的（end）。如果支持被視爲督導的一種功能，容易陷入一種危險，也就是將督導的焦點放在實務工作者的需求，而不是實務工作者本身（Hughes & Pengelly, 1997: 48, cited in Davys & Beddoe, 2010: 29）。

　　正在督導的功能爭議不休之際，莫里森（Morrison, 2001）除了接受督導的三種傳統功能之外，又增加「調解」爲第四種功能（fourth function of mediation），並且將督導者視爲受督導者與機構其他員工成員或機構其他部分之間的居間調解者（intermediary）（Howe & Gray, 2013: 5）。事實上，以調解做爲督導功能的原始文獻，是在理查德與派尼（Richard & Payne, 1991）的出版品中提及（Beddoe, 2015: 23）。以下將簡短說明調解功能的主要層面、督導者在調解功能中的工作、調解功能與其他功能的關係：

一、調解功能的主要層向

　　爲使督導工作更加有效，督導者必須辨識較廣的議題，並且適當地引導這些議題進入組織之中，與其他利害關係人相互聯繫。莫里森（Morrison, 2005）認爲這種活動，就是督導的一種調解功能。

　　本質上，調解是一種溝通的過程，而督導者被視爲溝通的樞紐（communication hub）。當然，有時候，調解比溝通所涉及的層面更爲寬廣，督導者必須透過說服（persuade）和協商（negotiate），以便對於相關網絡採取一些行動，進而共同改善實務工作（Howe & Gray, 2013: 22）。調解功能的主要層面，如圖8-1：

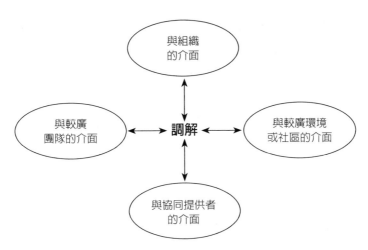

圖8-1 調解功能的主要層面

資料來源：Howe & Gray, 2013, p.23

　　由圖8-1顯示，督導的調解功能有四個主要層面，茲就相關文獻（Howe & Gray, 2013: 23-26）擇要說明如下：

　　（一）與較廣團隊的介面（interfacing with the wider team）：團隊的活動，也許跟督導活動同樣重要，兩者相輔相成。有一些團隊活動可用以協助督導工作。例如：

　　1. 在督導中，與團隊共同辨識工作品質的問題、問題的解決，並協商改善計畫的責任分擔。

　　2. 共同辨識案主有哪些需求尚未獲得滿足，一起擬定一個因應的專案（project）或政策建議（policy proposal）。

　　3. 一起檢視督導的品質，並策劃團隊督導（team supervision）的改善計畫。

　　4. 在團體督導（group supervision）中，分享個案研究、辨識來自團體問題解決的利益，或者分享良好實務的案例。

　　5. 使用團隊的專業技術，加上外來的協助，放入團隊學習的事務之中，以回應督導中確認可共同分擔的需求。

6. 分別在督導中、團隊會議中，澄清共同的溝通中斷（communication breakdowns）或誤解（misunderstandings）。

簡言之，督導者可透過調解或商議的過程，與團隊會議的議程發展，平行運作，相輔相成。

（二）**與組織的介面**（interfacing with the organization）：對於較廣的組織而言，調解有一部分控制的功能。例如，一個督導者為了組織的利益，有責任確保員工（受督導者）清楚他們的職責，以及他們必須遵守哪些組織的程序。假如組織有績效表現和契約執行上的問題，督導者也有責任去處理。這是透過督導者確保組織的照顧責任，以保護員工（受督導者）身體和情緒的健康和福祉。

（三）**與較廣環境或社區的介面**（interfacing with the wider environment or community）：督導工作必須考慮到有些資訊，必須與廣大的社區進行交換。例如，消費者（案主）對於實務工作者（受督導者）提供服務的回饋，常須與社區相關的服務和資源進行交換。進而言之，督導者也有責任確保實務工作者（受督導者）遵守專業的實務守則，而必須與專業進行調解。例如，英國社會工作改革委員會（Social Work Reform Board, SWRB）訂定的員工僱用標準，已從2012年開始執行。這些措施，強調督導的重要性，而督導者的角色是調解僱用單位，藉以支持和保護他們的員工（受督導者）。

（四）**與協同提供者的介面**（interfacing with co-providers）：團隊的成員（含受督導者）可能獨自與那些來自其他組織的專業簽訂督導契約，或者在某些平台，與其他組織的管理者互動，也可能與某些社區團體有契約關係。因此，調解工作可視為附加的責任，督導者與受督導者兩者都必須花一些心力管理這些廣泛服務輸送的過程。有時候，督導者能挑選一些自己想要議題，使其繼續進行；但督導者有時候可能發現加入其他人的取向，更加有用。例如，有些團隊成員（含受督導者）可能與團隊利益上的協同提供者保持聯繫，而仍要督導者負責。因此，與協同提供者進行協議或調解，有其必要。

　　無論如何，調解是督導實務必要的一個層面，它也是提供影響和帶動組織正向改變的一個重要機會。因此，督導者在組織的服務輸送中，對於調解的角色，必須有所覺知。

二、督導者在調解功能中的工作

　　雖然，督導者的角色，是與許多相關介面進行聯繫和調解，但是其最終目的還是爲了受督導者及其案主的利益著想。諾布羅等人（Noble, et al., 2016: 23）認爲督導者在調解功能中的主要工作，包括下列六項：

　　1. 評估工作者（受督導者）與其他人之間，尤其是與決策者之間的溝通情形。

　　2. 告知（受督導者）工作有關的政策、實務和組織的變革。

　　3. 協助工作者（受督導者）了解他們如何連結（connect）和適應（fit）組織。

　　4. 協助（受督導者）駕馭那些已經說明過的組織目的，並掌控那些實務的實際執行和挑戰兩者之間的緊張關係。

　　5. 提供有關於實務工作能夠進一步得到建議或支持的資訊。

　　6. 短期管理有關重要資源不足而影響實務的議題。

　　7. 倡導工作者（受督導者）在組織裡的利益。

　　如果依據奧斯丁與霍普欽斯（Austin & Hopkins, 2004）對於組織裡督導的調解功能之分類，上述督導者的六項工作，可再歸納爲三個部分（cited in Davys & Beddoe, 2010: 77-78）：

　　第一部分，「向上管理」（managing up）：將行政的願景，轉化爲行動。上述第1-3項工作，可歸入此部分。

　　第二部分，「向下管理」（managing down）：爲員工與案主的需求而進行倡導。上述第5、第7項工作，可歸入此部分。

　　第三部分，「向外管理」（managing out）：處理機構中各種不同專業

之間的緊張關係，同時也處理社區中可能涉及案主服務的多種機構之壓力和利益。上述第4、第6項工作，可歸入此部分。

　　簡言之，督導的調解功能，是透過督導者協助第一線實務工作者（受督導者）與組織裡的其他人員或部門之間的溝通（Nobel, et al., 2016: 22）。

三、調解功能與其他功能的關係

　　社會工作督導的功能，傳統上區分行政的、教育的、支持的功能，後來類比於傳統的三種功能，又有不同的命名。但是，無論何種命名，總是希望督導者在督導過程能夠面面俱到，儘量保持平衡，避免集中於某一功能，而忽略或遺漏了其他功能。然而，督導會議的時間往往很短，孰重孰輕，難以拿捏。

　　為了協助督導者化解各種督導功能之間倚重倚輕的緊張關係，戴維斯與貝多（Davys & Beddoe, 2010: 31）曾引用傅吉斯與賓吉羅利（Hughes & Pengelly, 1997: 43）所繪製督導功能的三角關係圖，並略加修改，如圖8-2（見次頁）。

　　由圖8-2，可看出他們試圖以「支持」的功能為核心，透過彼此的連結，以平衡三種督導功能之間的緊張，其用心良苦，值得讚賞。然而，美中不足，在三角形左下端的「促進專業的發展」（facilitating professional development）與三角形右下角的「聚焦於實務工作者的工作」（focusing on practitioner's work），兩者在性質上都屬於教育的功能，感覺上似乎不是十分平衡。

　　目前，在督導的功能之中，已增加「調解」的功能。而且，戴維斯與貝多（Davys & Beddoe, 2010: 26）認為調解的功能，不但是差異的協調，有時候督導功能之間的緊張，也必須處理。因此，我們將圖8-2再加以修正，以「調解」的功能作為核心，並將兩項有關教育功能整合為一，呈現行政功能、教育功能、支持功能，三足鼎立，如圖8-3：

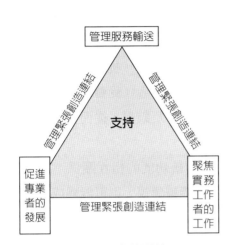

圖8-2　三種督導功能的關係

資料來源：Davys & Beddoe, 2010, p.31

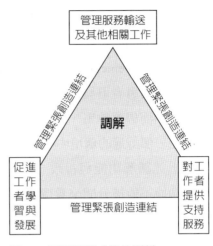

圖8-3　四種督導功能的關係

資料來源：修改自Davys & Beddoe, 2010, p.31

　　茲根據圖8-3，略述社會工作督導四種功能的要點，並申言調解功能與其他三種督導功能的關係：

　　（一）**管理服務輸送其他相關工作**：這是行政的功能，在於回應機構對於督導工作的要求，以確保機構的政策、程序和過程能夠落實於實務之中。同時，也透過行政監督，管制實務工作者的工作量、工作品質、合理決策和優先順序。在這方面，督導者可發揮調解的功能，與機構的決策者進行溝通、告知實務工作者（受督導者）有關機構的政策和程序、協助實務工作者（受督導者）與機構保持連結關係，從而減少機構與實務工作者之間的緊張或衝突。

　　（二）**促進實務工作者學習與發展**：這是教育的功能，一方面在於協助實務工作者（受督導者）對於案主的服務，進行探討、反思和學習，以符合專業守則及最佳實務；另一方面在於促進實務工作者（受督導者）對於知識、技巧和資源的繼續發展。在這方面，督導者可發揮調解的功能，為實務工作者（受督導者）提供有關於繼續學習的建議和資訊，並對於重要資源的不足，進行短期管理，從而促進實務與專業的繼續發展。

　　（三）**對實務工作者提供支持服務**：這是支持的功能，對於實務工作者（受督導者）的（工作）確認、尊重、安全氣氛（safe climate）、衝突管理（conflict management）和反歧視（anti-discriminatory），提供必要的支持。在這方面，督導者可發揮調解的功能，針對實務工作者（受督導者）在機構中的利益，而倡導尊重、創造安全氛圍、反壓迫、反歧視，從而促使實務工作者能在一個舒適的環境中工作。

　　由上述調解功能與行政、教育、支持等傳統功能的相互關係，意味著督導的功能不能被分開來看待；如果某一個功能被忽視，則可能變成不安全（Davys & Beddoe, 2010: 26）。

第五節　發展中的安全功能

　　由於社會快速變遷，社會問題轉趨複雜，社會工作的服務對象相當多元，執行業務的場所充滿不確定性。尤其，社會工作者在辦理福利資格審查、福利資源分配、保護性業務的過程中，經常會面臨無預警的安全威脅。因此，社會工作者的人身安全，已逐漸形成社會工作督導的重要議題。

　　在現有的督導文獻中，約在1990年代，社會服務處於動盪環境（turbulent environment）之中，風險厭惡（risk-averse）對於督導的衝擊不斷增加，就開始引起關注（Beddoe, 2015:23）。後來，學者對於實務工作者（受督導者）的安全議題，也有許多討論，可惜失諸零星、片斷，缺乏系統整理（Beddoe, 2015: 22-23; Carroll, 2014: 76-77; Kadushin & Harkness, 2014: 164; Wonnacott, 2012: 84; Brown & Bourne, 1999: 66）。

　　2016年，貝多與戴維斯（Beddoe & Davys, 2016: 25-26）曾引用麥克費森等人（McPherson, et al., 2015: 5）的一項兒童及家庭實務工作者與督導者的研究報告，指出有壓倒性多數受督導者與督導者表示，他們在專業服務中有安全的需求、他們認為安全應放在有效督導的心臟地帶、他們期待督導必須建立在安全的觀念上。因此，他們建議將「安全」（safety）當作督導的第五種功能（safety as a fifth function of supervision）。不過，麥克費森（McPherson）等人也承認，要將安全作為督導工作的第五種功能，還需跨專業和實務的領域有較多的研究，以證明其可行性。

　　無論如何，貝多與戴維斯（Beddoe & Davys, 2016）之所以引用麥克費森等人（McPherson, et al., 2015）的研究及建議，多少已表示他們贊同在督導功能中討論安全的議題，而且他們對於實務工作者的福祉與實務安全（wellbeing and practice safety），也有一些討論（Beddoe & Davys, 2016: 71-86）。

　　在這裡，我們將以貝多與戴維斯（Beddoe & Davys, 2016）的論述為基

礎，佐以其他相關文獻，針對風險厭惡、督導者在安全功能中的工作、發展長期的生涯福祉等三方面，略述督導的安全功能。

一、風險厭惡

最近幾年，許多國家受到全球經濟危機的衝擊，社會服務財源不足，經常引起民眾抱怨，因而增加實務的風險。尤其，兒童及婦女等保護性業務，風險發生率較高，經常引起實務工作者的厭惡，其流動率也常居高不下。通常，政治人物與服務管理者的使命，是為了確保高姿態的公共服務，乃將注意力的焦點放在政策面，並主張加強督導工作（Beddoe & Davys, 2016: 12）。

以臺灣為例，2013年6月，高雄市無障礙之家，發生社工人員遭案主砍傷事件；2014年11月，高雄市岡山社會福利中心將初生女嬰安置，案主家人攜帶汽油彈，威脅與社工同歸於盡。這類事件，在立法委員的強烈指責及要求之下，衛生福利部於2015年訂定社會工作人員人身安全維護方案，揭示社工人身安全危害的類別，如表8-2，並責成地方政府、社福機構及督導人員加強社工人身安全的維護。

表8-2　社工人身安全危害的類別

分類	類型	類別	說明
財產類	財產損失	毀損機構財產	砸毀機構椅子、破壞機構設備。
		毀損社工財產	將社工汽機車輪胎刺破。
身體安全與健康類	身體攻擊	意圖加害生命	以任何方式欲置社工於死地。
		傷害社工身體	以任何方式傷害社工身體。
		傷害社工自由	以任何方式使社工難以自由行動。
	性暴力	性騷擾	對社工違反其意願而與性有關的行為。
		性侵害	任何違反社工意願而為性交或猥褻。
	其他威脅	遭動物攻擊	被狗咬、遭毒蛇攻擊。
		受疾病傳染	感染疥瘡、開放性肺結核。
		受天然環境危害	外訪遇土石流、落石。

分類	類型	類別	說明
心理與精神類	恐嚇	恐嚇加害生命	任何形式，使社工畏懼將被殺害。
		恐嚇加害社工周遭相關人員	任何形式，將對社工的親人或同事加以傷害。
		令人生畏的物品	寄送血書、斷頭娃娃。
		非特定口語恐嚇	我知道你走哪條路上班。 祝福你今天都不會被車撞到。
		主觀感受的恐嚇	跟蹤、在網路發布不利訊息。
	妨礙名譽	公然侮辱	罵社工白痴、無恥。
		誹謗	罵社工偷了補助金、是某人的情婦（夫）。

資料來源：節錄自衛生福利部，2016，社會工作人員人身安全維護手冊，pp.12-14

二、督導者在安全功能中的工作

衛生福利部在「社會工人員人身安全維護手冊」中，曾依安全維護的處理程序，提出事前預防—風險管理、危機處理、復原與訴訟等三項措施，並指出機構主管與督導的八項作為（衛生福利部，2016: 68-69）。但是，這八項作為的內容，多數屬於機構主管的職責，督導者能夠使力之處不多。因此，我們補充相關文獻，綜合說明督導者在安全功能中的主要工作如下：

（一）**協助辨識及因應職場風險**：處於動盪的環境中，督導者必須關注受督導者及案主的安全，提供安全網（safety net）與安全實務（safe practice）（O'Donoghue, et al., 2006: 83, citing Beddoe, 2015: 26）。因此，督導者必須協助實務工作者（受督導者）辨識具有風險的服務對象或環境，並共同擬定因應策略。例如，訪視對象眼露凶光、緊握雙拳、口出惡言時，宜藉故儘速離開現場，以免遭受更大傷害。

（二）**檢視職場空間的安全**：定期檢查安全警報系統可否正常運作，分析過往安全事件的紀錄，檢視可能發生風險的因素，並追蹤補強或改善的情形。例如，破損的窗戶是否修繕、社區安全地圖是否更新？

（三）**協助受督導者危機處理**：知悉實務工作者（受督導者）遭遇風險或主動求助時，督導者應立即提供協助及支持。2008年，香港職業安全健康局出版預防工作暴力實用手冊，將暴力處理分為四個步驟：1.挫敗階段（案主挫敗，耐心傾聽）、2.責備階段（案主開罵，延後協商）、3.生氣階段（案主暴怒，讓其發洩）、4.敵對階段（敵對威脅，走為上計）（引自衛生福利部，2016: 104-105），可作為危機處理之參考。

（四）**安撫受督導者創傷的情緒**：獲知實務工作者（受督導者）在人身安全上受到重創，或者受督導者主動報告、求助，督導者必須及時介入，傾聽其所受委屈，安撫其情緒反應。必要時，適度調整工作情境，或將服務對象轉介他人處理。

（五）**培育受督導者的復原力**：實務工作者（受督導者）受創之後，有發展復原力的需求。通常，復原力超越壓力管理的概念，督導者必須培育實務工作者（受督導者）的自我覺知，並發展自我管理的能力，以便在面對困難或逆境時，能有效對付或適應（Howe & Gray, 2013: 59）。具體言之，培育受督導者建立復原力，可分為三個階段（Beddoe & Davys, 2016: 77-78）：

1. **服務前教育**（pre-service education）：在實務工作者開始服務之前，實施復原力的教育方案。例如，運用社會支持、發展克服風險的技巧、與認同的文化和靈性連結。

2. **早期生涯**（early career）**階段**：提供定期督導，促使受督導者從經驗中反思學習。例如，採取角色扮演方式，分享他人復原並茁壯於職場的經驗。

3. **實務成熟**（mature practice）**階段**：促使有經驗的實務工作者認知他們的優勢和需求，形塑自我照顧與自我恢復的精神。

三、發展長期的生涯福祉

貝多與戴維斯（Beddoe & Davys, 2016: 71-72）認為最近有關實務工作者復原力探討的焦點，已逐漸脫離創傷所顯露的衝擊，而朝向一種長期生涯福利的探討。依據她們兩人從事督導實務將近二十年的經驗，指出這種發展趨向，有兩個主要層面：

（一）**關切工作場所的健康和安全**：考量的注意力放在實務工作者對於復原力的廣泛意見，並且從不足為基礎（deficit-based）與資產為基礎（asset-based），評估這些意見反映在人群福祉的情形，以確定職場管理部門對於心理安全或福祉有什麼貢獻。

（二）**關切實務工作者的留任和反映**：一個更加典範的焦點，是透過組織的贊助與政府的經費，針對實務工作者早期生涯的專業發展，在健康和就業服務方面，提供時間和其他資源的投資，促使職場更安全，以改善員工的留任，並確保專業人員持續從事他們的工作。

簡言之，一種心理社會的安全氛圍（psychosocial safety climatic, PSC），是在組織的脈絡下，聚焦於職場心理傷害的預防，並建立一種信任、尊重的氣氛，使員工受到管理者的肯定，他們的福祉始能充分地形成心理的安全（Dollard & Dakker, 2010: 580. cited in Beddoe & Davys, 2016: 71）。

歸納言之，社會工作督導的功能，如同其他助人專業督導的功能，主要有行政／規範／品質、教育／形成／發展、支持／修補／應變等三大功能。另外，第四種督導的調解功能，已漸臻成熟；第五種督導的安全功能，也引起討論。督導者對於這些功能，通常不以一種為己足，而視督導情境兼採其中二、三種功能。

【本章重點】

1. 卡都遜與哈克尼斯（Kadushin & Harkness, 2014）從督導者的任務，區分督導的功能為行政、教育、支持等三大功能，這是傳統的見解。

2. 類比於傳統的三大功能，殷斯卡普與普洛克特（Inskipp & Proctor, 1993）從督導的過程，稱之為：規範、形成、修補的功能；霍肯斯與史密斯（Hawkins & Smith, 2006）從受督導者的權益，稱之為：品質、發展、應變的功能。讓我們對督導功能有更周延的了解。

3. 莫里森（Morrison, 2005）在三種傳統功能之外，新增一種調解的功能；麥克費森等人（McPherson, et al, 2015）認為「安全」（safety）可列為督導的第五項功能。

4. 行政功能著重於政策和程序，督導者必須為受督導者爭取權益、扮演高階管理者與第一線社工之間的緩衝器、促進機構政策與社區環境變革、向受督導者說明督導事宜。

5. 教育功能著重於專業發展，督導者為了協助受督導者發展實務工作所需的知識、技巧和態度，必須將五種領域（5Ps）列為督導的主要內容：people、problem、place、process、personnel。

6. 支持功能著重於紓緩壓力，督導者有責任協助受督導者克服工作有關的壓力，包括：(1)預防壓力和緊張、(2)協助工作者脫離壓力源、(3)減少壓力的衝擊、(4)協助工作者適應壓力。

7. 督導的調解功能，著重於協助受督導者與組織的其他人溝通，督導者的工作，包括：(1)向上管理、(2)向下管理、(3)向外管理等三大部分。

8. 督導的調解功能，有時也可用以調解督導功能之間的緊張關係。

9. 督導安全功能著重於風險管理，督導者的主要工作包括：(1)協助受督導者辨識及因應職場風險、(2)檢視職場空間的安全、(3)協助受督導者危機處理、(4)安撫受督導者創傷的情緒、(5)培育受督導者的復原力。

10. 風險厭惡（risk-averse）是當代督導的重要議題。衛生福利部為維護社工人身安全，於2016年編印《社會工作人員人身安全維護手冊》，作為督導者協助受督導者進行風險管理、危機處理、復原與訴訟之參考。

【有待探究的議題】

1. 督導者在行政功能中的任務，如何適度與機構人力資源管理部門的職責進行區隔？

2. 督導者為協助受督導者繼續專業發展（CPD），應扮演何種角色？

3. 在督導中，調解功能與行政功能如何區隔？安全功能與支持功能如何區隔？

4. 某社會工作者依法強制安置受虐兒童，卻遭案父持刀砍傷。請問社會工作督導者如何協助此社會工作者情緒復原？

第九章　社會工作督導的實施方式

　　社會工作督導的功能是否能充分發揮，端視督導者如何運用適當的督導方式，有效協助受督導者改善實務與專業的發展，進而為案主提供最佳服務。

　　如眾所知，社會工作的直接服務，有個案工作（case work）、團體工作（group work）、社區工作（community work）等三大方法。督導工作是一種間接服務，也有個別督導（individual supervision）、團體督導（group supervision），另外還有其他督導方式，甚至也有社區督導（community supervision）（Noble, et al., 2016: 20）。然而，個別督導與個案工作，團體督導與團體工作，其間應有所區別（見本章第一、二節），總不能便宜行事，直接以個案工作、團體工作，作為社會工作督導的實施方式吧？

　　檢視現有的文獻，有關督導方式的論述，大致上可歸納如表9-1：

表9-1　社會工作督導的實施方式

來源	個別督導	團體督導	同儕督導	跨專業督導	其他督導方法
Brown & Bourne, 1999		團體督導			
Munson, 2009		團體督導			現場督導
莫藜藜，2011	個別督導	團體督導			
Hawkins & Shohet, 2012		團體與同儕團體督導			自我督導
Kadushin & Harkness, 2014		團體督導（含與個督關係）			
Henderson, et al., 2014		團體督導	同儕督導		諮詢式督導 電話督導 電郵督導 現場語音督導
黃源協，2014	個別督導	團體督導	同儕督導	跨科際督導／團隊督導	
陳錦棠，2015				跨學科團隊督導	
Noble, et al., 2016	一對一個別督導（含一對二督導）	團體督導	同儕督導		自我督導 員工與組織的督導 社區督導

來源	個別督導	團體督導	同儕督導	跨專業督導	其他督導方法
Beddoe & Davys, 2016		團體督導	同儕督導	跨專業督導	非正式督導 協同督導 平行督導

資料來源：筆者整理

　　由表9-1顯示，當前較常被使用的督導方式，有：個別督導、團體
督導、同儕督導（peer supervision）、跨專業督導（inter-professional
supervision）等四種，本章將逐一說明，並著重其實施過程與實施原則，以
便於督導者與受督導者可選擇使用。至於其他督導方式，則僅略述其實施要
點。

第一節　個別督導的實施

在社會工作督導之中，個別督導是最常見的一種督導方式。但從表9-1顯示，西方文獻似乎很少討論個別督導。有的學者甚至指出，在居家照顧和日間照顧的設施中，團隊面向（team dimension）的督導，迄今仍然實用，而純粹的個別督導已成為過去（Brown & Bourne, 1999: 10）。

無論如何，臺灣目前仍常使用個別督導。例如，社會工作學生在實習期間，依規定必須接受一定時數的個別督導。因此，我們彙整相關資料，擇要說明個別督導的意義、實施過程、優缺點、實施原則：

一、個別督導的意義

個別督導（individual supervision）是指一位督導者給予一位受督導者個別指導的傳統方式（Brown & Bourne, 1999: 135）。申言之，個別督導是督導者以一對一（one to one）、面對面（face to face）的方式，定期舉行個別督導會議，討論相關議題，藉以協助受督導者處理實務問題，並促進其專業生涯的發展。至於督導會議安排的頻率、內容與取向，則是根據受督導者的經驗與能力而定。

二、個別督導的實施過程

個別督導的實施對象，適合於沒有經驗或經驗較少的社會工作者，例如：社會工作實習生、新手社會工作者、資淺的實務工作者。因為他們需要督導者個別的協助，以發展新的實務技術。有時候，有經驗、有技巧的實務工作者，同樣需要透過個別督導給予建議和支持（Munson, 2009: 204）。

至於個別督導的實施過程，現有文獻較少討論，而將焦點放在督導會

議（supervision session）（Henderson, et al., 2014: 49; Tsui, 2005: 125）。通常，一個有效能的督導者，必須發展一種具體的督導會議形式，而且在結構上至少包括：開始（the beginning）、工作部分（the working section）、結束（the end）等階段（Henderson, et al., 2014: 49）。茲依據這三個階段，略述個別督導的實施過程：

（一）開始階段

在這個階段，督導者有兩個任務：一是關心受督導者的近況，二是商定督導會議的目的。假設督導的時間是一個小時，開始階段以不超過10分鐘為原則。

如果，受督導者正處於生命事件的困擾之中，這是透露受督導者面臨某種風險，甚至與工作有關，可能會對督導會議造成影響。此時，督導者必須轉而注意受督導者個人所關切的議題，並且將這兩種任務連結起來，設定督導的基調。例如，你可詢問受督導者想從督導會議得到什麼？以作為形成督導焦點的準備。或者與他／她討論最近工作上的安全和效益，以表示你的關懷及對工作的支持（Henderson, et al., 2014: 49-50）。

（二）工作階段

這個中間階段，聚焦於督導會議的安排及實施，其工作的內容，有兩種說法。徐明心（Tsui, 2005: 125）認為督導會議的準備工作，包括：物理環境、督導契約、開會議程與會議記錄、會議持續的時間與開會的頻率、會議討論的內容，以及其他考量與限制。

佩吉與歐斯克特（Page & Woskett, 2001）則認為一個好的督導會議可能要有五個步驟：契約（contract）、焦點（focus）、空間（space）、橋接（bridge）、檢視（review）（cited in Henderson, et al., 2014: 51）。

在這裡，綜合上面兩種說法，列出這個階段的主要工作：

1.安排督導空間：包括督導會議的地點和座位的安排，並且考慮4C：舒

適（comfort）、保密（confidentiality）、溝通（communication）與一致性（compatibility）（Tsui, 2005:125）。其中，舒適的空間能阻隔噪音，杜絕電話和其他員工的干擾，讓雙方專注於討論問題；保密在於確保個人議題及案主資訊的安全性；溝通是雙方能開放地交換資訊與分享感受；一致性是空間的安排能夠反映組織的政策、程序和文化。

2. 確認督導契約：理想上，在舉行督導會議之前，由雙方簽定書面的督導契約。實際上，多數情況是第一次督導會議才商討及訂定契約，有時只是口頭約定，甚至沒有任何形式的契約。不管怎樣，每次督導會議開始時，都要再確認該次督導會議的目標、進行方式、時間長度，以便雙方形成共識。

3. 同意會議議程與討論主題：督導會議是正式的活動，督導者最好於事前準備一份議程和討論主題，並於每次會議開始之初提出，經過簡短說明、溝通或修正之後，取得雙方同意。其中，督導會議的議程，可參考下列要點：(1)分享工作上的感受、(2)行政事務報告、(3)中場休息時間（約5分鐘）、(4)與實務工作相關議題的焦點討論（約40分鐘）、(5)臨時動議（Tsui, 2005: 132）。至於督導會議的主題，通常是以受督導者（實務工作者）在協助其案主所遭遇的問題為主軸，必要時才討論行政事務或督導訓練等相關議題。

4. 進行討論及記錄：依據督導會議的議程，針對督導者與受督導者雙方同意的主題，逐一進行焦點討論。至於每次督導會議討論的焦點，可視受督導者的實務經驗與人格特質而彈性調整。對資淺的受督導者而言，督導是一種定位和適應的過程；對有經驗的受督導者而言，督導是教育和發展的機會；對於性格強烈的受督導者而言，可能要採取非指導性的督導風格（Tsui, 2005: 134）。同時，在討論過程，督導者要簡短筆記討論結果的要點，或者徵得受督導者同意，全程錄音和／或錄影，作為督導會議的紀錄，以利保存。

5. 檢視與反思：督導者依據自己的筆記要點或督導紀錄，重新檢視督導會議的過程和內容，進行反思。例如，此次督導會議有何具體成果？對受督

導者有何影響？可能忽略了什麼？下次督導會議如何改進（Henderson, et al., 2014:57）？

（三）結束階段

督導會議最好在約定的時間，準時結束。並且在結束之前，利用二、三分鐘，帶領受督導者回顧會議的經過，整理討論的成果。

必要時，也可鼓勵受督導者書寫一份簡短的回饋意見。例如，你認為這次會議什麼是有用的部分？什麼是沒有用的部分、你在這次會議中學到了什麼？下一次會議你想要討論些什麼（Henderson, et al., 2014: 50）？

由上述工作階段以案主相關問題，形成討論的主軸，以及結束階段帶領受督導者進行回顧和回饋，好像又看到個案工作的影子。事實上，個別督導的實施過程不同於個案工作的處遇過程。我們認為這兩者之間應有所區別：

1. **在性質上**：個別督導是一種間接服務，個案工作是一種直接服務。

2. **在對象上**：個別督導的實施對象是實務工作者（助人者），個案工作的服務對象是案主（受助者）。

3. **在目的上**：個別督導在協助受督導者改善或發展，個案工作在協助案主改變或改善。

話說回來，個別督導與個別工作之間，還是有共通之處，兩者都以個人為基礎，同屬社會工作專業領域，其最終受益者都是案主。

三、個別督導的優缺點

每一種督導方式，都有它的優點和缺點。督導者了解其優缺點，有助於在督導過程發揮優點，避免缺點，使督導更加有效。綜觀相關文獻的論述，個別督導的優缺點，可歸納如表9-2：

表9-2　個別督導的優缺點

優點	缺點
1. 一對一的督導方式，有較高的隱密性。	1. 每次督導會議，只能協助一位受督導者，時間成本較高。
2. 個別指導，外界的干擾減少，可深入討論特定的議題。	2. 一個受督導者必須單獨面對一個受督導者，壓力較大。
3. 督導者以面對面的方式，指導受督導者學習實務的知識和技巧，效果較好。	3. 受督導者沒有機會與相同發展階段的其他受督導者比較，相互激勵的效果較少。
4. 督導者有機會仔細檢視受督導者的工作進展，可適時介入協助。	
5. 督導者能確實掌握受督導者的個案量，而作適當的調整。	

資料來源：參考黃源協，2014, p.480；Brown & Bourne, 1999, pp.9-10,整理而成。

　　由表9-2顯示，個別督導的實施，對於督導者與受督導者而言，都有一些優點，值得督導者針對受督導者個別的需求，善用此種督導方式。但是，個別督導的缺點，好像都集中在受督導者身上，則有賴督導者參採其他督導方式，來彌補或降低這些缺點的衝擊。

四、個別督導的實施原則

　　個別督導是經常會使用到的一種督導方式。為了強化督導效果，提高受督導者及其所服務案主的受益程度，以下綜合提出六項實施原則（Henderson, et al., 2014: 45-57; Tsui, 2005: 134; Brown & Bourne, 1999: 53-61）：

　　1. 事先建立督導契約，如果沒有督導契約，雙方的期待、界線和目標，就無法取得共識。不過，在某些文化中，受督導者對書面的督導契約可能感到不舒服，認為督導者不信任他們。在這種情況下，口頭契約也可以。

　　2. 督導會議必須定期舉行，避免臨時變更，以確保受督導者的安全感。發展心理學曾指出一項事實，如果兒童確知父母總會陪伴在身旁，他們更能

自由去探索世界；如果兒童覺得父母不可信賴，則他們更加依附（黏人），不敢去探險（Brown & Bourne, 1999: 55）。相同的道理，督導會議的時間表，一經排定，就要如期舉行，以免受督導者對督導工作失去信心。

3.督導過程中所設定的目標，必須與督導工作有關，並且要簡單明確、具體可行、可達成，有先後順序，始能有效引導督導會議的進行。

4.督導會議不應該是一種單向的過程，也不只是簡報會議或工作報告，督導者與受督導者雙方都有貢獻的責任，也有相互學習的權利。

5..每次督導會議都要涉及受督導者對其案主的工作情形，因為受督導者真正關心的事務，是他們的案主，而且希望會議之後，對於案主的處遇，立即有用。

6.在督導會議結束之前，要保留一些時間，與受督導者共同回顧會議的實施過程，整理出具體的成果，讓受督導者覺得參加督導會議有所收穫，而不是浪費時間。

當然，上述六項原則只是個別督導的一些基本原則，督導的情境經常發生變化，督導者必須敏感地覺知，視需要而彈性加入其他原則的運用。

事實上，除了個別督導會議，督導者與受督導者還有其他互動的管道，且與其他事件交錯之處也不少，將督導工作限定在個別督導並不合理（Brown & Bourne, 1999: 11）。例如，卡都遜與哈克尼斯（Kadushin & Harkness, 2014: 282）在討論團體督導時，就曾指出個別督導必須與團體督導相互補充。更明確地說，是以團體督導補充（supplements）個別督導的功能，而非替代（replaces）個別督導（Brown & Bourne, 1999: 161）。

第二節 團體督導的實施

　　儘管個別督導在許多國家的社會工作領域，被證實是一種常態的督導方式，而團體督導在許多專家的倡導和推動之下，也廣爲實務界熟知，爲受督導者提供了豐富而有價值的學習機會（Beddoe & Davys, 2016: 124）。以下擇要說明團體督導的意義、實施過程、優缺點、實施原則：

一、團體督導的意義

　　何謂「團體督導」（group supervision）？簡單地說，是督導者與受督導者的全部或一部分成員，在團體中聚會（meeting），進行督導會議或其他活動（Brown & Bourne, 1999: 135）。詳細地說，團體督導是受督導者組成一個團體，定期聚會：（一）由一個設定的督導者，（二）監督他們的工作品質，（三）對他們作爲一個實務工作者進行了解，（四）爲了滿足他們所服務的案主及服務輸送的需求，由他們彼此的互動，和督導者的引導，而達成他們的目的（Beddoe & Davys, 2016: 124）。

　　進而言之，團體督導是一種專業的實務、學習的平台，它與一般團體活動有所不同。有一些團體的活動，例如：短時間集會、讀書會、聽取報告、俱樂部、支持性團體，網路資訊分享，都不是團體督導（Beddoe & Davys, 2016: 126）。

二、團體督導的實施過程

　　團體督導的實施對象，適合於成熟的實務工作者（Beddoe, 2015: 89）。在居住照顧機構的實務工作者，一起分擔大部分的工作，就一起接受團體督導，也是不錯的選擇（Brown & Bourne, 1999: 158）。同樣的道理，一起實

習的實習生、一起受訓的受訓者，也適合於團體督導。

　　文獻上有關團體督導的實施過程，有一些不同的版本（Beddoe & Davys, 2016: 142-143; Kadushin & Harkness, 2014: 282-291; Hawkins & Shohet, 2012: 179-188）。其中，卡都遜與哈克尼斯（Kadushin & Harkness, 2014）的版本，其考量的面向較為周延。茲以此版本為基礎，再補充相關資料，略述團體督導的實施過程：

（一）形成團體（forming the group）

　　團體督導，是以團體為基礎的一種督導方式，與個別督導以個人為基礎，有所不同。因此，當機構決定發展團體督導方案時，督導者的第一個步驟就是組織一個督導的團體，其主要工作，包括：

　　1. **決定團體的規模**：團體的大小，最好能讓多樣性的成員參與，但又不能造成管理上發生困難。一般，以4至6個成員為宜（Kadushin & Harkness, 2014: 283）。必要時，可酌增，但不超過12人，因為人數愈多，成員關係愈不易處理，凝聚力也不易形成和維持（Brown & Bourne, 1999: 137）。

　　2. **確定成員的參與**：成員的參與是志願性或行政指定、成員參與的次數與持續期間、通知入選者與要求回應的最佳方法，都須確定。

　　3. **空間的安排**：空間大小，可依團體人數與成員互動的需要而定，座位沒有地位大小之分，以圓形排列為宜，讓成員能看到和聽到其他成員說話。

　　4. **時間的安排**：清楚列出團體督導的日期和時間。日期要有些規則性，讓成員容易記憶與安排其他活動；時間避免排在午餐過後，容易打瞌睡，影響互動。

　　5. **督導契約的簽署**：團體督導的受督導者較多，適合於簽署團體契約（group contract），以增進雙方對於督導會議運作的共識。

（二）界定團體的目的（defined objective）

　　實施團體督導，機構必須付出成本，督導者與受督導者也要付出時間和

心力。因此，督導者必須界定督導團體的目的，甚至每次團體督導會議都要有明確的目的，並向團體成員說明。界定團體和團體督導會議目的時，必須考慮（Beddoe & Davys, 2016: 125; Kadushin & Harkness, 2014: 283-285）：

1. **機構期待的目的**：例如，期待團體督導會議能落實機構的政策和程序、形塑或改善組織的文化、改善社會工作者的實務技巧、提高社會工作者對案主的服務品質。

2. **團體成員期待的目的**：提供機會，讓團體成員表達他們對團體督導會議的期待。例如：期待團體督導會議對個案處遇有實用價值、能學習實務技巧、專業生涯有進一步發展等。如果是個別成員特定的期待，可在團體督導之前或之後，以個別督導補充之。

（三）決定會議的內容（determine the meeting content）

決定團體督導的目的之後，下一個步驟是決定督導會議的內容，也就是探討要在督導會議中做些什麼，以達成所決定的目的。

通常，團體督導會議的內容，包括社會工作者在任何機構裡所關切的一般問題：會談、轉介程序（referral procedures）、心理測驗資料、個案量管理（caseload management）、工作者與案主的關係、諮詢的使用、實務的倫理、文件處理等等（Kadushin & Harkness, 2014: 85）。

督導者在每次團體督導會議之前，可審視機構和團體成員期待的目的，從上述內容中選定一或二項內容，作為團體督導會議的主題。

（四）進行團體督導會議（group supervisory conference）

團體督導會議的實施方式，包括：團體討論、小型的工作團體、角色扮演、結構式活動、計畫性活動、聽錄音帶、看錄影帶（Brown & Bourne, 1999: 150）。其中，團體討論有兩種實施方式：一種是個案報告方式，每次團體會議由團體成員（受督導者）一或二人提出書面或口頭的個案報告，督導者與其他參與者聽取報告之後，由督導者領導團體成員進行討論，以深入

了解有關情況，並共同尋求有效的解決途徑（莫黎黎，2011：200）。在團體督導會議的後期，可考慮由成員推舉一位協同領導者來帶領討論。

另外一種是結構式團體督導（structured group supervision），是由魏羅伯等人（Wilbur, et al., 1994）發展出來的，他們將團體督導會議的實施分為五個階段（引自徐西森、黃素雲，2007：327-332）：

1. **尋求協助**（plea for help）：由團體成員（受督導者）一或二人，透過錄影帶、錄音帶、書面摘要（ppt）或口頭報告，針對他們想要從團體中得到協助的議題，提出簡短的說明，其內容可包括：事件、經過、感受和想法。

2. **探問階段**（question period）：由團體督導的其他參與者，針對報告者的說明內容，提出詢問，再由報告者口頭補充說明或澄清，直到沒有成員提問為止。

3. **回饋／諮詢**（feedback/consultation）：由團體督導的其他參與者，針對報告者所說明的求助問題、案主問題或相關議題，輪流提供回饋、建議或諮詢的意見。必要時，督導者也可鼓勵或指定參與者針對某議題做回饋。

4. **回應說明**（response statement）：由報告者針對其他參與者的回饋或諮詢的意見，進行回應，說明哪些意見對他有幫助？哪些意見有待思考？為什麼？

5. **過程分析**（process analysis）：由督導者領導團體督導的所有成員，針對前面四個階段的實施過程和團體動力，進行討論及分析，形成摘要，並預告下次團體督導的時間、地點、報告人、主題等資訊。

上述五個階段的實施，督導者都要注意時間的控制。如果是二個小時的團體督導，報告者說明求助事項約30分鐘、成員詢問約20分鐘、回饋／諮詢約15分鐘、中場休息約10分鐘、回應說明約15分鐘、過程分析約20分鐘，其餘10分鐘，可作為各階段彈性增減之用。

（五）結束（termination）

在結束團體督導會議之前，督導者必須領導團體成員回顧此次會議的過

程和成果，可能的話，與先前督導會議的結論相互連結，形成一種連續性的學習。並且，預告下次團體督導會議的時間，提醒成員先行準備。

綜觀上述團體督導的實施過程，雖然使用一些團體工作的相關概念，例如：團體成員、團體規模、團體聚會（meeting）。同時，在實施過程中，也注意團體的凝聚力、團體動力。但是，我們認為團體督導與團體工作應該有所區別：

1. **在性質上**：團體督導是間接服務，團體工作是直接服務。

2. **在對象上**：團體督導以助人者（受督導者）為對象，團體工作以受助者（案主群）為對象。

3. **在過程上**：團體督導聚焦於督導會議的運作，並以案主實務為討論主題，團體工作則聚焦於團體的發展過程，並有治療性團體、自主性團體、社會化團體等多種主題。

4. **在目的上**：團體督導在於達成機構和成員（工作者）的目的（落實政策、實務與專業的發展），團體工作則在於改善成員（案主群）的適應問題。

不過，無論團體督導或團體工作，都是以團體為基礎，且同為社會工作實務的重要環節，兩者可相輔相成，相得益彰。

三、團體督導的優缺點

文獻上，有關團體督導優缺點的討論，為數不少（Beddoe & Davys, 2016: 127-128; Kadushin & Harkness, 2014: 275-282; Henderson, et al., 2014: 129; Howe & Gray, 2013: 18; Hawkins & Shohet, 2012: 178-179; Carroll & Gilbert, 2011: 157; Enyedy, 2003: 312; Brown & Bourne, 1999: 162;黃源協，2014：480）。其中，郝威與格雷（Howe & Gray, 2013: 18）對於團體督導的優缺點，強調有效運用，且其觀察入微，見解獨到，茲引介如表9-3：

表9-3 團體督導的優缺點

優點	缺點
1. 有支持的環境。	1. 每一受督導者可用的時間少，為「明哲保身」（keeping thing safe），討論膚淺。
2. 不只督導者，其他同事也能提供不同觀點及專業知能的分享。	2. 團體動力非常強大，難以管理，且可能轉移成員注意的焦點。
3. 節省時間。即使已規劃所需時間，實際上往往少於原先的時間。	3. 對團體呈現個案，是一大挑戰，受督導者可能覺得自己是被逼迫上場（put on the spot），對他們而言，分享敏感的題材，相當困窘。
4. 能彼此相互學習。	4. 督導者／管理者可能被擠到邊線，睜一隻眼閉一隻眼看著團體，提出貧乏的實務建議，忽視團體成員好的表現。
5. 能運用其他人實務工作的知識，對個案計畫協力合作。	5. 團體督導的記錄和保存，比較難以常態進行。

資料來源：Howe & Gray, 2013, p.18.

由表9-3，很容易想到團體督導的優勢，既省時間，又省經費。但是，督導者如果是為了節省時間和經費，而選擇採用團體督導，可能是一種冒險。督導者應該優先考量的是受督導者的利益，而不是成本（Beddoe & Davys, 2016: 128）。而且，有些情況，團體督導與個別督導並行使用，最為適合（Brown & Bourne, 1999: 140）。

四、團體督導的實施原則

貝多與戴維斯（Beddoe & Davys, 2016: 138）認為團體督導的安排，沒有一定樣版，必須廣泛考量。他們提出一份包含14個問項的團體督導核對清單，以協助督導者和團體成員共同思考及掌握團體督導的關鍵領域。在這裡，我們將之歸納為五個要點，當作團體督導的實施原則：

（一）**團體的目的**：必須明確呈現，清楚說明，讓全體團體成員了解和同意。

（二）**角色的了解**：團體的每一成員必須了解他在團體裡的角色，同時

也了解其他參與者和督導者／團體領導者的角色。

（三）**相互的期待**：包括：專業和組織對團體督導工作的期待、對督導者的責任、督導者將如何回應和報告，必須澄清；團體成員彼此的期待，必須明確和說清楚；督導者對於團體成員的期待，必須清楚；環繞著這些期待和保密，必須被討論、了解和同意。

（四）**基本的規則**：包括：成員的出席次數、分區電話（cell phone）、守時，團體如何管理衝突和差異；不安全／不合倫理的實務，將如何辨識和掌控，都必須在團體中溝通。

（五）**檢視與回饋**：包括：回饋如何給予和取得？使用何種檢視系統？何時及如何檢視團體督導的過程、團體動力和督導成果？成員的學習將如何辨識？如何被支持？如何從錯誤和成功中學習，如何將學習成果反映於他們的實務工作上？督導都必須加以注意。

一言以蔽之，團體督導是督導工作的一種實施方式，可與個別督導搭配使用，以兼顧團體中個別成員的特定需求和目的，從而擴大督導工作的效益。

第三節　同儕督導的實施

同儕督導也是一種傳統的督導方式，對於督導工作有其價值和貢獻。霍肯斯（Hawkins）曾指出，許多專業抱怨他們的直屬管理者，名義上是督導者，但是沒有時間，也沒有能力督導他們，而他自己在許多年前也看到機構有類似的情境，於是在他的機構，爲資深職員建立一種同儕督導團體。後來，他發現志願組織、社會服務部門、國家健康服務部門，同樣因爲督導者的不足，也開始爲員工提供同儕督導的機會（Hawkins & Shohet, 2012: 191）。

2016年，貝多與戴維斯（Beddoe & Davys, 2016）在他們的著作中，將同儕督導列爲督導工作創新的議題（p.209），主張擴展同儕督導的實施範圍（p.224）。以下簡述同儕督導的意義、實施過程、優缺點、實施原則：

一、同儕督導的意義

同儕督導（peer supervision），如同它的名稱所暗示，是發生於經驗層次類似的實務工作者之間的督導活動（Golia & McGovern, 2013: 2, cited in Beddoe & Davys, 2016: 224）。

通常，同儕督導是發生於相同機構或實務領域中一起工作的實務工作者之小團體。這種督導工作的實施，無須正式的督導者來分享實務經驗或關切他們（團體成員），而是由他們（實務工作者）對自己的學習和專業發展所設定的議程，以及滿足機構對服務輸送標準的要求，共同負責。它是在較獨立且能共同學習的環境中，一種團體督導的延伸（Noble,et al., 2016: 21）。

質言之，同儕督導的參與者（督導者、受督導者），可能工作於同一個機構裡，他們有相同的專業背景，或者屬於不同的專業領域。不管怎樣，同儕督導的成員，都有類似層次的實務經驗、需求、取向（Henderson, et al., 2014: 131）。

二、同儕督導的實施過程

同儕督導的實施對象，適合於有經驗的實務工作者。由於參與者成員的多寡不同，可能出現兩種督導方式：個別的同儕督導（individual peer supervision）、同儕團體督導（peer group supervision）。

其中，個別的同儕督導，由二人組成，也稱為二人同儕督導（dyadic supervision）。至於同儕團體督導，通常由三至六人組成，其由三人組成者，稱為三人同儕督導（triadic supervision），由三人以上組成者，一般稱為同儕團體督導，有時也簡稱為同儕督導。

寬鬆地說，同儕督導的實施過程，係由參與者之中，一人扮演督導者的角色，其他成員是受督導者，進行實務經驗分享和相關議題的討論；嚴格地說，不同形式的同儕督導，應有不同的實施過程。茲簡述如下：

（一）**個別同儕督導的實施過程**：兩人一組，採輪流方式，一人擔任督導者，另一人是受督導者，針對服務案主的經驗，或其他實務議題，進行交換督導。

（二）**三人同儕督導的實施過程**：每一次聚會，由三位成員輪流擔任督導者，其餘兩位成員，分別接受約40分鐘的督導（其中一位成員在旁觀察）。在每位成員接督導之後，受督導者與督導者分享對他有益的部分，以及他覺得窒礙難行的部分。接著，督導者再分享自己的感受。最後，由擔任觀察者的第三位成員給予督導過程正向和負向的回饋（Hawkins & Shohet, 2012: 193-194）。透過這樣輪流督導的過程，三個成員相互學習，共同成長。

（三）**同儕團體督導的實施過程**：同儕團體是團體督導的一種延伸（Noble, et al., 2016: 20），不妨參考前述團體督導的實施過程，加以簡化。依據韓德森等人（Henderson, et al., 2014: 133）的意見，除了事前簽訂督導契約之外，同儕團體督導會議的進行，有四個步驟：

1.在督導會議開始時，以簡短的時間，核對進場成員的身分（chick-in）。

　　2. 每一成員提出他們想要在督導會議中討論的特定議題。

　　3. 參與的成員，以簡短的時間，分享他對任何成員所提出議題的實務經驗。

　　4. 提出議題的成員，對其他成員的經驗分享，給予回饋。

　　通常，同儕督導沒有設定好的領導者（Beddoe & Davys, 2016: 225）。必要時，每次督導會議，可由參與者推選一個督導者，帶領成員進行經驗分享。

三、同儕督導的優缺點

　　在同儕督導的實施過程中，不同的實施方式，各有其優缺點。以同儕團體為例，貝多與戴維斯（Beddoe & Davys, 2016: 224-225）曾列舉相關文獻對於同儕團體督導的評論（Wilkinson, 2015; Owen & Shohet, 2012; Hawkins & Shohet, 2012; Bond & Hollandd, 2010），茲據此彙整其優缺點，如表9-4：

表9-4　同儕團體督導的優缺點

優點	缺點
1. 將同儕督導加入督導的拼圖中，可擴大實務工作者滿足其督導需求的機會。	1. 使同儕關係更加複雜，擔心說出同事某些事情，同事會想離開你、罵你、揍你。
2. 適合於督導資源不足的機構，隨時可用。	2. 對於親密的同事，無法真正擺脫將其視為對手，而有競爭的衝動。
3. 參與者有合作工作與分享經驗的機會。	3. 參與者必須高度警戒同事是否友善？職場動力是否闖入督導關係和過程？
4. 對於督導技巧的發展，有機會相互學習。	4. 同儕分享的經驗，可能對參與者造成威脅，引起恐慌。
	5. 同儕督導裡，沒有設定領導者，責任變成團體的責任，成員沒有負責的意願。
	6. 容易落入共同的陷阱，包括：捲入同事的流言蜚語、勾結起來攻擊管理者或批評機構政策。

資料來源：彙整自Beddoe & Davys, 2016, pp.224-225.

　　由表9-4所示,令人訝異的是,同儕督導的缺點竟然比其優點還多。這可能是專家學者發表評論時,愛深責切、雞蛋裡挑骨頭。或者是參與者的輩份相同,經驗相當,誰也不服誰,以致如此。

　　無論如何,表9-4揭示的缺點,仍可設法克服。例如:(1)加強督導契約的協商,明確訂定每一個參與者在督導中的角色和責任。(2)加強督導訓練,示範同儕督導的運作、練習如何忠誠地與同伴對話。(3)同儕督導會議回歸到社會工作督導的特質,聚焦於改善案主服務的議題。

　　常言道:「人生不如意事,十常八九」,我們不妨考慮台積電張忠謀的忠告:不要老是想那不如意的八九,而應該記取那如意的一、二。我們應以優勢為本的觀點,努力擴展同儕督導的優點,極大化同儕督導的效益。

四、同儕督導的實施原則

　　同儕督導的實施,有許多缺點,但是也有優點,它還是值得社會工作督導採用的一種督導方法。如何著手和成功地運用同儕督導?霍肯斯與索海特(Hawkins & Shohet, 2012: 193-194)給了十二項原則性的建議:

　　(一)組成一個有共同價值而不同取向的團體(try to form a group that has shared values but a range of approaches):以便在共同語言和信念體系中進行對話。否則,相同訓練與工作型態的成員團體,缺乏更多樣的觀點。

　　(二)團體必須少於七個成員(the group need to be no more than seven people):以確保有足夠時間可滿足所有成員的需求。因為每一成員都有很多案主,而且都想為他們提供督導。

　　(三)團體成員要清楚自己的承諾(be clear about commitment):必須團體成員認為他自己應該投入,不然同儕團體督導對他們而言是並無幫助的。

　　(四)簽訂明確的契約(make a clear contract):必須有清楚的督導會議次數、地點、時間限制、保密、時間配置,以及實施過程如何管理。

（五）**督導者要了解如何掌握團體成員**（be clear how you will handle one group member）：知道哪些案主由哪些團體成員在督導？當督導的成員離開團體，案主的事是否被討論？接手督導的成員期待得到督導？

（六）**設定回饋的基本規則**（set ground rule）：例如，給予成員直接、均衡和坦誠的回饋，避免傲慢的建議，回饋的時間要平等。

（七）**清楚成員的不同期待**（be clear about the different expectations）：有些成員可能期待督導會議聚焦於個人實務過程的討論，有些成員則可能期待自己的個案能在督導會議中被討論。

（八）**鼓勵成員表明他們的督導需求**（encourage all the member to be clair what their need）：例如，想要有人傾聽他的心聲、給他一些回饋、探討他們未察覺的案主反應、探討下一步如何走，或者協助其在兩種不同意見之間如何選擇。

（九）**安排自由活動的時間**（decide about informal time）：同僚團體督導的程序表，經常在督導會議開始到結束之間，並無安排社交的時間，而必須抓時間閒聊、互通訊息，以致干擾同僚團體督導的進行。

（十）**清楚參與者的角色期待**（be clear about role expectations）：誰去維持督導時間的秩序或處理任何干擾、誰去整理督導的場地？在同僚團體督導過程，每一段時間要有人負主要責任。

（十一）**每次會議預留一些回饋的時間**（build some time into each meeting to give feedback）：大約預留五至十分鐘，讓每一個成員對督導的過程進行正向與負向的回饋。

（十二）**規劃一次檢視的會議**（plan to have a review session）：當所有的成員在同僚團體督導會議中都獲得回饋之後，每隔幾個月，規劃一次檢視的會議，檢視團體的動力，並重新協議督導契約。

除了上述實施原則之外，前述團體督導實施原則，也可作爲同僚督導的參考原則，因爲它們兩者，都是以團體爲基礎的督導方式。

第四節　跨專業督導的實施

　　前面探討的個別督導、團體督導、同儕督導，多數發生於相同的專業之間，也就是督導者與受督導者同屬於社會工作專業領域。相對的，跨專業督導經常發生於橫跨不同專業之間，也就是督導者與受督導者可能屬於不同的專業領域。

　　最近幾年，跨專業督導迅速發展，日受重視。跨專業督導之所以迅速發展，有兩方面的解釋：一方面是由於督導資源的不足，許多社會工作部門為了因應多樣性服務使用者的需求，由單一結構的服務轉向聯合服務，社會工作者必須與其他不同專業（例如健康、心理）合作提供服務，連帶引發跨專業督導的成長（Beddoe, 2015: 90）。另一種解釋是有些國家（例如澳大利亞、紐西蘭）有鑑於社會工作者的低留存率、高離職率，為了鼓勵他們繼續學習及發展，而以跨專業督導作為社會工作勞動力的維持策略（Beddoe & Maidmentz, 2015: 39）。以下略述跨專業督導的意義、實施過程、優缺點、實施原則：

一、跨專業督導的意義

　　何謂「跨專業督導」（inter-professional supervision, IPS）？依據陶納德（Townard, 2005: 586）的解釋（cited in Beddoe & Davys, 2016: 147）：

> 跨專業督導是發生於督導者與一個不屬於相同專業或學科的實務工作者之間的督導活動，跨專業督導的參與者以分擔保護案主的福利為共同目的，經由跨專業督導的過程，使實務工作者能增加知識、增加技巧、適當的態度和價值，以維持臨床和專業的能力。

　　跨專業督導可以是一個督導者與相同組織的實務工作者一起工作，或者督導者是未被實務工作者的組織所僱用的外部督導。這種督導方式，有不同的描述：多學科（multi-disciplinary）、多專業（multi-professional）、跨專業（inter-professional）、跨學科（cross-disciplinary）（Beddoe & Davys, 2016: 147）。換言之，跨專業督導也是團體督導的延伸（前述同儕督導也是），團體督導可包括：多學科團隊（multidisciplinary team）、實務的社群（communities of practice）、跨機構和跨專業的團體（interagency and inter-professional group）（Nobel, et al., 2016: 20）。

　　例如，矯正部門有觀護人（矯正社工）、輔導員（心理、諮商）、法律人士等成員，督導者常橫跨不同的學科或專業，這種不同領域的社會工作督導，有來自不同學科的專業人士一起工作（督導），就是跨學科團隊督導（陳錦棠，2015: 146），也就是本章所稱的跨專業督導。

　　簡言之，跨專業督導是督導者與實務工作者橫跨多種專業或多種學科之間的一種督導方式。

二、跨專業督導的實施過程

　　跨專業督導的實施對象，最適合實施於專業實務有信心和有經驗的實務工作者，但不適合實施於學生、新畢業生、最近轉換新職位或新角色的實務工作者（Beddoe & Maidmentz, 2015: 156）。

　　至於跨專業督導的實施過程，文獻上較少討論，我們試從跨專業督導的重要措施，整理其實施過程如下：

　　（一）**確定受督導者人選**：一個實務工作者決定參加跨專業督導，可能受到四個因素的影響（Beddoe & Maidmentz, 2015: 148）：

　　1. 實務工作者所屬專業的要求。

　　2. 實務工作者所屬機構的期待或要求。

　　3. 由於立法的規定，作爲合法條件、確保服務能力、提供經費補助的一

種查核方式。

　　4. 由於個別實務工作者學習和發展的需求。

　　通常，實務工作者爲了符合要求，或者評估自己有實務技巧和發展的需求，可能決定參加跨專業督導。因此，跨專業督導實施的第一步，是依據受督導者的需求來確定參與督導的人選。

　　（二）**界定參與者的責任歸屬**：在跨專業督導中，責任不清是一大困擾（Beddoe & Davys, 2016: 150）。通常，跨專業督導的參與者，包括：督導者、受督導者、機構的管理者。其中，督導者可能多數來外部督導，少數爲內部督導，如果督導成效不彰，是由於外部督導者爲執行不力負責、抑或機構爲安排不當負責？至於受督導者接受跨專業督導，可能是機構的規定，也可能是自己的意願，受督導者應負什麼責任？應明確界定。

　　（三）**協商及簽定督導契約**：跨專業督導的督導者，多數來自社會工作機構的外部，少數來自內部，而且他們來自不同專業，可能沒有社會工作的經驗。機構必須與他們進行協商，並簽訂督導契約，形成督導的共識，並確認雙方的責任和角色。至於督導者與受督導者之間，同樣需要經過協議，訂定書面或口頭的督導契約，以建立督導關係和良好互動。

　　（四）**舉行系列的督導會議**：跨專業督導如同其他督導方式，是以督導會議爲核心，透過督導議題，進行討論、批判反思、轉化學習，以滿足機構和受督導者的需求。至於督導會議的主題，除了一般實務議題之外，有時著重受督導者對不同專業的學習和發展。甚至是協助受督導者學習及發展一種不同的專業技術，以備從事不同工作之需，即使他們不願直接留下來服務，也可留在社會工作相關領域（Beddoe & Maidmentz, 2015: 46）。無論如何，選定適當主題，列入議程，定期討論，是實施跨專業督導不可或缺的步驟。

　　（五）**檢視及回饋督導會議過程**：如同其他督導方式，跨專業督導在每次督導會議結束之前，必須留下幾分鐘，與受督導者共同檢視會議過程，互相回饋，摘述結論，預告下次會議，作爲結束的儀式。

三、跨專業督導的優缺點

貝多與霍瓦德（Beddoe & Howard）曾於2012年在紐西蘭進行一項跨專業督導的研究，採線上調查方式，蒐集接受過跨專業督導者的意見，在243個回答者之中，社會工作者，占28.2%；心理人員，占71.8%。他們認為接受跨專業督導，有利有弊（Beddoe & Howard, 2012: 187-188），茲彙整其優缺點，如表9-5：

表9-5　跨專業督導的優缺點

優點	缺點
1. 不同取向／觀點，對受督導者有用。	1. 時常產生潛在的衝突或專業團體之間的競爭關係。
2. 增加受督導者的不同知識。	2. 時常爭論只有高經驗的實務工作者才參加跨專業督導？
3. 促進受督導者創造性思考。	3. 專業的認同有待清楚定義，使不同專業之間能協調一致。
4. 協助受督導者質疑機構的取向。	
5. 其他學科專家的專業知識，為受督導者的知識間隙（gap），帶來更佳的滿足。	

資料來源：Beddoe & Howard, 2012, pp.187-188.

由表9-5顯示，受督導者可從跨專業督導中獲得不同的觀點，促進他們的知識學習和創造性思考。但是跨專業督導也有一些潛在問題，尤其是受督導者對不同專業的認同，談何容易？換言之，跨專業督導並不是所有督導議題的萬靈丹，不能因此而忽略相同專業領域督導的存在價值。

四、跨專業督導的實施原則

貝多與戴維斯（Beddoe & Davys, 2016: 157）對於有效實施跨專業督導，提出一些核心原則，包括：

　　1.實務工作者在他們專業認同裡，要有能力和信心（筆者按：不要擔心跨專業督導會對自己原有的專業認同帶來的衝擊）。

　　2.實務工作者接受相同專業的督導者、監視者、實務領導者，是他們專業的責信（筆者按：接受相同專業的督導是扎根工作，接受不同專業的督導是另一種選擇）。

　　3.跨專業督導的督導者要受過訓練，有跨專業督導的技巧。

　　4.在跨專業督導會議中，受督導者是成熟者，督導者須扮演催化者的角色。

　　5.跨專業督導的焦點，是學習和發展（筆者按：含原來專業與不同專業的學習和發展）。

　　6.由外部督導者進行跨專業督導時，契約協商必須廣泛地考慮到所有督導的功能，並辨識所有功能在何處及如何被回應。

　　由上述跨專業督導的探討觀之，好像是澳大利亞與紐西蘭特別關心這種督導方式，其相關研究和論述也比較多，這可能與紐、澳近年倡導外部督導，鼓勵實務工作者從外部督導者學習和發展不一樣的工作，有所關聯（見第十五章）。不管怎樣，在社會工作督導方式的拼圖中，增加跨專業的督導，可提供我們更多的思考空間。

第五節　其他督導方式的實施

前述個別督導、團體督導、同儕督導、跨專業督導等督導方式，大致上是依據督導者或受督導者的人數作爲分類的基準。除此之外，如同表9-1所列，社會工作督導者有時也使用其他督導方式。當然，還有很多無法列舉的督導方式。以下依其不同的分類基準，歸納爲三類，扼要說明之：

一、就督導的媒介而言

依據實施督導的過程是否透過某種媒介，約有三種不同的實施方式：

（一）**現場督導**（live supervision）：芒森（Munson, 2009）認爲現場督導的實施，有兩種情況：一種是督導者在實務工作者對案主實施處遇時，出現在現場，進行觀察和督導。這種督導方式，容易干擾處遇，較少使用；另一種是督導者在處遇現場的另一個空間，透過單面鏡（one-way viewing mirror）或監視器（television monitor），觀察實務工作者（受督導者）對案主的處遇，並透過電話或耳機對實務工作提供督導意見（p.370）。這種督導方式的優點是：能快速整合和反映督導意見、有效進行技術教導和管理處遇過程、緊密橋接技術導向與抽象理論之間的落差。但是，現場觀察的時間有限，加以使用耳機溝通，可能分散實務工作者與案主的注意力。因此，隨後必須有追蹤會議（follow-up meeting），進行討論、檢視、督導評量和處遇評量（p.371）。

（二）**遠距督導**（distance supervision）：督導者與受督導者沒有直接接觸的機會，是由督導者透過電話、網路或其他合法系統，對受督導者實施督導，包括：

1.**電話督導**（telephone supervision）：利用一般電話、行動電話或自動撥接電話（網路設定），進行聲音對聲音（voice to voice）的同步督導。這

種督導方式，對於住在偏遠地區、出外旅行或工作、生病或身心有障礙、交通不便的受督導者，具有方便性，有時氣候不佳，亦可使用電話督導（Henderson, et al., 2014: 112）。但是，目前詐騙電話很多，不容易取得受督導者的信任，最好在督導契約中，約定電話督導的方式，或在面對面督導之後，再實施電話督導，並允許受督導者在上班時間，撥打免付費電話給督導者。

2. **電郵督導**（email-supervision）：是使用e-mail或其他通訊軟體，進行線上督導的一種方式（Hawkins & Shohet, 2012: 72）。這種督導方式，督導者與受督導者不必同步進行，而且留有一段考慮和回應的時間，通話的紀錄也可保存，作為後續評估和規劃督導策略之用。但是，這種督導方式也有一些限制，有三個重點必須考慮：第一，書寫的風格（writing style）：用字、文法、標點，要彼此適應。第二，時間延宕（time delay）：從接收到回覆，相隔一段時間，避免影響督導時效，必須約定回覆期限。第三，記錄和資源的組合（organization of notes and resources）：督導者必須將電子郵件自動註記的收發日期和來源，與已經排定的督導會議，組合起來運用，以增加督導效果（Henderson, et al., 2014: 114-115）。

（三）**現場影音督導**（live video supervision）：這是結合現場督導與網路督導的一種督導方式。通常，督導者可透過即時通訊系統，例如，Skype、Vsee，或視訊會議，透過同步聲音和影像，實施一對一的督導或影音督導會議。這是新近發展的一種督導方式，較適合年輕網路族群的受督導者。但是，有兩個實務議題，必須牢記在心：一個是技術的能力（technical competence）：為確保以網路為基礎的溝通，能夠安全、順暢地進行，督導者與受督導者都需要有使用網路的技術，並有經常更新的意識。另一個是物理空間的隱私（privacy of the physical space）：督導者與受督導者透過網路對話，必須注意空間的安全和資訊的保密。例如，督導者辦公室的電腦，可能與同事使用同一種系統，同事也可能在視訊期間走來走去；而受督導者家居生活的環境，也可能造成分心或干擾，都應留意（Henderson, et al., 2014:

116）。

　　無論如何，技術可經由學習和練習而熟練，督導者必須多花一些心思在督導的規劃和實施，始能借重督導的技術，極大化督導的效果。

二、就督導者的責任而言

　　兩個以上的督導者對於共同的受督導者進行督導時，這些督導者之間的責任歸屬，約有下列四種類似的督導方式：

　　（一）**協同督導**（co-supervision）：由兩個或更多的督導者，共同督導一個學生，這是一種有效率和效益的督導方式，並給予學生增加支持和指導的可行性，以及多樣性的學習機會（Cleak & Smith, 2015: 114）。

　　（二）**平行督導**（parallel supervision）：兩個或兩個以上的督導者，在督導過程中，平行或並行從事督導工作。例如，學生的社會工作實習，由機構督導與學校督導對實習生提供平行的督導，兩者對實習生的成績評量標準，各占50%。

　　（三）**聯合督導**（coalesce supervision）：有些機構，在內部特定的督導者之外，基於實際需要，同意受督導者從機構有聯盟關係的外部單位中，選擇另外的督導者，進行聯合督導。這兩個或兩個以上的督導者，地位平等，沒有差別待遇（Beddoe & Maidmentz, 2015: 72）。

　　（四）**分擔督導**（shared supervision）：兩個或兩個以上的督導者，共同分擔督導的任務，以滿足受督導者接受安置和學習經驗的需求（Cleak & Smith, 2015: 110）。例如，學生的社會工作實習，機構督導分擔經驗學習的部分，學校督導分擔實習安置和學理驗證的部分。

　　上述四種督導方式，在性質上類似，都是兩個或兩個以上的督導者，共同督導同一個或數個受督導者。但是，在實務上仍有一些區別。通常，協同督導有主責督導與配合督導之分，平行督導強調督導者之間的地位平等，聯合督導是有聯盟關係或合作關係的督導，分擔督導則依據督導者的專長而分

配督導的任務。

三、就非典型的督導方式而言

典型的督導工作，在結構上，係由督導者與受督導者所組成；在過程上，有實際監督和引導的活動。但是，督導者基於實際需要，有時也實施非典型的督導。例如：

（一）**自我督導**（self-supervision）：如果實務工作者無法就近取得督導資源，或者實務工作者工作的地方只有他一人，自我督導不但有用且適當，也鼓勵實務工作者與其他人進行實務對話的方式，從對話中思考和學習，藉以自我充實（self-sufficient）（Noble, et al., 2016: 20）。換言之，自我督導是促使實務工作者自我進行反思的一種方式。這種反思的實務，不僅要反思當前的工作，也要反思作爲一個助人者的動機和核心信念。如此可減少助人者不正確的信念，因爲有些助人者認爲他們沒有接受督導的需求，只有他們的案主有困擾，需要他們提供資源（Hawkins & Shohet, 2012: 6）。簡言之，自我督導是促使受督導者自我反思和自我監督的一種督導方式。

（二）**諮詢式督導**（consultative supervision）：這種督導方式的實施，可能有兩種情況；一種是實務工作者在協助案主時，突然陷入困難處境，必須在正式規劃的督導會議之外，緊急尋求同事的諮詢服務，在策略上暫代督導，稱爲諮詢式督導（Howe & Gray, 2013: 17）。另一種情況，依據黑爾（Hair, 2013）的研究，多數參與者（受訪者）陳述督導工作，就像兒童期必須有一個終點（supervision must have an end point just like childhood）（p.1577）。因此，他建議對於實務發展達到成熟階段的實務工作者，必須改變督導方式，加入更多的諮詢服務（cited in Beddoe, 2015: 83）。必須補充說明的是，諮詢不同於督導。諮詢只發生於現場（ad hoc）、解決臨時的、特定的問題，而督導則是持續性的，包含許多關注的議題。諮詢也不像督導者具有權威性，諮詢提供者提供建議，並沒有特別的行政權威（Barker,

2014: 90-91）。簡言之，諮詢式督導的督導者，對於受督導者及其工作沒有直接的責任，他的身分只是單純地提供諮詢服務（a purely consultative capacity）（Brown & Bourne, 1999: 52）。

（三）**文化的督導**（cultural supervision）：大約在1990年代，有些國家在社會工作和諮商領域，提出一種文化督導的概念。例如，紐西蘭爲了維護毛利族（Maori）文化的安全，將督導工作與原住民的價值和世界觀相互結合，發展出一種以原住民爲取向的督導方式（Beddoe & Davys , 2016: 39）。這種督導方式的實施，強調對少數族群實務工作者的支持，根據他們的靈性信仰、傳統、獨特的世界觀，以及聚合理論（coherent theory）的理念，而進行督導。因此，「文化」（culture）成爲督導工作的拱形環境（overarching environment），稱之爲文化的督導（Davys & Beddoe, 2010: 17）。

（四）**非正式督導**（informal supervision）：爲了讓實務工作者（受督導者）在某些事情上有退路，機構同意他們在正式督導之外，也可就近從不具督導身分的同事，接受他們的協助，以備不時之需。至於同事可提供協助的方式，包括：支持、對話、資源連結、增強關係、聽取報告、給予鼓勵等（Beddoe & Maidmentz, 2015: 44-45）。

（五）**社區督導**（community supervision）：是一種以社區爲基礎的督導工作，強調在集體和合作的環境中，有關於督導的實施，能獲得社區參與和意見反映，比專業的協助更加重要，社區或社群亦可藉此表達他們自己的聲音、需求和利益（Noble, et al., 2016: 21）。

（六）**員工與組織的督導**（staff and organizational supervision）：這是個別督導或團體督導的另一種方式，特別聚焦於實務工作者服務輸送成果的表現，以及他們在組織內部和外部的責信兩者之間的平衡（Noble, et al., 2016: 21）。

至於其他督導的實施方式，例如：正式的個案研討報告會（formal case presentations）、不定期的督導（ad hoc supervision）、虛擬督導（virtual supervision）（Horejsi & Garthwait著，高迪理、尤幸玲譯，2015：52）、走

動式督導（supervision on wheels）（Skidmore著，蔡啓源譯，1998: 297）。由它們的名稱，便可揣知其意，就不再贅言。

　　總而言之，本章以比較多的篇幅，就個別督導、團體督導、同儕督導、跨專業督導等四種督導方式，分別探討其意義、實施過程、優缺點和實施原則，並且簡介其他十多種督導方式。其用意無他，因爲社會工作督導強調實務，督導方式的有效實施，又攸關實務工作者及其案主的福祉，所以我們儘量呈現各種不同的督導方式，以便於督導的參與者可依自己的需要或興趣參考運用。

【本章重點】

1. 社會工作督導的實施方式，主要有個別督導、團體督導、同儕督導、跨專業督導。其中，跨專業督導被視為社會工作勞動力的維持策略。

2. 個別督導是督導者與受督導者以一對一（one to one）、面對面（face to face），定期舉行個別督導會議，討論相關議題的督導方式。

3. 一個好的個別督導會議，有五個步驟：契約（contract）、焦點（focus）、空間（space）、橋接（bridge）、檢視（review）。

4. 團體督導是督導者與受督導者的全部或一部分成員，在團體中聚會，進行督導會議或其他督導活動。

5. 團體督導的實施過程，有五個階段：(1)形成團體、(2)界定團體的目的、(3)決定會議的內容、(4)進行團體督導會議、(5)結束。

6. 同儕督導（peer supervision），是發生於經驗層次類似的實務工作者之間的督導活動。

7. 同儕團體督導會議的進行，有四個步驟：(1)成員進場（chick-in）、(2)成員提出議題、(3)成員說明實務經驗、(4)分享和回饋。

8. 跨專業督導（inter-professional supervision）是督導者與實務工作者橫跨多種專業或多種學科之間的督導活動。

9. 遠距督導的實施方式，有(1)電話督導、(2)電郵督導（email-supervision）。

10. 紐西蘭為了維護毛利族（Maori）文化，將督導工作與原住民的價值觀和世界觀結合，發展出一種文化的督導（cultural supervision）。

【有待探究的議題】

1. 個別督導如何與個案工作適度區隔與連結運用？
2. 團體督導如何與團體工作適度區隔與連結運用？
3. 最適合採用何種督導方式以改善保護性個案工作者留職率偏低的問題？
4. 評論臺灣原住民社會工作實施文化督導的可行性。

5. 探究社區督導（community supervision）能否繼個別督導、團體督導之後，成爲一種盛行的督導方式？

第十章　社會工作督導的重要技巧

督導是一種以技巧爲本的活動（supervision is a skills based activity）（Davys & Beddoe, 2010: 131）。在社會工作督導之中，無論是督導關係的建立和維持、督導模式的運作、督導功能的發揮、督導方式的實施，都涉及許多技巧的操作。

檢視督導相關文獻，大多數將督導技巧分散於相關章節中討論，能以專章較有系統地討論督導技巧者，目前只發現兩件文獻。其中，一件是陳錦棠（2015：92-106）引用修羅曼（Shulman, 1993）的見解，將督導過程分爲三個階段，提出其相關技巧；另外一件是戴維斯與貝多（Davys & Beddoe, 2010: 131-132）依據督導的五種處遇措施（interventions），提出其對應的督導技巧。茲將這兩件文獻提及的督導技巧，加以彙整，如表10-1：

表10-1　社會工作督導的技巧

來源	分類	督導技巧
陳錦棠，2015	1. 準備和開始階段	加入（tuning in）、**簽約**（contracting）
	2. 工作階段	會議調整、描述、**同理**、**分享感受**、下達指令、指出困難、分享資訊、總結、確定下一步、預演、結束前的關鍵詞。
	3. 評估和結束階段	評估、結束。
Davys & Beddoe, 2010	1. 助長性處遇	傾聽、專注、釋義（paraphrase）、沉默、自我揭露（self-disclosure）封閉式**詢問**、**回饋**（確認和反思）。
	2. 催化性處遇	開放式**詢問**、邏輯上的結果（logical consequences）、回饋（確認、修正、反思）、重新建構（reframing）。
	3. 概念性處遇	提供訊息、提供工作程序和正式知識
	4. 面質性處遇	質疑（challenge）、修正式回饋（corrective feedback）
	5. 指導性處遇	指導（directives）。

資料來源：Davys & Beddoe, 2010, pp.131-132; 陳錦棠，2015, pp.92-106.

由表10-1顯示，督導的實施技巧，不但爲數眾多，而且在不同督導階段與不同督導處遇，各有其相關技巧，著實難以逐一說明。因此，本章將針對：契約簽訂、情緒處理（分享感受）、督導的對話（詢問與回應）、有效回饋等四種比較重要的督導技巧，略作說明，並將重點放在實施面向。

第一節　督導契約簽訂的技巧

　　大約在1980年代，從事臨床服務的機構，盛行契約的簽訂。如果追溯其進入督導的場域，則始於設有社會工作科系的學校，要求學生實習的教學者，必須與實習機構簽約，而有些機構也要求專業層次的督導（profession-level supervision），必須簽定督導契約（Munson, 2009: 176）。

　　檢視現有督導文獻，有關督導契約的簽訂，大多數在建立督導關係、實施個別督導或團體督導、安排督導會議時，一併列入討論，而且強調督導契約的協商程序。由此顯示，契約的簽定，是督導過程的重要環節之一，也是督導常用的一種技巧。以下略述督導契約簽訂的必要性、類別、程序、內容、原則：

一、督導契約簽訂的必要性

　　對於契約的簽訂，一般人比較熟悉的場域，大概是租屋契約，或是購買高額商品的保固契約。至於督導契約的簽訂，似乎不大受到重視。

　　根據澳大利亞一項有關社會工作督導實務的調查資料顯示，在社會工作相關機構中，簽訂督導契約的情況，42.5%是口頭契約，22.9%簽訂書面契約，29.5%沒有任何契約（Egan, 2015: 52）。如果說，書面契約才算是正式契約，則澳大利亞實施社會工作督導時，沒有任何契約，加上沒有簽訂正式契約，其比率合計占72.0%。

　　另外，有些國家，因為文化上沒有簽訂契約的習慣，或者認為簽訂督導契約，是對於機構、督導者、受督導者的不信任。在臺灣，大學校院將社會工作學生安置於機構實習，除了少數醫療機構、心理衛生機構有簽約規定之外，通常只是口頭約定或是一種默契。至於機構的專職督導者與實務工作者（受督導者）之間的督導工作，則常列為辦事細則（工作說明）的一部分，

或基於中層管理者與部屬的職權關係，並未簽訂任何形式的契約。

　　無論如何，督導是社會工作實務的核心工作，必須建立督導制度，因而簽訂督導契約有其必要性，其主要理由：

　　1.契約，為督導者與受督導者雙方提供實際可行的工作，並且藉由責任和義務的釐清，可降低容易焦慮的受督導者之不安情緒（Tsui, 2005: 127）。

　　2.如果督導會議之前沒有建立契約，督導者與受督導者之間的期待、界線與目標，就無法取得共識（Tsui, 2005: 127）。

　　3.在督導者與受督導者之間，協商出一個清楚的同意書，對於雙方釐清督導的界線，以及建立未來工作關係的步調（tone）和風格（style），都有助益（Brown & Bourne, 1999: 50）。

　　4.建立契約，能為有效工作提供堅實的基礎。如果沒有督導者和受督導者雙方認為有意義的契約，督導關係將可能產生困擾或誤解（Brown & Bourne, 1999: 50）。

　　5.如果機構涉入契約的訂定，須讓所有參與者有一個契約可引導他們，否則可能引發問題（Carroll, 2014: 47）。

　　由此可見，訂定督導契約對受督導者、督導者、機構和其他利害關係人，都有好處。

二、督導契約的主要類別

　　督導契約（supervision contract），是督導的參與者（督導者、受督導者、機構管理者）之間經過協商，對督導安排達成共識之後的一種約定。這種約定，可能以書面的形式呈現，也可能以口頭或其他方式為之。

　　文獻上有關督導契約的形式，有許多不同的類別。其中，社會工作督導曾經使用者，主要有下列五種：

　　（一）**書面契約**：契約是兩個或更多人之間，關切他們將彼此進行活動或關係的一種同意的約定（Sills, 2012, cited in Carroll, 2014: 47）。將這

種約定，使用於督導之中，由督導者與受督導者針對督導會議及相關活動的安排，經過協商同意之後，以書面方式呈現約定事項的文書，即爲督導的書面契約。這種契約，也稱爲正式契約（formal contract）或明確的契約（'explicit' contract）（Henderson, et al., 2014: 25）。

（二）**口頭契約**：督導者與受督導者之間，以口頭的方式約定督導會議及相關活動的安排，稱爲口頭契約。這種督導契約，也稱爲非正式契約（informal contract）或隱含的契約（'implicit' contract）（Henderson, et al., 2014: 25）。

（三）**工作協議書**（group working agreement）：是特定督導方式（例如團體督導）運作的一種藍圖，經過督導參與者協商而簽署的同意書，包括：會議的次數、議程如何設定、使用什麼督導模式、不安全與不合倫理的認定及其處理、最低出席次數的要求等（Proctor, 2008, cited in Beddoe & Davys, 2016: 137）。

（四）**會議議程同意書**（session agenda agreement）：在每一次督導會議之前簽訂的一種契約，包括：每一次會議如何組織、開始和結束要用什麼儀式或過程、議程主題的順序等（Proctor, 2008, cited in Beddoe & Davys, 2016: 137）。

（五）**迷你契約**（mini-contract）：由於每一成員來到督導會議，可能有不同的目的和期待，甚至對於每次督導會議也有不同的渴望。爲了澄清或確認個別成員在每次督導會議的期待和回應，而訂定的小型契約，稱爲迷你契約（Henderson, et al., 2014: 26; Beddoe & Davys, 2016: 137）。

（六）**影子契約**（shadow contract）：是督導者以他的專業判斷，而「知道」（know）在督導會議中，他要爲／與受督導者做些什麼事（Beddoe & Davys, 2016: 137）。這種契約，比較像是一種心理學的契約（psychological contract），督導者沒有說出他對於督導的安排和期待，也沒有與受督導者分享，或要求他們做什麼，但是他們雙方清楚了解在督導裡要做些什麼，以及什麼是不被期待的（Carroll, 2014: 49）。

　　上述六種督導契約的類別，無所謂好或不好，要看督導的情境而定。也許，卡羅（Carroll, 2014: 47）的親身經驗，可供我們參考：他第一次開始督導時，不使用正式的契約，只與受督導者口頭談好適合於雙方的（督導）實務安排。之後，他使用較多的正式契約。目前，他很開放，有時使用契約，有時沒有。有時一起談一談就足以讓雙方同意什麼是需要的。可見，是否訂定督導契約？訂定何種形式的契約？契約內容詳盡或簡略，沒有一體適用（one size fit all）的取向，必須看每一種特定的督導情境，而進行彈性選擇及使用。

三、督導契約簽訂的程序

　　有關督導契約的簽訂，文獻上通常只提及兩個面向：實務的澄清及協商（practical clarification and negotiation）與資訊的分享（shared information）（Proctor, 2001: 29；Davys & Beddoe, 2010: 60），很少討論整體的簽訂程序。在沒有前例可循之下，也許我們可從比較熟悉的租屋契約，來思考書面督導契約的簽訂程序。茲分四個步驟說明：

　　（一）**準備相關資料**：有意出租與承租的雙方，在預定簽約日期，房東必須準備租賃契約（空白）、建築物所有權狀（影本）、印章等；房客必須準備押金、身分證（影本）、印章等。同理，督導者與受督導者雙方同意參與督導時，在簽約日，督導者必須準備機構督導政策和程序的資料、制式督導契約書（空白）；受督導者必須準備實習計畫書及相關文件，以便協商時使用。

　　（二）**進行實務協商**：租屋簽約時，雙方依照契約書所載項目，例如：使用範圍、費用（租金、押金、水電費）數額和支付方式、相關權利和義務等，進行協商。同理，督導契約簽約時，督導者與受督導者必須針對督導契約所載項目（見第四項督導契約簽訂的內容），進行協商。

　　（三）**雙方具名簽署**：租屋契約協商有結果之後，逐項填寫（一式兩

份），雙方蓋章或簽署姓名、日期。同理，督導契約依據協商結果，逐項填寫（一式三份），督導者與受督導者簽署姓名和日期之後，各持一份，另一份送機構備查。

（四）**再度加以確認**：租屋契約完成簽約手續之後，依約定交屋時間，現場點交，確認無誤。至於督導契約，完成簽約手續之後，雖然不需現場點交，但是在第一次督導會議或其他督導活動時，雙方必須再行確認。

當然，督導契約到期時，可續約或終止。必要時，經雙方同意，亦可中途修改、解約或重新簽約。

四、督導契約簽訂的內容

書面的督導契約，在協商過程與正式簽約時，通常以契約書範本所載項目為基準，再酌予增減。至於其他形式的督導契約，至少也要約定督導的起止時間。

一般而言，督導契約的內容，除了督導者與受督導者的姓名、簽約日期之外，可包括下列項目（Howe & Gray, 2013: 7; Hawkins & Shohet, 2012: 71；Wonnacott, 2012: 49-51）：

（一）**督導的目的**（aim）：例如，為了提高受督導者為案主服務的效率與效益。

（二）**督導的內容**（content）：例如，與受督導者探討個案相關議題的適當處遇。

（三）**督導的頻率**（frequency）：例如，每一個月個別督導二次，團體督導一次。

（四）**督導的期間**（duration）：例如，一月一日起至十二月三十一日止，為期一年。

（五）**督導會議的長度**（length）：例如，個別督導每次1小時，團體督導每次1.5小時，同儕督導每次2小時，跨專業督導每次1.5小時。

　　（六）**督導會議的地點**（venue）：例如，個別督導在機構個案討論室，團體督導在機構團體活動室。

　　（七）**督導的費用**（cost）：如果需付督導費用，每次／時的費用多少？由誰支付？何時支付？開支票／匯入帳戶／現金？

　　（八）**回饋與檢視**（feedback and review）：例如，每三個月共同檢視督導過程一次，每半年由受督導者填寫回饋意見表一次。

　　（九）**保密性及其他限制**（confidentiality its limitations）：例如，個案資料保密、督導會議安排在安全的空間。

　　（十）**紀錄保存**（record keeping）：例如，每次督導會議錄音，擇要完成書面紀錄，並存放在受督導者的檔案夾。

　　（十一）**督導會議的休息日**（missed sessions）：例如，重要節慶停止督導，停止督導是否付費？是否補辦督導？請假的注意事項。

　　上述督導契約的內容，可視實際需要，酌予增減，並可採用表格方式，編成「社會工作督導書」（Wonnacott, 2012: 49-51），以便於督導協商、簽署及實施督導時有效使用。再者，督導契約羅列明確的內容，固然有利於守時、保密的承諾，但是難以注意到在督導關係上如何忠實、可靠（Carroll, 2014: 48）。

五、督導契約的簽定原則

　　布朗與布爾尼（Brown & Bourne,1999: 50-66）認為，督導契約應考慮到九個要素：督導關係的形成、型態、責信、焦點、時間表、保密、議程設定與紀錄保存、價值和反壓迫觀點、評量與回顧，並有詳細說明。茲擷取其中五個要點，作為督導契約簽訂的基本原則：

　　1.契約協商的內容，可從分享彼此的期待和督導內容著手，並將經驗分享的結果，納入督導契約中的學習部分（p.51）。

　　2.訂定契約是確定責信的一個良好時機，一開始訂契約，就應該將機構

對督導責信的要求，列爲考慮項目（p.54）。

3.契約討論是針對督導中必須完成的工作，加以澄清。參與的雙方對於議程應該有提案的權力，並且對於議程的優先順序，取得雙方同意（p.58）。

4.督導關係是一種權威和權力分配不均的人際關係，在契約協商過程中，儘可能將反壓迫的面向也列入考慮（pp.59-60）。

5.受督導者在進入一個新的督導關係時會緊張，這是可以理解的。在契約協商過程，有技巧的督導者會查明他們擔心的事項，嘗試透過開放、再保證、簡化程序的方式，來完成契約的協商和簽署（p.66）。

總之，我們承認督導契約有其重要性，但是它只是一個開始，更重要是執行、檢視和改進。有一句名言：「通常，一個優質工作者的正向標誌，是有信心、有能力去探究工作中的優勢與劣勢。」（a brief that the ability to explore both strengths and weaknesses in work is usually a positive sign of a good worker）（p.66）。督導者與受督導者都是專業的工作者，有爲者，亦若是。

第二節 情緒處理的技巧

　　人非草木，孰能無情？督導者與受督導者都是人，遇到不如人意的事，也會有某種負面的情緒反應，需要有技巧地處理。不然，可能影響督導關係和督導成效。

　　舉例來說，當督導會議即將開始時，不巧有人打電話進來，督導者接聽之後，發現是民眾打來指責機構遲發救助金，督導者試圖解釋，反被責罵。她只好掛斷電話，並轉身向受督導者說一聲抱歉，等她情緒稍為平靜再討論，卻又引發受督導者的不滿，抱怨浪費他的時間。

　　連這種芝麻小事，都可能引發情緒反彈。何況，社會工作的本質是一種要求嚴格的專業（Social work is by nature a demanding profession）（Beddoe & Maidmentz, 2015: 6），社會工作督導者與受督導者在實務上，難免承受各方壓力，衍生情緒問題，必須有效介入處理。以下針對情緒困擾的來源，以及情緒智慧（emotional intelligence）的主要取向、發展的過程、使用的原則，略述之：

一、情緒困擾的來源

　　我們在第二、三章曾提及，成為督導者與受督導者的初期，都會擔心被情緒感受所壓垮、擔心被他人批評或挑剔、擔心在職位上或專業上被誤解（Davys & Beddoe, 2010: 161-162）。這些擔心的事項，很容易引發當事人情緒的困擾。

　　事實上，一個社會工作者成為督導者或受督導者之後，諸如此類的情緒困擾，仍然可能隨時發生。依據相關文獻的論述（Beddoe & Maidmentz, 2015: 39-40；Wonnacott, 2012: 85; Davys & Beddoe, 2010:158-159; Brown & Bourne, 1999: 107-110），在督導過程中，情緒困擾的來源，大致可歸納為

四方面：

　　（一）**來自工作特性**：社會工作是一種值得做，但也是一種有壓力的工作。督導者與受督導者都是實務工作者，每天要處理一般民眾忽略的議題，而且經常要與那些不想被協助的個人一起工作。這些非自願的受助者，可能攻擊他們，甚至訴諸暴力。他們努力工作，不但缺乏回饋，反而持續被責怪，難免產生情緒枯竭（burnout）。

　　（二）**來自服務使用者**：許多實務工作者（受督導者）抱怨有大量的個案，只有少量的資源，案主卻期待他們做得更多，做得更快。至於督導者，除了自己的實務工作量很大之外，也經常被受督導者期待，要提供更多的支持，要快速協助他們處理問題。這些來自服務使用者的期待，往往由壓力轉而進入負面的情緒。

　　（三）**來自環境脈絡**：在社會工作督導的種種脈絡中，政治氣候方面，政府高官及民意代表為了選票，常對社會福利部門施壓，要求馬上辦，而且要給更多福利，甚至不管法律和程序，徒增實務工作者和督導者的困擾。在經濟環境方面，景氣長期低迷，福利預算限縮，僧多粥少，往往引發福利人口群的不滿，轉而歸咎於社會工作者的工作不力。在組織文化方面，機構注重行政效率，更勝於工作效益；強調個案量的管理，忽視第一線工作者需要正式的溝通、支持、督導和輔導。這些環境因素，往往帶給工作者與督導者不好的感受，引發不如歸去的情緒反應。

　　（四）**來自自己本身**：有些督導者與受督導者，可能因為個人的因素而在情緒上有所困擾。例如，自己或親人患病、痛失親人、財務拮据、私人關係不佳（離婚、分居、親子衝突）（Brown & Bourne, 1999: 108）。

　　也許，除了上述困擾來源之外，還有其他隱藏未明的因素，交錯影響著一個人情緒感受，再經過長期累積，變成嚴重的情緒困擾，必需採取適當的處理技巧，始能有效化解，而不再持續或惡化。

二、情緒智慧的主要取向

對於情緒困擾的處理，文獻上已提出許多處方。例如：1.良好的支持網絡（good support networks）、2.準確的同理（accurate empathy）、3.反思的能力（reflective ability）、4.樂觀主義（optimism）、5.情緒智慧／書寫能力（emotional intelligence/literacy）、6.自我覺知（self-awareness）、7.自我效能（self-efficacy）、8.社會信任（social confidence）、9.幽默意識（sense of humor）、10.工作—生活的平衡（work-life balance）（Beddoe & Davys, 2016: 76）。

其中，情緒智慧的概念，早先流行於管理學領域，最近二十多年，社會工作界也開始使用（Wonnacott, 2012: 89）。所謂「情緒智慧」（emotional intelligence, EI），是指一個人有能力監視自己與他人的感受和情緒（feelings and emotions），並決定使用這些資訊，去引導他們之間的思考和行動（thinking and actions）（Salvey & Mayer,1990: 189; cited in Engelbrcht, 2014: 208）。

換一個角度說，一個具有情緒智慧的社會工作者，有能力認知他工作上的情緒性質，以及這種情緒對於自己和其他人的衝擊。在我們的（社會工作）生活裡，情緒的了解和有智慧地使用，對於產生有效實務（effective practice）和心理學的福祉（psychological wellbeing），情緒扮演一部分的角色。簡言之，情緒智慧即情緒能力（emotional competence）（Wonnacott, 2012: 89），也就是有智慧處理情緒議題的能力。

不過，對於「情緒智慧」這個名詞，人們很容易聯想到它與「智商」（intelligence quotient, IQ）有關。因此，以訛傳訛，誤以為情緒智慧（EI）就是「情商」（EQ）。事實上，情緒智慧的量化研究，尚在起步階段，想要測驗一個人情緒商數的高低，恐怕言之過早。

無論如何，在情緒智慧的現有研究和文獻裡，已經出現四個重疊但有區別的取向（Martin, 2014: 208）：

（一）**能力取向**（ability model）：具有情緒智慧的基本能力，也是持續發展情緒智慧的一顆種子。

（二）**特質或人格取向**（trait or personality model）：情緒智慧與個人的人格特質有關，必須順應每一個人的特質，發展他所想要的情緒智慧或情緒能力。

（三）**才幹取向**（competence model）：不僅具備情緒智慧的能力，而且實際表現也能夠勝任。

（四）**混合取向**（mixed model）：從它的名稱，其假設是一個人能橫跨前面三種取向，具有綜合性的情緒智慧和情緒能力。

由此觀之，情緒智慧是每一個人擁有的屬性，雖然有些人擁有較多的情緒智慧，有些人比較少，但是每個人都有發展情緒智慧的潛能。

抑有進者，莫里森（Morrison, 2007: 247）指出，目前每天都可遇到社會工作者使用他們的情緒智慧，有效地充權個人、團體和社區，以建立能力去支持改變，進而協助個人和社區去影響和控制他們的宿命（destiny）。他認為，情緒智慧對於社會工作實務的參與、觀察、評估、決定、規劃和處遇，具有重大影響。不過，他也保留地表示，必須有更多有效使用情緒智慧的社會工作者，始能證實情緒智慧的表現，在專業、學術和個人的專注之間有融合性。

三、發展情緒智慧的過程

既然每一個人或多或少都擁有情緒智慧，也有再發展的潛能，而且有些社會工作者在實務上使用情緒智慧，已獲初步成效。因此，將情緒智慧與督導結合，作為情緒處理的一種技巧，應該是順理成章的事。

衡諸實際，戴維斯與貝多（Davys & Beddoe, 2010: 160）建議督導者將情緒智慧使用於督導中的情緒處理，作為支持性功能之一，並提出處理情緒的兩種主要技巧：1.克制（containment）、2.適應（accommodation） （p.166）。其中，克制是在情緒發生的瞬間，「忍住」（holding）情緒，等到適當時機再表達出來。如果情緒眞正克制不了，或者沒有適當的表達時機，適應也是一種合理的策略（pp.166-167）。

再者，馬丁（Martin, 2014: 209-210）在探討情緒智慧與督導的關聯性之後，認爲督導者可參採瓦納克特（Wonnacott, 2012）的見解，以督導者扮演實務領導者的角色（參見第七章第三節），並使用齊尼斯與格羅曼（Cherness & Goleman, 2001）所發展的六種領導方式，去協助受督導者極大化他們的情緒智慧。這六種領導方式是：1.洞察（visionary）、2.協力合作（affiliative）、3.民主（democratic）、4.教練（coaching）、5.步調設定（pacesetting）、6.管控（commanding）（cited in Martin, 2014: 209）。

前面四種方式，特別適合於社會工作督導者使用，也就是由督導者洞察受督導者擁有情緒智慧的層次，設定發展的標竿，促進良好的工作關係，協力工作和協助受督導者建立與發展他的情緒智慧，並教導他們不斷地練習，達致熟能生巧。至於後面兩種方式，可以快速產生效果，但需要運用技巧，謹愼判斷，小心使用。

同時，馬丁（Martin, 2014: 209）進一步指出，教練（coaching）是這些方式中，對於改善情緒智慧表現的最佳方式，可循著情緒能力發展的四個過程，次第進行：

（一）**認知**（recognition）：在實務上，使一個人（受督導者）有能力在瞬間（即時）認知他自己的情緒，以及其他人如何感受。

（二）**使用**（use）：使一個人（受督導者）有能力基於這種認知，適當地媒合對其他人的語氣。

（三）**了解**（understanding）：使一個人（受督導者）有能力了解情緒的複雜性，而以適當的方式，展示他可能經歷過的情緒，或者將情緒作一些改變。

（四）**管理**（management）：使一個人（受督導者）有能力在了解方向之後，有效地決定他的行動。

也許回到本節一開始所舉的例子，可說明協助受督導發展情緒智慧的過程：當督導者覺察到受督導者不滿時，「忍住」並即時認知自己的情緒，以及受督導者如何感受，然後調整對受督導者說話的語氣，比方說：真的不好意思啦，讓你久等了，而不是露出緊張或擔心的表情。然後，以關懷的心情，專注傾聽受督導者訴說他的感受。

簡言之，「上台靠機會，下台靠智慧」，遇到情緒困擾議題，必須展現智慧，找下台階。相信，督導者處理自己的情緒時，應該如此；協助受督導者發展情緒處理的能力，亦復如此。

四、情緒智慧的使用原則

情緒智慧，不是一種嶄新的概念，但是在社會工作督導中，將情緒智慧作爲一種技巧，尚未成熟。因此，情緒智慧的使用，至少必須注意四項原則：

（一）使用情緒智慧的兩個主要技巧，其優先順序是：即時克制、再求適應（Davys & Beddoe, 2010: 166）。

（二）在社會工作處遇中，實務工作者（受督導者）可能對他的案主失去信心，而情緒變得反覆無常，難以合作。必要時，督導者對於情緒智慧的教導或協助，要與他的其他行爲分開來處理（Martin, 2014: 209）。

（三）使用情緒智慧的任何取向，可能達到多種成果：建立或破壞、好或壞，並沒有標準的守則。因此，如何在督導情境中有效使用情緒智慧，可能受到個人與專業的價值和動機所導引（Martin, 2014: 209）。

（四）有些人對於建立或發展情緒智慧的四個過程（認知、使用、了解、管理），有平等能力，但是多數人對這四者各有優勢和劣勢，督導者使用的腳本和過程必須不同，才有效果（Martin, 2014: 209）。

無論如何，情緒智慧只是處理情緒的技巧之一，教練（coaching）也只是協助受督導發展情緒能力的方式之一，千萬不能忽略其他技巧和方式的使

用價值。也許，共同評估受督導者的需求，共同選擇適當的方式和技巧，效果最佳。

第三節　督導中對話的技巧

前述督導契約的簽訂、情緒的處理，都強調督導者與受督導者的參與和互動，而其常見的互動方式，就是以：說話（speaking）、交談（talking）、對話（dialogue）、會話（conversation），作為溝通的媒介。尤其，在督導會議及其相關活動中，督導的參與者，彼此之間的對話，不但經常發生，而且有其必要。

「對話」（dialogue）一詞，係源自於希臘字'dialogos'，譯成英文是'flow of meaning'，它是我們學習如何思考、反思、一起賦予意義的過程（Carroll, 2014: 25）。因為督導的教育功能之一，強調反思學習，因此本文使用「對話」一詞。

然而，社會工作是一種助人的專業，任何作為都有其目的，對話並非「聊天」（small talk），應有焦點。而且，對話時必須有技巧，否則可能產生兩極化的效應。舉一般例子來說：一個旅客覺得飛機上的小點心很別緻，詢問空姐還有沒有這種點心？空姐的回答可能有兩種：「我看看還有沒有剩的？」、「我看看還有沒有多的？」你認為哪一種說法比較有技巧？

當然，本文並不是要教大家說話的技巧，而是從督導的立場，探討督導中對話的型態、進行對話的過程、進行對話的原則，以便從其中了解督導中對話的使用技巧。

一、督導中對話的型態

在督導領域，通常採用對話的方式，引導受督導者進行反思學習。在督導過程中，依對話的取向，大概可區分為四種型態（Isaac, 1999. cited in Carroll, 2014: 34-36）：

（一）**文雅與分享式獨白**（politeness and shared monologues）：在這種

場域，個人和團體，沒有分享他們眞正的想法和感受。可能是爲了明哲保身，剛開始對話時，他們克制自己，只有少量的對話和反思。這種情境，對督導者有小小的挑戰，好像與對話的成員串通好的樣子，大家都謙恭和藹（civic）、彬彬有禮（polite）。督導者能做的是，以掩飾差異作爲問題解決（problem-solving）的一種方式。

（二）**有節制的討論**（controlled discussion）：有時也稱爲有技巧的會談（skilled conversation）。在這種場域，也許有大量的討論，少量的反思。督導者能做的，是運用他的權力、專業知識和技術，有技巧地克制討論，以免引起衝突的火花。

（三）**有反思的對話**（reflective dialogue）：在這種場域，個別陳述他們的想法和感受，對話內容相當豐富，即使出現差異，也能被接納，開始有較多的反思和學習。督導者能做的，是樂觀其成，以微笑或點頭，表示肯定和鼓勵。

（四）**有生產力的對話**（generative dialogue）：參與的成員，開始有系統地注意和思考對話的議題。督導者能做的是，引導成員從這個架勢，爲下一步行動，想出策略和處理方式。這種技巧，可稱之爲「因勢利導」（flow），從單一（同質）議題，開始與其他議題融合；從議題的連結，開始付諸（學習）行動。

簡言之，上述四種對話的型態是質性的，不同的型態，產生不同的成果。督導者不妨順著對話型態的移動，因勢利導，彈性運作，也許可從初始的困窘情況，進步到最後的得心應手。

二、進行對話的過程

我們如何在督導中創造一種有反思和生產性的對話？第一件事，可能是爲對話提供一個心理上和情緒上感到安全的空間。督導者的任務是以他們的歡欣和熱忱，爲督導工作，也爲了他們與受督導者一起參與，而著手準備第

一次督導會議。

在督導會議的時間和地點排定之後，正式在督導會議中進行對話。至於對話的過程，貝多與戴維斯（Beddoe & Davys, 2016: 196-206）將之分為：1.對話前、2.對話中、3.對話後；卡羅（Carroll, 2014: 36-40）將之分為：1.為督導對話而準備（preparing for supervision dialogues）、2.進入對話（engaging in the dialogue）、3.完整的對話（completing the dialogue）。茲綜合說明如下：

（一）對話的準備

在督導中進行對話，除了對話議題的準備之外，督導者與受督導者也要有所準備：

1.對話議題的準備：督導者鼓勵受督導者提出他們想要討論的議題，整理之後，與受督導者分別了解：

(1) 是什麼議題？

(2) 個人關注或想要什麼成果？

(3) 督導工作想要獲得什麼成果？

2.督導者的準備：雖然，對話的多數時間是要給受督導者的，但是督導者也要有一些準備。在等候受督導者來的時間，花十分鐘檢視以下四個領域（Carroll, 2014: 37）：

(1) 傾聽（listening）：我如何更專注地聽？

(2) 尊重（respecting）：我如何尊重一起工作的受督導者？為了尊重，我必須說什麼？

(3) 暫停（suspending）：我能將自己所知的真相擱在旁邊，而對他們帶來什麼，一直保持開放？

(4) 發言（voice）：我能控制我發言的權力，並鼓勵其他人發言？

最後，我如何加入對話？其他有益於對話的環境（空調、椅子、隱私、光線、溫度，任何必需品─面紙、錄音機），都準備好了嗎？

3.**受督導者的準備**：一個人進行自我對話（self-dialogue），例如：對話的議題可能是困難的，目的是良善的；一起對話的督導者是自己的前輩、也是比自己有權力的人，相信他們會有良好掌控和尊重；我要鼓起勇氣，參加對話，不迴避，不遲到（Beddoe & Davys, 2016: 193）。

如果是機構管理者加入的三方對話（three way dialogue），或者再加入外部督導的四方對話（four way dialogue）（Beddoe & Davys, 2016: 113-115），督導者也要聯繫或協助他們做一些準備。

（二）對話的進行

貝多與戴維斯（Beddoe & Davys, 2016: 201）認為對話的進行有14個步驟，茲歸納為五個關鍵性步驟：

1.**澄清對話的議題**：清楚說明對話的議題是什麼；盡可能將議題單純化；澄清對話方法和實施過程已獲同意。

2.**開放議題的詢答**：開放詢問問題；鼓勵或要求受督導者表達意見；提供具體的例子；使用「我」表達。

3.**表達對議題的感受**：詢問受督導者對於議題和對話的感受；如果適當的話，分享你對議題和對話的感受。

4.**開放地傾聽**：對說話者寬宏大量（being generous），更多一些傾聽；為你的行為負起責任，如有錯誤，勇於承認。

5.**澄清和摘述成果**：盡可能澄清受督導者的意見；確認對話得到的成果並摘述主要成果。

（三）對話後的處理

每次對話結束之後，督導者必須立即進行四方面的處理（Beddoe & Davys, 2016: 203）：

1.**評量的處理**：邀請或要求受督導者參加對話，容易被誤解是為了責備，因而扭曲整個對話情境的進行。因此，對話結束，立即評量，更勝於責

怪。

2.**反思的處理**：鼓勵受督導者更加深入思考，探討自己在對話情境的反應。督導者可採用的策略，包括：促進反思、保持注意、監視反移情、協助受督導者概括化他們處理議題的架構。

3.**不當者的處理**：對話過程不適當的行為和態度，採取正式行動。例如，將那種行為向管理單位或專業單位報告、轉介治療。

4.**迴避者的處理**：迴避參加對話、遲到、派代理人參加，或者其他潛伏的行為特徵，可能是他們早期經驗的負面效應，必須認清和處理。

總之，督導中最佳的對話，是軟化關係、創造機會、有效溝通，意識到對話前後可能發生的事情，瞬間處理，使對話機會變大，而不是限制自己。

三、進行對話的原則

在督導中進行對話經常發生，看似容易，實則困難。尤其，要一個受督導者在督導中引發和參與議題的討論，那是一種挑戰。綜觀相關文獻，在督導中進行對話，有下列三個基本原則：

（一）**誠懇邀請參加對話**：被邀請，比被規定或被迫，較有參與對話的意願，也較能投入對話的情境。尤其，受督導者對於對話迴避或遲到，常是連結於某種形式的情緒，可能有擔心、不舒服、尷尬、內疚、羞愧的感受，必須鼓勵並邀請他們勇於參加對話（Beddoe & Davys, 2016: 193）。

（二）**有結構地安排對話**：督導中的對話有其目的，為確保對話目的之達成，必須有結構地進行，並保持開放的態度，去聽其他人的意見。特別是那些看法不同於我們的人，必須得到尊重（Beddoe & Davys, 2016: 208）。

（三）**促使對話更加完整**：進行對話，是為了行動，否則船過水無痕。為了建立對話與行動的橋梁，必須注意和排除可能的障礙。例如（Scharmer, 2007, cited in Carroll, 2014: 40）：

1.沒有認知我們所看的（not to recognize what we see），而盲目應用。

2. 沒有說出你所想的（not say what your think），礙於機構要求而保持沉默。

3. 沒有做到你所說的（not do what you say），大量的對話，被取消或拖延。

4. 沒有看到你所做的（not seeing you do），過去的問題，故態復萌。

一言以蔽之，對話前，充分準備；對話中，有結構地進行；對話後，付諸行動，才能確保對話在督導中發揮應有的效用。

第四節　有效回饋的技巧

回饋，是督導的核心技巧，它帶著一種期待：受督導者對於回饋的反應，將被督導者聽到、認可、考慮，並檢視他／她（受督導者）的了解、行為和態度（Davys & Beddoe, 2010: 139）。

「回饋」（feedback）一詞，有多種定義。一般的認知，是將他們的經驗和看法，告訴其他人的一種過程。美國社會工作辭典（*The social work dictionary*）對於回饋有比較詳細的解釋（Barker, 2014: 159-160），認為：回饋是對於執行某項活動的個人，就其活動結果的效益，傳達一種評價（objective evaluation）的訊息。有時，回饋也對於持續進行中的活動，提出修正意見，以增加其成功的可能性。在社會工作之中，回饋經常使用於督導、個人評價、案主報告和目標成果的評價，以協助社會工作者達成其想要的改善，或者在他們表現良好時，給予他們正向的指標（positive indicators）。

就社會工作督導而言，回饋是發生於督導者與受督導者之間雙向的互動過程，包括督導者對受督導者的表現給予回饋，以及受督導者對督導者的建議給予回饋。簡言之，回饋有給（giving）與取（getting or receiving）兩者，彼此有所交集（meeting point），才會產生效用（Henderson, et al., 2014: 59）。以下略述回饋在社會工作督導之中的使用時機、主要類型、使用原則：

一、回饋的使用時機

有效的回饋，能促使受督導者學習、成長和改善實務。在社會工作督導過程中，督導者除了分享自己的經驗，必要時也對受督導者提供回饋，並鼓勵受督導者表達他們的理念，作為一種回饋，然後經過討論、激盪或協調，

以取得雙方共識或相互了解。

有關於回饋的使用時機，戴維斯與貝多（Davys & Beddoe, 2010: 140）提出兩個關鍵時刻：契約協商時（the negotiation of contract）、特定規劃事件結束前（before a particular planned event）。我們再增加兩個使用時機：督導會議議題規劃時、督導會議的結束時，並依督導的實施程序，略加說明：

（一）**督導契約協商時**：為了建立良好的督導關係，對於督導工作形成共識，無論個別督導、團體督導、同儕督導、跨專業督導的實施過程，都有一個重要步驟，就是訂定督導契約。在訂定契約期間，必須透過有規律的回饋，探討並確認督導者與受督導者雙方的期待。

（二）**督導會議和議題規劃時**：督導會議必須事先規劃議程和議題，始能確保會議進行的效率和效益。尤其，有關會議主要議題的規劃，絕對不是督導者單方面的任務，而必須回應受督導者的需求，也就是納入受督導者的回饋意見，再共同決定，藉以提高受督導者投入的意願。

（三）**督導會議結束時**：實施個別督導、團體督導、同儕督導、跨專業督導的最後一個階段，也就是督導會議即將結束時，保留幾分鐘，進行督導過程的檢視和回饋，以確認督導的成果和未來改進事項。

（四）**特定規劃事件結束前**：在督導的一般期間，對於一個特定規劃的事件，給予回饋。例如，督導者對受督導者進行現場觀察（live observation），隨後給予回饋。或者，督導者在觀察現場對於考核（appraisal）或個人的專業發展計畫（personal professional development plans），貢獻他的意見（Davys & Beddoe, 2010: 140）。

一言以蔽之，在督導過程中，如能把握關鍵的時刻，提供適切的回饋，應可發揮更大的效用。不過，在上述關鍵時刻之外，平常對於實務工作者協助案主的各種處遇，也可能使用到回饋。

二、回饋的主要類型

在督導中，經常使用的回饋，有三種主要類型（Carroll & Gilbert, 2005: 52）：

（一）**確認式回饋**（confirmatory feedback）：又稱為正向回饋（positive feedback）。對於特定行為的樣態、全部的行為結果或表現、個人的情緒狀況、態度、與他人的關係等等現象，給予正面、肯定的回應。

（二）**修正式回饋**（corrective feedback）：對於前述特定行為樣態等等現象，給予修正、調整的回應。

（三）**反思式回饋**（reflective feedback）：也稱為批判性回饋（critical feedback），對於上述特定行為的樣態等等現象，從批判性分析、批判性思考的取向，給予回應。

這三種回饋類型，督導者與受督導者都可能使用。站在督導者的立場，如同表10-1所示，督導者對實務工作者的各種處遇進行督導時，在助長處遇時，可使用確認式回饋、反思式回饋；在催化處遇時，可同時使用這三類回饋；在面質處遇時，可使用修正式回饋。這樣，不同的處遇，使用對應的回饋類型，其效果較佳。

然而，這三種回饋類型的使用，也有一些問題。其中，修正式回饋可能是最難掌控的一種技巧。從過往的經驗，它經常伴隨著指責（reprimand）和沒有權力（powerlessness）。而在督導裡，回饋想要協助學習時，修正式回饋在面質處遇時使用，可能不是一種舒服的經驗，但是掌控得宜，對於學習還是有催化作用。至於確認式回饋，也可能因為文化上的曲解，或者自吹自擂（praise）、自我美化（self-glorification）的訊息而失真。在這些情境中，正向回饋可能被拋棄、極小化，或被批評隱藏訊息（Davys & Beddoe, 2010: 140）。當然，反思式回饋的使用，更須格外小心，以免變成「殺手」（killer），造成一種傷害、詆毀、侮辱，對於學習少有貢獻（Carroll & Gilbert, 2005: 52）。

三、回饋的使用原則

回饋的給予和接受，是一種技巧，也是一種藝術，必須事前有所準備、把握適當的時間點（appropriate timing）、對回饋的內容深思熟慮、將回饋的目的弄清楚，而且在回饋的當下，本著尊重、誠懇的態度、提供討論的機會、從其中得到學習（Davys & Beddoe, 2010: 140）。

無論如何，回饋的使用，必須遵循一些基本的原則，始能有效改善社會工作專業實務。以下分別略述回饋的給予、回饋的接受之使用原則：

（一）給予回饋之原則

霍肯斯與索海特（Hawkins & Shohet, 2012: 160）曾針對給予回饋描繪一種非常有用的架構，以英文字母的縮寫：'CORBS'表達給予回饋的重要原則，如下：

1. **清楚**（Clear）：試著弄清楚你想要給什麼回饋。含混不清或猶豫不決，都將增加回饋接受者的焦慮，也不被了解。

2. **擁有**（Owned）：你想要給予的回饋，是你所擁有的一種覺察，而不是最後的事實。因此，你說得再多，都要與接受回饋的人有關，必須假設在回饋中的陳述或暗示，都是為了協助接受者。例如，你要說：我發現……，而不說：你應該……。

3. **規律**（Regular）：假如回饋是有規律的給予，必然更加有效；假如不是這樣，可能有一種危險，回饋的接受者會抱怨，直到你提供適當的配套措施為止。盡可能在事件發生當下就給予回饋，及早為他們做一些事，不要等到他們離開之後，才告訴他們如何將事情做得更好。

4. **平衡**（Balanced）：最好是正向回饋與負向回饋，平衡給予。只給正向回饋，或者只給負向回饋，意味著你的看法在某些方面失真（distorted）。但是，這並不是說批判式回饋的每一個片段，都必須經常伴隨著某些正向的回饋，而是說所有的回饋，都要創造一種平衡。

5. **特定**（Specific）：概括化的回饋（generalized feedback），難以作為學習的一種型態。如同警語所言：當你性情急躁（irritating）時，只會帶來傷害和危險。當你忘記錄下對方電話傳來的訊息，你也可以冷靜思考片刻，再具體給予接受者一些資訊，讓他可以選擇使用。

簡言之，欲速則不達，「慢慢來，比較快」，「吃太快，弄破碗」。給予回饋，必須循著：清楚、擁有、規律、平衡、特定等原則，按部就班，有效使用。

（二）接受回饋之原則

郝威與格雷（Howe & Gray, 2013: 82）認為接受回饋並不是一種被動的過程。假如回饋的接受者能積極投入，必然更加有用。他們針對如何接受回饋，描繪了六個原則，我們添加小標題，並說明如下：

1. **傾聽**（listen）：接受回饋時，保持開放的心胸，傾聽全部的回饋，不要沒有聽完整就跳過，或急著下判斷，也不要過度自我防衛。

2. **澄清**（clarification）：如果口頭的回饋聽不清楚，書面的回饋看不懂，可尋求澄清，或者尋找相關證據，以了解真相。

3. **考慮**（consider）：如果對方給你的回饋，在分量上有所不足，你可以考慮再做些什麼不同方式，來加以補充。

4. **選擇**（choose）：牢記在心，回饋的資訊只是某些人的觀點，你有權選擇你想接受的部分。

5. **更多**（more）：提醒自己，回饋通常只是有關行為的部分，你想要的內容，可能比行為的回饋更多，你想要的部分，還可主動尋求回饋。

6. **致謝**（thank）：要接受他人的回饋，並非一件容易的事。但是，回饋有助於發展你的實務，還是要對回饋的提供者說一聲：謝謝你。

臺灣有一句俗語：伊講你，是愛你好，伊不講你，你就「撿角」了。類似「愛之深，責之切」的意思，有人願意給你回饋，都出於一番好意，你必須虛心接受，再做適當的選擇。不要一昧排斥回饋，也不要硬是解釋自己

為什麼要做某些事，甚至對於正向的回饋，也加以辯駁（Hawkins & Shohet, 2012: 160）。

總結本章的討論，督導契約的簽訂、情緒的處理，對話的技巧、有效的回饋，它們之間，息息相關，連動影響。因為，督導契約的簽訂，必須透過對話，釐清督導參與者的責任和義務，以降低受督導者的不安情緒；受督導者的情緒如果不穩定，必然影響參與對話的意願；對話之後，必須有正向回饋，始能付諸行動；回饋必須回應督導契約所設定的督導目標。因此，上述四種督導技巧，必須兼容並蓄，靈活運用，並且經常練習，進而熟能生巧（practice makes perfect）。

【本章重點】

1. 督導是一種以技巧爲本的活動。舉凡督導契約的簽訂、情緒的處理、督導中的對話、有效的回饋，無不重視技巧。

2. 督導契約的主要類型，有：書面契約、口頭契約、工作協議書、會議議程同意書、迷你契約（mini-contract）、影子契約（shadow contract）。

3. 督導契約的簽訂程序：(1)準備相關資料、(2)進行實務協商、(3)雙方具名簽署、(4)再度加以確認。

4. 情緒智慧（emotional intelligence, EI），就是情緒能力，指有智慧處理情緒議題的能力。但是情緒智慧（EI）有別於「智商」（IQ），不宜稱爲「情商」（EQ）。

5. 以教練（coaching）方式，協助受督導者發展情緒能力，有四個過程：(1)認知（recognition）、(2)使用（use）、(3)了解（understanding）、(4)管理（management）。

6. 督導者對於對話的準備，花十分鐘檢視四個領域將如何處理：(1)傾聽（listening）、(2)尊重（respecting）、(3)暫停（suspending）、(4)發言（voice）。

7. 對話的進行，有五個步驟：(1)澄清對話的議題、(2)開放議題的詢答、(3)表達對議題的感受、(4)開放地傾聽、(5)澄清和摘述成果。

8. 回饋的使用時機：(1)督導契約協商時、(2)督導會議議題規劃時、(3)督導會議結束時、(4)特定規劃事件結束前。

9. 給予回饋的重要則：CORBS，亦即：(1)清楚（Clear）、(2)擁有（Owned）、(3)規律（Regular）、(4)平衡（Balanced）、(5)特定（Specific）。

【有待探究的議題】

1. 探討在臺灣推動社會實習生與實習機構簽訂督導契約的可行途徑。

2. 社會工作者可能面對壓力與情緒困擾，兩者的來源有何異同？

3. 試舉例闡釋克制（containment）與適應（accommodation）兩種技巧，如何在督導中有效使用？

4. 如何鼓勵容易焦慮的受督導者勇於參與督導中的對話？

第十一章　社會工作督導訓練的實施

　　今天的社會工作者，不會在明天自動變成督導者（There is no automatic way in which a social worker of today can become a supervisor by tomorrow.）（Davys & Beddoe, 2010: 56）。

　　通常，一個實務工作者必須經過督導訓練，充實督導工作所需的知識、態度和能力，始能成爲一個稱職的督導者。否則，未經訓練就上路（conducted without training），可能出現督導者以拙劣的手段，應付機構和管理者，作爲消磨時間的一種方式（Carroll, 2014: 12）。

　　再從正向觀點來說，舉凡探討督導相關訓練的文獻，幾乎都肯定督導訓練的重要性。例如：維斯愛瑪（Westheimer, 1977: 16）在三十年前提及社會工作督導時，就明確表示，爲督導者實施訓練，對極具影響力角色的準備，至爲重要（cited in Davys & Beddoe, 2010: 52）。其他的看法，還包括：某些新手督導者有一種不好的經驗，覺得自己好像模仿過去的督導者，參加正式的督導訓練，能強化專業角色的自信，並協助你如何選擇督導風格（Henderson, et al., 2014:15）。爲何督導者的訓練很重要？因爲督導的能力不會「從天上掉下來」（fall from the sky）（Watkins & Wang, 2014:178; cited in Beddoe & Davys, 2016:57），督導訓練是發展有品質的（督導）、實務的一個關鍵樣式（Hawkins & Shohet, 2012:153）。

　　的確，督導者的訓練很重要，然後呢？應該是實施督導訓練，然而有關如何實施督導訓練的文獻，並不多見。目前，我們只找到三件對於督導訓練有比較詳細討論的文獻，茲將其要點加以彙整，如表11-1：

表11-1　社會工作相關督導訓練

來源	歸類	要點
陳錦棠，2015	需求評估	組織的分析、任務及KSA分析、個人分析、設計指導目標。
	培訓與發展	爲培訓和發展作準備、設計有效的指導。
	評估	對評估標準的評價、評估方式的類型、培訓目標的有效性。

來源	歸類	要點
Hawkins & Shohet, 2012	前提	督導訓練的目的、成人學習的關鍵性原則、督導訓練的主要面向
	訓練課程及實施	新督導者的核心督導課程、學生與實務督導者的核心督導（課程）、團隊與團體督導的課程、督導深度諮商（in-depth counseling）、心理治療或其他治療工作之督導者的治療性督導課程、進階督導課程（advanced supervision course）、倫理困境的訓練、跨文化督導訓練、督導的督導（supervision on supervision）
	評估	評量與認證
Brown & Bourne, 1999	前提	機構人員發展政策、學生督導與實習教師的委任
	訓練的發展性取向	學生督導、職前訓練、新進督導者的訓練、資深督導者的訓練、訓練員的訓練
	訓練的要素	技巧和實驗性訓練、錄音和錄影的督導情境、同儕交換、團隊文化脈絡與受督導者回饋、概念、理論、模式與研究。

資料來源：陳錦棠，2015, pp.160-168；Hawkins & Shohet, 2012, pp.153-167; Brown & Bourne, 1999, pp.164-176.

　　由表11-1的綜合觀察，顯示督導訓練的對象，包括：實務工作者接受訓練，成為督導者，以及成為督導者之後的持續訓練。督導訓練的實施過程，大致上包括：準備、實施、評量等三個階段。其中，訓練的實施，又涵蓋核心課程與訓練方法：核心課程係按督導者的發展階段而設計。

　　至於表11-1之中有關督導深度諮商、心理治療或其他治療工作之督導者的治療性督導課程，屬於諮商督導與心理治療的領域，不予討論；團隊與團體督導、跨文化督導訓練等議題，已於前面章節提及，不再重複；倫理困境將於下一章討論。

　　經過取捨之後，本章將針對督導訓練的準備工作、核心課程、實施方法、評量和認證，扼要說明。

第一節　督導訓練的準備工作

事豫則立，不豫則廢。為了確保督導訓練有效實施，讓機構與受訓成員都能獲得好處，在實施訓練之前，必須儘量做好準備工作。包括：

一、分析機構的督導政策

任何督導實務，都必須在機構組織的脈絡下討論，尤其督導訓練必須依照機構的政策實施，以回應機構及其管理者的期待。

可是，在某些機構中，督導工作並未受到重視，而被放在資源、訓練和員工（含督導人員）發展都比較少的次級結構中，也沒有明確的督導政策。即使如此，我們仍可從機構的相關資料或措施，分析機構的督導政策（Brown & Bourne, 1999: 164）。例如：

1. 機構的工作手冊中，有關督導人員的專業指標，是一種相當有用的參考資料，可據以分析督導人員應具備的基本知識和技巧，以及學習和成長的要求。

2. 機構綜合性的員工發展計畫，據以了解機構對於員工發展方案的投資。

3. 機構中的督導人員在督導別人的過程中，是否也被督導？如果是，表示傳統結構中的資深督導人員，也可能有給予督導訓練的需求。

4. 小規模的機構，可能以契約外包的方式，將督導工作委外辦理，同樣需要分析他們的督導制度和員工發展政策。

經過上述資料或措施的分析，可了解機構對於督導訓練的基本要求，作為規劃督導訓練的方向（locus）和重點（focus）。

二、評估督導訓練的需求

一個社會工作者，可能因為服務年資較長，實務經驗較多，而成為督導者。或者由於學歷較高，被機構賦予督導者的職位。這類社會工作者可能因為機構的規定或要求，或者出於自己的意願，參加督導訓練，其主要動機及需求，無非是要充實督導知能，或者取得督導資格的認證。

至於一個實務工作者成為督導者之後，大概要再經過三至四個階段，從新手督導者發展為督導的行家。此種情況，我們在第二章已經提及，並以史托田堡與迪沃斯（Stoltenberg & Delworth,1987, cited in Hawkins & Shohet, 2012: 81-82）的描述，分析督導者在四個發展階段的特質。

成為督導者之後，有不同的發展階段，意味著處於不同發展階段的督導者有不同的訓練需求，應該安排不同的訓練方案。因此，我們可根據督導者各發展階段的特質，評估他們對於督導訓練的需求。

在這裡，我們仍然以史托田堡與迪沃斯（Stoltenberg & Delworth,1987）的描述為例，並將其改成表格方式呈現，據以評估不同發展階段督導者訓練需求，如表11-2：

表11-2　督導者的發展階段及其訓練需求評估

發展階段	特質	訓練需求
第一階段	擔心如何做那些「對」的事情？如何有效扮演督導者的角色？	重視督導的技術面、如何扮演一個督導者的角色。
第二階段	發現督導的過程比想像更複雜和多面向。傾向於繼續以自己擁有的條件，好好擔任一個督導者，不再想要得到更多的支持。	如何簡化督導過程、如何聚焦督導實務、如何持續自我激勵。
第三階段	本其一貫動機，扮演督導者應有的角色，也有興趣不斷地改善督導績效，且能忠誠地自我考評。	持續改善督導績效、開放自我考評。
第四階段	能調整自己的督導風格，適當地與不同發展層次的受督導者，以及不同學科、導向、跨文化的同事，共同督導。也有能力擔任督導訓練的教學或指導教師。	形塑自己的督導風格、有能力督導其他督導者。

資料來源：特質，摘自Hawkins & Shohet, 2012, pp.81-82；訓練需求，係筆者評估的意見。

　　表11-2的第一階段，可類比為新進督導者的訓練需求；第二、三階段，可類比為進階督導者的訓練需求；第四個階段，可類比為資深督導者的訓練需求。不過，這些與督導者發展階段對應的訓練需求，只是需求評估的一個例子，而且側重於規範性的需求。當然，還可再採用其他方式，進行需求評估。例如，透過督導訓練需求問卷調查、督導訓練使用者分析、相關研究報告的建議，藉以了解不同發展階段督導者對於督導訓練的感覺性、表達性、比較性需求。

三、決定督導訓練的目的

　　為了因應機構的督導政策，也為了滿足督導訓練對象的需求，在規劃督導訓練方案及實施督導練之前，必須先決定督導訓練的目的。

　　一般而言，督導訓練約有下列五個目的（Page & Wosket, 2001: 255-263; cited in Hawkins & Shohet, 2012: 153）：

　　1. 為了獲得各式各樣（督導）理論、模式和取向的了解。

　　2. 為了發展和實施既定的處遇、與督導功能有關的回饋技巧，隨後創造一種試驗、解釋錯誤（mistakes）、試驗出一種風格（test out a style）、承擔風險（take risks）的機會。

　　3. 為了增進個人的和專業的優勢及發展領域的自覺。

　　4. 為了使督導者能發展他們自己形塑的督導風格和取向，並整合理論與實務。

　　5. 為了發展倫理的自覺和專業的實務議題，以促進督導者的專業認同，並逐漸展現良好的標準和實務。

　　實質上，提出這五個目的，主要作用在於導引督導訓練的規劃方向，並非每次督導訓練都要或都可達成全部的目的，而是評估實際情況，從中選擇一、二個或更多個目的，作為訓練的主要目的。

　　除了上述準備事項之外，關於督導訓練的場地、設備（桌椅、投影、錄

音、錄影等器具）、師資的安排、課程表的製定等等，亦可依督導訓練的需求，事先準備。

第二節　督導訓練的核心課程

　　督導訓練的重點工作，是訓練課程的規劃。一個理想的訓練課程規劃，除了配合機構的督導政策和期待、符合督導對象的需求、以及決定督導訓練的主要目的之外，還要審視督導訓練的主要面向。

　　一般而言，在規劃督導訓練課程之前，至少必須考慮五個面向：1.是在受訓者開始督導之前，提供訓練？還是在他們有一些督導經驗（例如從事督導工作第二年）可以反思時，再實施訓練？2.預定參加訓練的督導者，是來自相同的專業、同一個學校或取向（例如實習生）？或者是跨學科（interdisciplinary）的訓練安排？3.是否實施「三明治課程」（sandwich course）或「組合式課程」（modular course）的方式，讓受訓者在訓練課程實施中間，回到職場實施行動學習（action learning），再回來參加後續訓練？4.核心課程（core curriculum）的內容是什麼？5.是否實施三人團體或小團體，投入實例與實務混合的回饋和反思時間，或其他體驗活動（experiential activities）（Hawkins & Shohet, 2012: 154）。

　　經過上述五個面向的考慮之後，即可規劃各類訓練的核心課程。其中，實務工作者成為督導者的訓練，大致上都會強調繼續專業發展（CPD）的重要性，可惜很少進一步討論如何實施訓練（Beddoe, 2015: 65）。比較常見的情況，是在機構賦予實務工作者的督導職位之後，再參加新進督導者訓練。不過，臺灣也有專為督導者認證而辦理的督導訓練。我們先針對一般學生督導者訓練、新進督導者訓練、進階督導者訓練、資深督導者訓練，扼要說明其核心課程的重點，然後再補充說明臺灣以認證為目的之督導訓練課程。

一、學生實習督導者訓練的核心課程

　　在社會工作專業領域，負責學生實習的督導者可分為兩種：一種是以

學院或課程教學為基礎的督導者；另一種是以安置或實務為基礎的督導者（Hawkins & Shohet, 2012: 162）。在臺灣，學校負責實習生督導工作的教師，稱為學校督導；實習機構安置及指導學生實習的人員，稱為機構督導。

通常，學校在社會工作實習辦法中，對於機構督導與學校督導的職責，有一些分工。例如，學校督導教師強調教育性功能和支持性功能的督導，機構督導者強調行政性和調解性功能的督導。可是，學校督導教師容易偏重於教師的角色，忽略了督導者的角色，而機構督導者也容易將其督導員工的方式，沿用於督導實習生。事實上，督導學生與督導員工兩者之間，其督導脈絡和強調點是有差異的。例如，督導學生需正式教學，督導員工一般不需正式教學；督導學生需正式評量分數，督導員工只評量通過與否，以為作新資格的認定（Beddoe & Davys, 2016: 56）。

理想上，學校督導教師與機構督導者在督導實習生之前，應該安排學生督導者的訓練課程。例如，英國共同社會工作教育協會（CCETSW）在實務教師認證的政策上，為學生督導者提供兩種可選擇的訓練路線（Brown & Bourne, 1999: 169-170）：

（一）**基礎的訓練**（the basic training）：提供六週內至少150小時的綜合性訓練計畫，課程重點包括：以學習者的身分地位接受督導、理論與技術的訓練、學術研究等。

（二）**專業式訓練**（the portfolio route）：是一種橋接式的安排，賦予有經驗的學生督導者，使用其先前的學生督導工作經驗，另外附加其他的要求，例如由有經驗的督導者協同訓練。

實際上，學校督導教師或機構督導者在督導實習生之前，很少為他們安排正式的督導者訓練或講習。在臺灣常見的情況，是學校召開學生實習行前會議，由學生實習總召集人（該年度實習輪值教師或系所主任）向實習生的督導者（主要成員是學校督導，機構督導者則未被邀請或未出席）說明實習督導相關事項，並請前年度實習生的督導者分享督導經驗，然後進行意見交流。

　　如果這種行前會議能更有結構的實施，也可轉變爲一種訓練課程。例如，以「學生實習督導常見問題的案例」作爲核心課程，安排有經驗的督導者進行示範教學，而該年度學生實習的學校督導與機構督導全部出席聽講，參加討論。

　　再者，霍肯斯與索海特（Hawkins & Shohet, 2012: 165）指出，學生督導者有六種責任：

　　1. 確保學生有足夠的安全空間，以他們自己的方法，呈現實務的議題。

　　2. 協助學生針對那些實務背後的議題，進行探討、清楚思考、感受和想像。

　　3. 適當地與學生分享經驗、資訊和技巧。

　　4. 協助學生針對那些他們判斷爲違反倫理（unethical）、不明智（unwise）、不稱職者（incompetent）的實務，進行挑戰。

　　5. 協助學生針對他們在個別督導或團體督導中，可能覺察到的個人盲點或專業的盲點，進行挑戰。

　　6. 協助學生覺察機構的實習契約中，學生與學校、雇主、案主和督導小組有關的部分。

　　這六種責任，也可歸納爲「實習生督導者應有的責任」，作爲督導訓練的核心課程。

　　綜言之，學生督導者訓練的核心課程，可放在「學生實習督導常見問題的案例」與「實習生督導者應有的責任」等兩個領域。

二、新進督導者訓練的核心課程

　　新進督導者（new supervisors）是指沒有任何督導經驗，或者只有督導學生經驗的督導者。霍肯斯與索海特（Hawkins & Shohet, 2012: 158-159）辦理督導訓練多年，發現許多受訓者過去自己接受督導的經驗，對於督導者有負面的印象，而批評督導者的不是。但也有其他受訓者信任他們的督導

者，能分享他們的困難和不適當的意識。因此，他們建議將「督導是什麼」
（what is supervision）？列為新進督導者訓練的核心課程，這不僅可釐清受
訓者對於督導的不好經驗和負面態度，而且可給予清楚和簡單的（督導）架
構。

例如：以CLEAR督導模式（筆者按，這是實施督導的步驟：訂契約、傾
聽、探討、行動、回顧），協助他們辨識涉入督導的界線、過程、角色、責
任和焦點議題。必要時，也在訓練課程中探討督導者如何實施督導，包括：
何時和如何進行督導、安排督導空間（避免雜亂、電話聲）、暫停或延期督
導、誰負責監視督導過程、有用的學習題材，以及督導的處遇技巧與回饋技
巧等等。簡言之，新進督導者訓練的核心課程，正如表11-2所揭示，第一階
段督導者的訓練需求是：重視督導的技術面和如何扮演督導者的角色。

再者，布朗與布爾尼（Brown & Bourne, 1999: 170）建議，為新進督導
者辦理職前訓練（pre-appointment training），為期一至二個月。職前訓練的
課程重點，包括：

1. 對於具有學生督導經驗者，提供一個機會，讓他們反思及認知當時擔
任學生督導者的優缺點。

2. 以現在受督導者的經驗（筆者按，指訓練機構督導者在受訓期間給予
的督導），檢視何謂助力與阻力，以及既有督導契約再協商的可能。

3. 逐步建立一種概念化的督導模式。

4. 檢視社會工作者當前的技巧，可否轉型成為一個實務工作者。

如果督導者是由機構中晉升者，則可將工作和角色的轉換，加入訓練課
程的重點。

綜言之，新進督導者訓練的核心課程，可放在「督導的技術面」、「督
導者的角色扮演」、「督導模式的認知」等三個領域。

三、進階督導者訓練的核心課程

　　進階督導者（advanced supervisors）是指具有督導經驗一年以上的督導者，也就是處於表11-2所揭示第二、第三個階段的督導者，他們已有一些督導經驗可在訓練課程中進行反思。

　　霍肯斯與索海特（Hawkins & Shohet, 2012: 165-166）依據他們多年訓練督導者的經驗，進階督導者訓練課程的成員對於督導已有相當的知識、技術和技巧，必須將訓練重點放在提供一個學習的空間，讓督導者將他們來自早期督導訓練所發展的知識和技巧，回過頭來運用於他們自己的工作設施中。這個意思就是比前面新進督導者訓練的課程，適度地減少一些結構化，而多給學習者一些自己決定的空間，並從他們自己的督導實務，探討督導的困境。他們爲進階訓練課程提供各種不同的組合（modules），包括：

　　1.以督導實務的影音紀錄，或者將準備好的督導實錄或紀錄片在課程上放映，並進行深度討論。

　　2.使用人際關係歷程回憶（interpersonal process recall, IPR）的技術（Kagan, 1980），藉以反思（督導）實務會議或對影音紀錄深度討論的動態之細節。

　　3.針對督導中的倫理兩難議題，進行個案研究討論會（case study seminar）。

　　4.以討論會（seminar）處理有關考核（appraisal）、評量（evaluation）和認證（accreditation）的議題。

　　5.涉及機構之間（inter-agency）動力關係的個案題材之反思。

　　6.督導者在不同工作場所面對挑戰的情境之實務工作探討。

　　7.以討論會（seminar），探討在組織裡發展督導政策（supervision policies）的方法，以及如何協助督導政策在文化的層次上，實現組織變革（organizational change）的風氣（ethos）、策略和結構。

　　簡言之，進階督導者訓練的核心課程，著重在「督導實務的深入討

論」、「督導倫理的兩難議題」、「督導的考核評量與認證」、「督導政策的發展」等四個領域。並且，簡化督導過程，開放機會讓進階的督導者自我激勵、評核和改善，以符應表11-2所揭此階段督導者的訓練需求。

四、資深督導者訓練的核心課程

資深的督導者（senior supervisors）是老資格的督導者，具有豐富的督導經驗，已形塑自己的督導風格，也稱為定型的督導者（established supervisors）（Brown & Bourne, 1999: 170）。

正如表11-2所揭示，最後一個發展階段的督導者，已經有能力督導其他督導者。事實上，他們也是機構的中層管理者，可能是前面學生督導者訓練、新進督導者訓練、進階督導者訓練的訓練者（trainers）。因此，我們將資深督導者訓練、督導者的督導（SoS）訓練、訓練者的訓練，合起來討論。

布朗與布爾尼（Brown & Bourne, 1999: 171）認為有經驗的督導者仍然需要訓練，而且可從專門性與一般性的整合訓練中獲得更多好處：

（一）**專家的培訓**（specialist training）：著重專門領域督導實務的訓練，例如：兒童保護的督導實務，並且將督導技術發展到更為精熟的層次。

（二）**一般性訓練**（generic training）：包括跨機構督導實務的訓練，以擴展督導知識和督導經驗的範圍。

如果，機構要求資深督導者承擔督導其他督導者的任務，可附加督導角色轉換和澄清（含雙重角色的適應）之訓練（Beddoe & Davys, 2016: 176; Henderson, et al., 2014: 137）。如果，機構要求他們承擔訓練者的角色，則再附加訓練方法和訓練品質的管制方法之訓練（Brown & Bourne, 1999: 172）。

簡言之，資深督導者訓練的核心課程，著重於「專門領域的督導技術」、「跨機構督導實務」。必要時，附加「雙重角色之澄清」、「訓練方

法與品質管制」等領域。

　　接下來，我們補充說明臺灣有關督導訓練的課程規劃。2014年，臺灣社會工作專業人員協會申請聯合勸募協會的經費補助，辦理每一梯次為期三年的「社會工作督導培訓及認證制度」。這個制度係以一般社會工作督導認證為主，培訓及認證的內涵著重「直接服務」及「實務工作」等層面，以提升督導者的知識、技巧和能力。在這個制度之下，規劃七個單元的督導訓練課程，第一年實施督導的基礎訓練課程，六個單元，上課21小時；加上臨床／實務督導技巧演練，15小時，分為五次，每次三小時。合計督導訓練上課36小時。第二、三年是實地督導訓練課程（含提供督導、接受督導兩者）。其中，第一年的社會工作督導培訓課程，如表11-3：

表11-3　社會工作督導的培訓課程

課程名稱	時數	課程內容	授課方式
1. 社工督導技術	3	1. 社工督導的定義。 2. 社工督導的產生路徑與成為督導的準備。 3. 社工督導的角色功能：行政、教育與支持性的督導功能。 4. 社工督導的實施模型：基本督導模型、督導者與被督導者的互動關係、督導的動力分析（權力來源與影響、壓迫與被壓迫的權力落差、督導與被督導的權力遊戲等）與適應性督導模型。 5. 督導紀錄需具備之內容及相關撰寫技巧。	上課講授
2. 領導與督導的能力培養	3	1. 領導相關理論。 2. 領導者之衝突／危機管理與有效的協商策略：(1)衝突或危機的本質與常見原因、(2)處理衝突或危機的策略。 3. 社會工作的激勵方法。 4. 常見的溝通模式與有效的溝通技巧。 5. 工作要求與人力的調度與運用。 6. 人才的培養與訓練。 7. 績效考核：協助被督導者評估自我效能及工作產出。	上課講授
3. 督導風格	3	1. 督導風格的定義與類型。 2. 督導者個人特質的辨識與釐清。 3. 督導風格對於督導關係的影響。 4. 如何掌握個人督導風格的優勢與劣勢。	

課程名稱	時數	課程內容	授課方式
4. 方案規劃與成效評量	3	1. 需求評估模式與技巧。 2. 方案成效評估模式與技巧。 3. 教導社工員分析問題、撰寫方案之技巧。 4. 資料整理、分析與呈現。 5. 資源連結與開發。	上課講授與實例演練
5. 督導倫理	3	1. 社會工作督導應遵守的工作倫理守則與價值觀。 2. 督導倫理的兩難情境。 3. 以實例討論，提出倫理兩難的因應對策。	講授實例討論
6. 團體督導與團體動力	6	1. 團體督導的內涵：任務、結構、角色與方法。 2. 團體動力與團體歷程分析。 3. 團體領導技巧與團體覺察力。	上課講授與實例討論
7. 臨床／實務督導技巧演練	15/5	1. 督導關係中的界線議題。 2. 臨床／實務指導技巧教學：(1)個案處理檢視（case review），(2)特殊個案評估、處遇討論，(3)個案記錄書寫，(4)個案會談模擬或角色扮演之演練等等。 3. 提供被督導者情緒支持：(1)協助被督者探索社工及組織使命，以提升其對工作之承諾。(2)被督導者在服務過程中的挫折及專業枯竭之因應演練。 4. 危機與衝突管理的策略運用。 5. 督導者自我察覺與壓力調適：(1)個人督導風格之察覺及改善之道。(2)討論督導者可能面臨的壓力。(3)分享壓力紓解及心理調適的方法。	工作坊（案例分享、角色扮演、小組討論）

資料來源：https://www.tagw.org.tw/tw，檢索日期，2018/5/14。

　　由表11-3顯示，臺灣社會工作專業人員協會所規劃的督導培訓課程，是以認證為目的而實施的督導基礎訓練課程。就其課程名稱與課程內容而言，社工督導技術、督導風格、團體督導與團體動力、臨床／實務督導技巧演練等四門課程，大致上與我們前述新進督導者訓練的核心課程相近。至於督導倫理，前述督導訓練是放在進階督導者訓練的核心課程之中。而領導與督導的能力培養（領導能力部分）、方案規劃與成效評量，通常放在社會工作管理課程之中，是否再次列為督導訓練課程，值得商榷。至於進階督導者以上層級的訓練課程，似有待後續規劃和實施，或者可參考前述督導者各發展階段的訓練課程，辦理進階督導者訓練和資深督導者訓練。

　　話說回來，前述四種訓練的核心課程，以及臺灣社會工作專業協會規劃

的督導訓練基礎課程，都只是訓練課程的一般性規劃，並未考慮到受訓成員的結構，例如：人數、專業背景、工作領域、學習型態等變項。理想上，每次督導者訓練課程應有更詳細的規劃，也就是依據預定受訓成員的結構，規劃督導訓練的課程重點和實施方法，使督導訓練更加有效。

　　其中，學習型態（learning style）是指受訓者偏愛的學習方式，可分為四種不同的風格：1.行動者學習（activists learn）—偏愛從做中學、2.理論家學習（theorists learn）—偏愛行動背後的理論探討、3.實用主義者學習（pragmatists learn）—偏愛實務的學習、4.反思者學習（reflectors learn）—偏愛透過觀察而學習，並思考發生什麼（Henderson, et al., 2014: 29; Howe & Gray, 2013: 76）。

第三節　督導訓練實施的方法

　　規劃督導訓練的核心課程之後，接著就是採用適當的方法，實施訓練。然而，督導者已屆成人，成人學習不同於兒童，所有督導訓練的實施，必須建立在成人學習的基礎上。

　　依據成人教育專家傅雷勒（Freire, 2001）、諾利斯（Knowles, 1984）等人的研究，良好的成人學習，必須包括下列五個原則：(1)使用所有參與者的經驗，(2)聚焦於受訓者當前認同的需求，(3)訓練過程的協力合作重視協商、檢視和實施，(4)認知課程成員有各種不同的學習風格，(5)使用參與者在他們的職場所面對的實際情況、當前挑戰和問題（Hawkins & Shohet, 2012:153）。

　　有鑒於此，督導訓練的實施方法，必須參考成人學習的原則，加以選擇運用。例如，依原則(1)，宜採用經驗分享；依原則(2)，宜採用工作坊；依原則(3)，宜採用角色扮演；依原則(4)，宜採用討論會；依原則(5)，宜採用案例分析。

　　稍前，我們在前述核心課程的規劃，也提及一些對應的實施方法，包括：(1)學生督導者訓練，採用經驗分享，(2)新進督導者訓練，採用上課講授，(3)進階督導者訓練，採用影音紀錄播放及討論，(4)資深督導者訓練，採用角色澄清法。

　　再者，表11-3臺灣社會工作人員專業協會的社會工作督導培訓課程，亦提及其授課方式，包括：上課講授、案例演練、實例討論、案例分析、角色扮演、小組討論等七種實施方法。

　　綜合這三種文獻所提及督導訓練的實施方法，再加上其他方法，林林總總，目不暇給。為了方便訓練單位和訓練者選擇使用，茲歸納為三種實施取向，並扼要說明其下的實施方法：

一、報告取向

口頭報告與書面報告，是傳統的訓練方法，既簡便，又省時。而且，有些訓練課程的內容，例如，督導政策、督導界線的說明，督導程序、督導契約格式的呈現，採用報告取向，比其他取向更爲適當。這種取向的訓練方法，有：

（一）**上課講授**：在督導訓練中，大多數的講師採用上課講授法。這種方法，是「告訴」（telling）受訓成員有關課程內容的要點。有時，他們也使用問答或對話的方式，協助受訓成員思考問題，試著發現自己的答案。這種開放式問題的探詢，稱爲蘇格拉底式教學法（Socratic questioning）（Davys & Beddoe, 2010: 148），也就是教育領域常說的「產婆法」。

（二）**經驗分享**：針對該次訓練課程的主題，由講師分享他如何處理的過程、成功或失敗的經驗，並分析成敗的原因，以及未來應有的做法。有時，講師經驗分享之後，開放學員分享他們的經驗或回饋，並進行意見交流。

（三）**案例分享**：針對該次訓練課程的主題，事前徵求或指定一至二位學員，就他們督導實務中的案例，預先蒐集資料，準備就緒。然後再於課堂上提出口頭報告或書面報告，與其他學員共同分享他的督導經驗。當然，案例報告之後，學員也可提問、評論或交換意見，而講師也適時給予肯定和回饋。

（四）**參觀教學**：配合課程教學，帶領受訓學員前往社會服務機構，參觀督導的相關設備設施，以及該機構督導者進行個別督導、團體督導的實況。然後，學員提出參觀心得報告。

（五）**閱讀寫作**：這是督導者自我訓練（self-training）的一種方式，適用於資深督導者，尤其是督導的督導（SoS）。係由督導訓練者推薦或指定督導書刊，由受訓者自行研讀並撰寫閱讀報告，送交訓練者評量，作爲訓練成績的一部分。

　　以上報告取向的訓練方法，很少單獨使用。例如，講授與分享之後，經常輔以討論；參觀教學，也已涉及展示或表演。再者，採用報告取向的方法，必須考慮以受訓成員的經驗爲基礎，多留一些時間，讓他們提出報告和參與討論。

二、討論取向

　　督導工作經常透過對話和回饋的過程，進行溝通或分享。同樣，督導訓練也常採取討論取向，交換意見，相互學習。尤其，成人學習強調參與、合作的原則，適合於透過討論過程，進行訓練。這種取向的訓練方法，有下列五種：

　　（一）**個案研究討論**：在個別督導、團體督導的督導會議中，經常會討論到受督導者（實務工作者）如何協助他們案主的相關議題。因此，在督導訓練中也經常就案主處遇進行個案研究（case study）的情況提出來，進行團體討論，共同學習。

　　（二）**小組討論**：針對該次訓練課程涉及的實務議題，分組進行討論。有時，分組討論之後，由各組推派代表，報告該組討論結果，再進行綜合討論，使學員有機會分享其他分組的不同意見，學習得更多。

　　（三）**專題討論**（seminar）：是針對某一個專門的督導議題，進行團體討論。這種實施方法，類似研究所的專題討論課程，以指定或輪流的方式，由研究生一或二人，就某特定專題，彙整資料，在課堂上提出專題報告，全體學員進行討論。有時，專題報告之後，先由一、二學員評論，再開放討論，最後由授課教師綜合評論及指導。

　　（四）**影音播放及討論**：在訓練過程中，播放課程主題有關的錄音光碟、錄影光碟、微電影或電影片段，然後學員進行討論。

　　（五）**一日工作坊**（day workshop）：顧名思義，是針對工作上的實務問題，尋求下一步行動策略的一種有結構之討論會。近年來，坊間對於公共

議題，流行一種「公民咖啡館」（the world café）的討論方式，也是工作坊之一種進階版。

公民咖啡館由布朗與大衛（Brown & David, 1995）所提出，是在輕鬆氣氛中，透過彈性的團體討論，眞誠對話，產生團體智慧的一種訓練方式。其實施的流程，大致上是4-5人一桌，由桌長領導成員討論一段時間（約30分鐘），將有共識的要點寫或貼在桌面紙上；桌長不動，其他成員移動到各桌，由各桌長分享他們的結論，並以此爲基礎，進行更深入的討論；數回合之後（至少三回合），成員回到原桌，觀看集體討論後的成果，各桌整理出共同意見；最後，各桌派代表（或全桌成員出列），輪流向全體成員簡報，彼此分享討論的成果。

無論如何，督導訓練最常採用的方法，是討論取向的各種方法，而且可視課程主題的性質，實施團體討論或分組討論、個案討論或專題討論、過往的影音紀錄討論或下一步行動的工作坊。

三、演練取向

督導是一種以技巧爲本的活動。我們在前一章曾討論督導的重要技巧，也認同專家所言督導技巧可經由訓練而習得。這意味著技巧的訓練，適合實際操作、表演和練習的取向。這種取向的訓練方法，有：

（一）**示範教學**：有些課程的內容，既不能用講授方法，也不能用討論方法來進行教導和學習，可採用示範教學。例如，有關督導者回饋受督導者詢問的處理方式，由講師有目的地挑選一些方式，並當場示範。有時，學員觀看之後，被要求上台照著講師示範的方式，進行表演，教師再從旁指導和修正（Kadushin & Harkness, 2014: 107）。

（二）**實例演練**：前述示範教學，是講師以實例進行示範表演。這裡的實例演練，是由講師提出該次訓練課程有關的督導實例，尤其是督導技巧方面實際操作的案例。例如，正向回饋（positive feedback）、修正式回

饋（corrective feedback）、反思式回饋（reflective feedback）（Carroll & Gilbert, 2005: 52）等類技巧，由學員進行操作方式的表演和練習，講師當場給予必要的指導或修正。

（三）**角色扮演**（role play）：針對該次訓練課程中，有關督導實務的議題，由兩位學員進行不同角色的扮演，從實際演練中學習。霍肯斯與史密斯（Hawkins & Smith, 2006）在訓練督導教練、導師、組織的顧問等高階督導者時，曾發展一種以督導為取向的團體訓練方式，稱為課程實習團體（practicum group），也是一種角色扮演的訓練方法（Hawkins & Shoht, 2012: 187）。

（四）**三人團體**（triads）：這是指三人在不同角色之間輪流扮演的一種訓練方法。在三人小組裡面，受訓的督導者輪流擔任三種不同的角色：督導者、評論者、催化者。其中，督導者提供一個真實情境的案例，評論者則回顧這個案例，然後分享他／她的觀察，並鼓勵受督導者充分討論這個案例。催化者則針對督導者與評論者兩人之間的對話加以評論（Hawkins & Shohet, 2002: 156-157）。

（五）**體驗教育**（adventure education, AE）：是注重實際情境的體驗、探索、反思、學習的一種訓練方法。體驗教育的原意，是冒險教育，使用於環境教育和青少年課外活動。後來，被企業界引進，作為員工訓練的一種方法，一般稱為體驗教育（experiential education），中國大陸則稱為「拓展訓練」。由於體驗教育強調反思精神，與督導的反思學習相近，經組織學習大師彼得聖吉（Peter Sage）推薦之後，也被引用於督導訓練。本章第二節開頭提及的「三明治課程」（sandwich course），將訓練時間分為三期：初期，受訓者參加訓練；中期，受訓者將受訓所獲新的知能，帶回去工作單位實地體驗；後期，受訓者將體驗心得帶回來，進行檢討和改進。這種實施方法，含有體驗教育的意味。

質言之，這些演練取向的訓練方法，與督導實務一向重視實作技巧的傳統，若合符節，如出一轍。而且，演練取向的各種訓練方法，多數時間由受

訓者參與操作，堪稱爲督導者實務訓練的最佳方法。

　　總計上述督導訓練的實施方法，我們介紹了十五種。到底哪一種或哪幾種在臺灣較常被使用？迄今尚無研究資料可資佐證。至於其他國家的使用情形，依據麥尼（Milne, 2011, cited in Beddoe & Davys, 2016: 65）有系統地檢視訓練督導者的方法，發現最常使用的十種（top ten），依序爲：

1. 回饋（feedback）。
2. 教育性角色扮演（educational role-play）。
3. 示範（現場／影音實錄）（modeling: live/video demonstration）。
4. 教學（口語講授）（teaching: verbal instruction）。
5. 撰寫指定的作業（written assignment）。
6. 行爲的排演（behavioral rehearsal）。
7. 導讀（guided reading）。
8. 討論（discussion）。
9. 教育性評估（educational assessment）。
10. 直接觀察（direct observation）。

　　比較言之，麥尼（Milne, 2011）的十種常用方法之中，回饋、導讀和教育性評估，是我們未曾提及的方法。不過，回饋已融入經驗分享之中，導讀亦可與閱讀報告合併使用，至於教育性評估是否單獨成爲一種方法，則有待更多的試驗，始能確定或鞏固。

　　總之，無論哪一種方法，只要能協助督導者有效學習，就是好的實施方法。接著，我們必須對這些方法的實施成效，進行評量與認定。

第四節　督導訓練的評量和認證

　　督導訓練的最後一個階段，是針對實施訓練的情形，進行評量，以及受訓者取得某種新資格的認證。

一、督導訓練的評量

　　評量的方式，有一些不同的分類。依其目的，可分為：形成性評量（formative evaluation）與總結性（summative evaluation），或其相近的過程評量（process evaluation）與成果評量（outcome evaluation）；依其情境，可分為：參與式評量（participatory evaluation）與充權式評量（empowerment evaluation）（Lewis, et al.,2012: 220-221）；依其參與者，可分為：內部評量與外部評量。

　　由於督導訓練的評量，是發生於訓練實施之後，著重於實施的過程和結果，比較適合於採取過程評量與成果評量：

　　（一）**過程評量**：評量的主要目的，在於提供回饋意見，以使用於訓練過程的改善或改變。例如，機構提供的訓練資源是否充分？實務反思的時間是否足夠？訓練者的投入程度與教學技巧如何？受訓者的參與程度和學習態度如何（Howe & Gray, 2013: 104-105）？

　　（二）**成果評量**：評量的主要目的，在於觀察督導訓練的成果或業績。例如，督導者完成訓練的比率、機構滿足訓練期待的情況、受訓者提升（督導）實務知能的情況、受訓者對訓練結果的滿意度（Howe & Gray, 2013: 104-105）？

　　至於評量的工具，有關滿足或滿意程度的項目，可使用問卷調查，其餘項目可使用直接觀察或其他適當方法。

二、督導者資格的認證

依照慣例，督導訓練結束，經過考核程序，其合於規定條件者，由訓練機構發給訓練證明書，載明考核合格，或者完成訓練的課程和時數。

通常，訓練證明可列入受訓者個人的年終考績佐證資料。如果是以取得某種資格認證為目的之督導訓練，則訓練證明可作為受訓者取得該項資格認證之用。茲參考相關文獻，舉例說明如下：

（一）**主要國家的實例**：貝多（Beddoe, 2015: 83-86）指出，許多國家在社會工作領域，已經建立良好的督導制度，他們的專業團體或管理法規，對於督導者資格的必備條件，也有相當明確的規定，如表11-4：

表11-4　主要國家社會工作督導者的必要條件

國別	專協／管制單位	督導者的必要條件	連結於證照與繼續專業發展
1. 美國	ASWB/NASW	有全國協議的督導者職位、學位、時數之限制。實務督導的焦點，則由各州安排在2-3年期間完成75-200小時的督導時數。	由NASW規劃臨床社工需接受臨床督導的總時數。從具5年以下經驗的實務工作者之定期專業社會工作督導，到具5年以上經驗的臨床工作者之必要或自我決定之諮詢式督導。
2. 加拿大	CASW	未訂定國家的政策，在省／區之下，社會工作者努力接受專業的督導或諮詢。	社會工作者有責任維持專業成熟度、尋求適當的督導，持續努力增進專業的知識和技巧。
3. 英國	BASW	必須受過合法及有適當經驗的社會工作者之定期、有計畫的、一對一的專業督導。	管理者必須為社會工作者安排適當的專業督導。社會工作者必須為確保他們已接受或使用專業督導及討論而負責。
4. 愛爾蘭	IASW	所有合格的專業社會工作督導者，每督導一小時算一個點數，比率遞增。在各分類督導之中，專職者每兩年最低須獲20個點數，兼職者須獲10點數，沒有上限。	專業協會歡迎全部社工來自他們直屬管理者的個別督導，其中所需的20個點數中，25%點數，可接受來自適當訓練的社會工作管理者或資深社會工作者的團體督導。

國別	專協／管制單位	督導者的必要條件	連結於證照與繼續專業發展
5. 澳大利亞	AASW	需有督導經驗及同領域繼續專業教育。	由專業協會推薦社會工作者接受來自有經驗的社會工作實務工作者的督導。有些社會工作者選擇接受來自其他專業的督導，或來自機構脈絡其他相關專業的督導，也被承認。
6. 紐西蘭	ANZASW／SWRB	必須符合督導標準的能力，每年參加社工督導至少4小時，第一年每週1小時。	依據社會工作者註冊法案之規定，專業協會採用包括督導者在內的實務資格條件，證照每年查驗一次。
7. 新加坡	SASW	註冊之前須取得認可的社會工作學位或畢業文憑，以及接受合格督導者的實務督導1000小時（含個別督導或團體督導的時數）。	繼續專業發展係接受來自認可社會工作者的督導，以及至少三年的社會工作經驗，督導的總時數每個月不超過4小時，或者團體督導每個月8小時。
8. 香港	SWRB（社會工作者註冊署）	對近年的畢業生有特別強烈的督導要求，以加強他們在學期間充實所需的知識和技巧，能成功地管理伴隨他們新責任而來的壓力，並適當地準備成為督導者。	有三年以上專職經驗的社會工作者，必須接受每兩個月1小時的督導。假如是同等級同事的同儕督導，有關責信和監視的責任，必須經過較資深職位者確認。
9. 南非	SACSSP	依據南非社會服務專業法案及倫理守則之規定，督導具有強制性，只有社會工作者始可實際擔任社會工作者的督導者。	由於督導具強制性，社會工作者不須為了督導而取得繼續專業教育點數。因此，可能不是由機構僱用的社會工作者實施督導，而由取得契約的外部督導者實施督導。

資料來源：摘自Beddoe, 2015, Social work supervision for changing contexts. pp.84-86.

　　由表11-4可知，受過社會工作專業教育、接受一定的督導時數，是多數國家成為督導者的必要條件。而且，有些國家規定或要求，成為合格的督導者之後，必須致力於繼續專業發展，也就是要繼續參加督導者的訓練。

　　例如，加拿大強調督導者有責任持續努力增進專業的知識和技巧；愛爾蘭規定社會工作者接受督導的點數，其中25%可接受來自適當訓練的資深社會工作者的團體督導，這也就說，資深社會工作者必須參與適當的訓練，並接受團體督導；紐西蘭要求督導者的證照，每年查驗一次，這種查驗證照

的要求，通常必需檢附完成規定訓練的時數證明，不然，查驗證照的意義何在？

不管怎樣，由社會工作者成為督導者，必須參加督導訓練。成為督導者之後，也必須持續參加督導訓練，不斷更新督導知能，始能確保受督導者願意接納他們的督導。同時，督導訓練必須有取得新資格認證的誘因，始能激發督導者受訓的動機和學習的動力。

（二）**臺灣的實例**：臺灣社會工作專業人員協會自2014年起，辦理「社會工作督導培訓及認證制度」，是以認證為目的之督導訓練。其中，有關認證的規定，整理如表11-5：

表11-5　臺灣社工專協督導培訓的認證規定

項目	必備條件	備註
1. 督導訓練課程	完成七個單元的督導訓練課程，訓練時數達36小時。	每梯次，第一年為培訓課程，含基礎課程六單元，上課21小時，臨床／實務督導技巧演練，上課15小時，合計36小時。完訓後，始能進入第二、三年實地督導訓練課程。
2. 接受個別督導	接受其他督導者至少36小時之個別督導。	1. 於完成培訓課程後一年內開始實施，開始實施後二年內完成。 2. 以面對面方式，接受同一督導者之督導。督導者及受督導者應具同一社會福利實施領域的背景。 3. 督導頻率以「定期」為主，且每兩個月進行一次，每次至少二小時。
3. 提供他人督導	為他人提供督導至少150小時。	1. 於完成培訓課程後一年內開始實施，開始實施後二年內完成。 2. 以面對面方式，進行不限於同一受督導者之督導。其受督導者職稱，應為社工師（員）、社工督導，或社工相關系所畢業且實際執行社工師法第12條規定之業務者。 3. 督導頻率，以「定期」為主，且每兩個月進行一次，每次至少二小時。 4. 應撰寫督導紀錄或以錄影、錄音方式進行存檔，以作為日後認證審理之依據。

資料來源：依據「社會工作督導培訓及認證制度」相關內容整理而成。

由表11-5顯示，臺灣社會工作專業人員協會對於督導者資格的認定，必須是受訓者完成督導訓練課程36小時，並於結訓後二年內接受其他督導者的

個別督導至少36小時，並且爲其他受督導者提供督導至少150小時，始得申請認證。經該協會核定後，授予社會工作督導認證，是爲合格的督導者，也成爲推薦的督導人選。再者，合格授證者，應定期參與認證後之繼續教育。至於二年內未能完成督導培訓課程，但每訓練梯次參加訓練時數達三分之一以上者，由該協會核發修課證明。

此外，臺灣還有少數專業團體，也自行辦理督導訓練和認證，可惜訓練課程缺乏系統性，甚至只提供一般課程，完全與督導工作無關，其認證的公信力不足。至於有些縣市辦理社會工作督導（員）分級訓練，往往是臨時性、單元性課程的訓練，而且間雜人事管理、危機管理等一般課程。凡此，都有待中央社會工作主管機關，逐步建立督導訓練和認證制度，以便各縣市和相關專業團體辦理督導訓練時有所依循。

總體說來，我們不否認，從模仿、嘗試錯誤的經驗中，也可能學到如何督導。但是，督導是專業工作，需要實務經驗，更需要持續參與制度化的督導訓練，以確保督導的有效性和高品質。

【本章重點】

1. 實務工作者須經督導訓練，充實督導的知識、態度和能力，成為一個稱職的督導者。否則，未經訓練就上路，可能以拙劣的手段，作為消磨時間的方式。

2. 督導訓練的準備工作：(1)分析機構的督導政策、(2)評估督導訓練的需求、(3)決定督導訓練的目的。

3. 學生督導者訓練的核心課程，可放在「學生實習督導常見問題的案例」與「實習生督導者應有的責任」兩個領域。

4. 新進督導者訓練的核心課程，可放在「督導的技術面」、「督導者的角色扮演」、「督導模式的認知」等三個領域。

5. 進階督導者訓練的核心課程，著重於「督導實務的深入討論」、「督導倫理的兩難議題」、「督導的考核評量與認證」、「督導政策的發展」等四個領域。

6. 資深督導者訓練的核心課程，著重於「專門領域的督導技術」、「跨機構督導實務」。必要時，附加「雙重角色之澄清」、「訓練方法與品質管制」等領域。

7. 自2014年起，臺灣社工專協辦理「社會工作督導培訓及認證制度」，是以認證為目的之督導訓練。

8. 麥尼（Milne, 2011）檢視訓練督導者的方法，最常使用的十種（top ten）是：(1)回饋、(2)角色扮演、(3)示範、(4)講授、(5)撰寫指定的作業、(6)排演、(7)導讀、(8)討論、(9)教育性評估、(10)直接觀察。

9. 督導訓練的評量，發生於訓練實施之後，適合於採取過程評量與成果評量。

10. 中央社會工作主管機關，應逐步建立督導訓練和認證制度，使各縣市和專業團體辦理督導訓練時有所依循。

【有待探究的議題】

1. Page & Woskett（2001）指出督導訓練有五個目的，如果從中選擇兩個作為新進督導者訓練最重要的目的，宜選擇哪兩個目的？理由何在？

2. 假設新進督導者訓練的核心課程，是「督導的技術面」，實施訓練時應涵蓋哪些主要內容？

3. 在督導訓練中，多數講師採用講授法。申論督導訓練使用講授法的優缺點。

4. 評論臺灣現階段普遍實施督導認證的可行性。

第十二章　社會工作督導的倫理議題

　　想要確保督導的有效性和高品質，除了透過有制度的督導訓練之外，創造一種自我管制（self-regulation）的機制，安全地管理督導的標準和倫理，以回應機構和專業團體對於督導實務中的倫理要求，更是當前督導工作的重要議題（Beddoe & Davys, 2016: 87）。

　　然而，價值與倫理（values and ethics），在任何處境之下，都是難以討論的議題，不但對於倫理信念的性質，歷史上或當代的看法分歧，而且倫理的行為和信念，也少有調查和研究（Munson, 2009: 96）。

　　檢視督導相關文獻，有關於督導倫理的論述也寥寥無幾，且散見各處。在專書中能以專章呈現督導倫理者，目前只找到三件，茲將其論述的要點，整理如表12-1：

表12-1　社會工作相關的督導倫理

來源	歸類	要點
Beddoe & Davys, 2016	倫理原則	在督導裡的倫理原則。
	倫理的實施	倫理的督導：督導關係、倫理的督導；社會正義和督導的渴望、倫理的督導和組織的保衛。
	倫理的挑戰	當代倫理的挑戰、督導裡的倫理和新科技。
Hawkins & Shohet, 2012	倫理原則	倫理的定義、普遍的原則
	倫理義務	督導的倫理責任、倫理的不履行（ethical breaches）
	倫理的兩難	倫理的兩難、建立必要的支撐關係以管理挑戰的情境、具挑戰性情境的類型
Munson, 2009	價值與價值	價值的意義、價值和知識、倫理的意義
	倫理守則	NASW的倫理守則
	倫理知識	倫理的知識、進階倫理知識
	倫理義務	倫理的違反行為（ethics violations）之範圍

資料來源：Beddoe & Davys, 2016, pp.87-101; Hawkins & Shohet, 2012, pp.131-151; Munson, 2009, pp.95-114.

　　由表12-1揭示的要點之中，我們以督導的倫理責任（ethical responsibility of supervision）為起始點，來思考社會工作倫理必須優先探討的議題。

　　霍肯斯與索海特（Hawkins & Shohet, 2012:133）認為督導有兩個責任：第一個責任是協助受督導者將倫理反映於他們來自內在觀點和外在觀點的實務，並考慮他們的實務與他們的內在價值和外在倫理價值兩者，以及他們實務運作中巢狀系統（the nested system）的架構，彼此之間匹配的方式。第二個責任是協助受督導者不只解決當前的倫理困境，也使用這些倫理的挑戰，發展他們倫理的成熟（ethical maturity）。簡言之，督導者要負起協助受督導者在實務中，認知並應用倫理的雙重責任。

　　據此推論，督導者在倫理領域的重要工作：(1)協助受督導者了解倫理原則，(2)協助受督導者認知並遵守倫理守則，(3)指導受督導者處理倫理困境的議題，(4)促進受督導者的倫理成熟。這些工作，是表12-1所揭示社會工作相關督導倫理的重點，也是本章列為優先探討的課題。

第一節　督導中的倫理原則

依據美國《社會工作辭典》（*The social work dictionary*）的解釋，倫理（ethics）是一種道德原則和有關對或錯看法的系統，以及由個人、團體、專業或文化等實務運作應有結果的一種哲學（Baker, 2014: 146）。

由此可知，倫理涉及到許多原則的討論，包括：什麼是對的或錯的？什麼是符合或不符合道德的要求？什麼是應該有或不應該有的行爲？

無論如何，倫理的原則，在督導工作之中扮演一個核心的角色（Hawkins & Shohet, 2012: 132）。因此，我們在說明督導中的倫理原則之前，有必要先了解倫理原則的類型；在說明之後，我們也要觀察這些倫理原則得到回響的情況。

一、倫理原則的類型

有關於倫理原則的討論，有許多不同的觀點。就督導實務管理的要求而言，有組織的（organizational）與專業的（professional）兩種理想類型（ideal type）（Evetts, 2009: 254; cited in Beddoe & Davys, 2016: 88）：

（一）**組織的倫理原則**：這是由於機構組織對實務標準的要求，而制定的倫理原則。這種倫理原則是基於實務工作者與員工和服務使用者之間的信任而構成的，強調實務工作者的自主性、深思熟慮的判斷、評估和決定之傳統模式。

（二）**專業的倫理原則**：這是專業團體爲強化專業的認同，減少傷害的風險，對於個人生存和發展，辨識克服的策略，以促進知識轉移爲實用性，並確保專業品質和資格的一些原則或守則。

本質上，這兩種類型的倫理原則，都是一種理想的樣態，並非互相排斥，有時反而成爲一種混合體。尤其是面對複雜的個案工作，實務工作者固

然可自己操作，但也被專業倫理守則所導引，甚至被專業組織或專業協會所監視。

　　然而在實務上，員工因為契約關係必須遵循組織的倫理原則，同時又渴望從專業倫理守則中，獲得更多的倫理標準，導致這兩者之間，難免產生緊張不安。因此，包括貝多與戴維斯（Beddoe & Davys, 2016）、史克非（Scaife, 2001）等人在內的部分學者，主張先以傳統的倫理原則作為一種基準線，以提供實務工作者思考倫理實務的一種架構。

二、傳統的倫理原則

　　貝多與戴維斯（Beddoe & Davys, 2016:90）指出，傳統倫理的核心原則，已經被認同為：自主性（autonomy）、非有害的（non-maleficence）、慈善（beneficence）、正義（justice）、忠實（fidelity）、誠信（veracity）。表12-2，是他們為專業實務倫理的古典原則運用於督導工作所設計的一些關鍵問題：

表12-2　在督導裡的倫理原則

倫理原則	定義與關鍵性問題
1. 自主性	(1) 定義：自主的促進。尊重個人對他們所關切的事務做選擇的權利。 (2) 問題：在這裡，文化差異的考慮重要嗎？ 　　　我們有促進受督導者成長和獨立嗎？
2. 非有害的	(1) 定義：沒有傷害，包括：沒有因為缺乏文化敏感性，以及立基於缺乏文化知識而不適當處遇導致的傷害。 (2) 問題：我們有全面角度／觀點的想法嗎？
3. 慈善	(1) 定義：對其他人促進他的「善意」（good）。 (2) 問題：我們有公共之善（public good）的寬廣想法嗎？ 　　　當我們對這類問題進行討論，我們對專業價值真實嗎？例如：站在支持立場、肯定和尊重差異、促進所有服務使用者的潛能。 　　　在我們的受督導者和服務使用者的周遭，我們有考慮到什麼是「善」的意義？

倫理原則	定義與關鍵性問題
4. 正義	(1) 定義：平等對待所有的人。 (2) 問題：我們對於情境中所有的權力和約束，有考慮到公平嗎？ 　我們對於受督導者追求成長和獨立的權力、服務使用者追求良好服務的權力，能平衡考慮嗎？
5. 忠誠	(1) 定義：對專業，做成忠實的承諾、誠實的投入，包括：受督導者、機關（構），都能得到這個承諾。 (2) 問題：我們能滿足這種承諾的期待嗎？ 　假如我們無法滿足這種承諾的期待，我們有解釋什麼是我／你／我們的組織有關信賴的限制？
6. 可信	(1) 定義：誠實、真實、說真話（truthfulness）。 (2) 問題：我們有確保服務使用者了解行動的應用嗎？ 　我們的處遇可能有成果嗎？ 　我們有解釋我們對於預防的能力有限嗎？

資料來源：Beddoe & Davys, 2016, p.90.

　　由表12-2顯示，在督導裡的倫理原則，傳統上側重於督導者的人格特質。並且期待督導者在督導過程中，善用這類個人特質，以確保受督導者的權益，或者促進受督導者的潛能。同時，督導者在督導裡，也必須經常反思自己的想法或作爲，是否合乎傳統的倫理原則。簡言之，傳統倫理原則的特質，是強調自我約束，著重於自律，更勝於他律。

三、傳統倫理原則的回響

　　前面所述傳統或古典的倫理原則，被當作督導實務的一個基準點。這意味著督導實務的持續運作過程，仍須考慮其他的倫理原則。

　　事實上，人們在督導實務中考慮倫理原則時，也經常出現雙重觀點。例如，柯雷等人（Corey, et al., 2014; cited in Beddoe & Davys, 2016: 89）曾經將倫理區分爲兩種類型：原則倫理（principle ethics）與美德倫理（virtue ethics）。

　　其中，原則倫理，包含一組義務和方法，聚焦於督導工作本身的倫理實務，其目的在：1.解決倫理兩難的情境，2.建立一種導引未來倫理思考的架

構。

　　至於美德倫理，是指督導關係本身的倫理，也是倫理實務的一種保衛方式，聚焦於專業的特質、性格和理念。

　　職是以觀，柯雷等人（Corey, et al., 2014）對於美德倫理的定義，類似於前面所述傳統的倫理原則，應可視其爲傳統倫理原則的一種回響，至少他們沒有否定傳統倫理原則的存在事實和存在價值。

　　復有進者，在南非，普仁仙斯惠康（Pullen-Sansfacon, 2014: 188-196）對於傳統的美德倫理（virtue ethics）也有相當精闢的見解。她強調實務工作者品德和人格的重要性，對於有美德倫理者而言，一個好的人（a good person），他們使用好的行動方法，不是因爲他們的職責（duties）或原則（principles），而是因爲他們是好的人（p.190）。以下擇要說明普仁仙斯惠康（Pullen-Sansfacon, 2014）的見解：

　　（一）**美德倫理的定位**：首先，普仁仙斯惠康（Pullen-Sansfacon, 2014）將美德倫理定義爲：道德（morality），或者是以道德爲基礎，一種行動繞著下面的問題，思考：「假如我想要做好，人們會希望我做什麼類的」（what sort of person shout I be if I want to be good）？就能掌控是「好」（good）或「壞」（bad）（p.188）。簡言之，符合社會多數人認爲好的行爲，就是一種美德，例如正義、尊重。其次，她在倫理的二分法：以原則爲基礎（principle-based）附隨著規則的倫理（rule-following ethics）、以特質爲基礎的倫理（character-based ethics）之中，將美德倫理定位爲一種以特質爲基礎的倫理。這種美德倫理，強調社會價值與傳統品德或人格特質的結合，一個人在倫理實務中的行動，不是盲目順從規則或管制，而是跟隨著他在生命歷程發展出來的特質而定（pp. 188-189）。

　　（二）**美德倫理與督導的關係**：美德時常被描述爲一種特質或人格特徵，而且這種特質必須有助於促進人類繁榮（human flourish），或者助長個人和社區的生存。再者，美德也被視爲促進不足（lack）與過剩（excess）之間權利平衡的一種品質。普仁仙斯惠康與寇丁（Pullen-Sansfacon & Cowden,

2012: 169）曾提供一些有關於社會工作實務、管理和督導的美德，並證實每一種美德對於不足與過剩都有關係，舉例如表12-3：

表12-3　社會工作督導的美德及其不足與過剩之間的關係

不足	美德	過剩
1. 冷淡	有憐憫心（compassion）	過度關心
2. 沒有節制	自我控制（self-control）	自我否定
3. 虛幻	謙卑（humility）	膽怯
4. 膽小	有勇氣（courage）	魯莽
5. 不誠實	可信賴的（trustworthiness）	盲目信任
6. 氣度狹窄	有耐性（patience）	屈從

資料來源：Pullen-Sansfacon, 2014, p.190.

　　由表12-3所列舉的事例中，美德正處於不足與過剩之間，可作為一種平衡的調節機制。因此，督導者必須催化人們將美德投入於處理兩難情境的問題。至於催化的對象，必須包括決策者和行動者（受督導者）。因為，行動者有效的行動，不必然意味著合乎倫理的行動，有時在機構眼中認為有效，但是忽略了這是因為協同工作者優先投入時間和心力的結果。因此，一個人對他周遭的人表現出具體的善意（good），才是真正的美德（Pullen-Sansfacon, 2014: 190-191）。

　　（三）**美德倫理的發展**：普仁仙斯惠康（Pullen-Sansfacon, 2014）認為美德不是與生俱來的，而是可以發展和學習的，且跟他們所處的情境有關。她曾以病人為例，說明一個人生病可能是暴露於某種情境，必須喚醒病人認知那情境，並採取適當的行動，這不僅為自己也為其他人。同樣道理，美德的發展，涉及自知（self-knowledge）和反思（reflection）兩者，要協助受督導者發展某種美德，督導者必須運用實務智慧，喚起他們對困難情境的認知，反思自己的感受，並展現那種美德的實質效用（pp.191-192）。

　　總體說來，普仁仙斯惠康（Pullen-Sansfacon, 2014）與前述貝多與戴維

斯（Beddoe & Davys, 2016）、柯雷等人（Corey, et al., 2014）的見解，都肯定美德倫理的重要性，視其為倫理原則的基礎或基準線，也是專業倫理原則之外的另一種選擇。簡言之，在督導實務中，傳統美德的倫理原則與專業團體的倫理守則，兩者必須兼容並蓄，相輔相成。

第二節　督導的倫理守則

我們經常聽到一句話：「凡是原則，必有例外」。傳統的倫理原則，例如人權、平等、社會正義、反歧視，雖然已經成爲一種普世價值，但是能否說到做到，可能是另一回事。

芒森（Munson, 2009: 96）曾指出，人們認爲在職場逃避義務（malingering）和使用藥物（drug use）是不被允許的，但是怠職和濫藥，仍然經常發生，至於說謊、欺騙、偷竊、不尊重著作權、爲了錢而殺人，都是事實。當然，人們也深愛他們的國家，願意爲國家的利益而犧牲。人們相信學校必然重視倫理和價值的教學，多數人也認爲倫理不再視爲黑（black）與白（white），而有很大的灰色（gray）地帶，是允許（latitude）和懷疑（doubt）的範圍。

也許是基於這樣的體認，芒森（Munson, 2009: 103-106）在討論督導的價值和倫理時，曾使用相當多的篇幅，討論美國社會工作人員協會的倫理守則（NASW code of ethics），期待在督導過程發生價值困境或出現倫理議題時，督導者與受督導者共同討論和檢視這些守則，作爲處理倫理議題的導引。不過，他引用的是1996年版的倫理守則。這個守則曾在1999、2007、2017年，進行修正。

2017年8月修正的重點是：1.以「能力」（competence）替代「失能」（disability），要求社會工作者關心人的不同能力，而不是關注人的障礙或問題。2.增列「技術的使用」之倫理，提醒社會工作者使用網站或電子媒體等科技時，都要遵守相關的倫理標準，例如：得到案主的同意、遵守法律的規定、注意電子紀錄和儲存的安全性。3.以「文化意識與社會多樣性」替代「文化資本與社會多樣性」，以突顯社會工作者對文化的謙遜和敏感性，避免將文化視爲一種「資本」（capital）。

NASW於2017年修正的倫理守則，自2018年1月起實施。以下依據2018

年的版本，略述NASW倫理守則的目的、倫理原則、與督導有關的倫理標準：

一、NASW倫理守則的目的

專業倫理（professional ethics）是社會工作的核心，專業有義務說明它的基本價值、倫理原則和倫理標準。美國社會工作者協會（NASW）的倫理守則，乃在闡述這些價值、原則與標準，以指引社會工作者的行為。其主要目的有六個：

1.確定社會工作的使命所立基的核心價值。

2.摘錄廣泛的倫理原則，以反映專業的核心價值，並建立一套導引社會工作實務的倫理標準。

3.透過守則的設計，協助社會工作者在專業職責發生衝突時，或引起倫理不確定時，進行相關的考量和辨識。

4.提供社會大眾，讓他們了解社會工作專業責任的倫理標準。

5.增進新進實務社會工作者的社會化，使其了解社會工作的使命、價值、倫理原則和倫理標準。

6.闡明社會工作專業本身的標準，用以評估社會工作者有否違反職業倫理的行為。

無論督導者或受督導者，對於倫理守則的目的，都必須有所了解，以便在面對倫理的兩難，或者處理他們的案主議題時，有比較明確的方向。

二、NASW倫理守則中的倫理原則

美國社會工作者協會（NASW）倫理守則中的倫理原則，係立基於社會工作的核心價值：服務（service），社會正義（social justice），個人的尊嚴和價值（dignity and worth of the person），人際關係的重要性（importance of human relationships），清廉正直（integrity）和能力（competence）。這些倫理原則，包括：

（一）**價值一「服務」的倫理原則**：社會工作者的主要目的，在於協助有需要的人們，並處理社會問題。

（二）**價值二「正義」的倫理原則**：社會工作者必須挑戰社會的不正義（social injustice）。

（三）**價值三「個人的尊嚴和價值」的倫理原則**：社會工作者必須尊重個人與生俱來的尊嚴與價值。

（四）**價值四「人際關係的重要性」的倫理原則**：社會工作者必須認知人際關係的重要性。

（五）**價值五「清廉正直」的倫理原則**：社會工作者必須有值得信賴的行為。

（六）**價值六「能力」的倫理原則**：社會工作者必須在他們的能力領域從事實務工作，並發展和增進他們的專業知能。

這六個倫理原則，不僅反映倫理守則的核心價值，且為社會工作者設定應有的作為，也是督導者與受督導者共同努力的標竿。

三、與督導有關的倫理標準

美國社會工作者協會（NASW）的倫理守則，係針對社會工作者專業的活動，設計相關的倫理標準（ethical standards）。在這裡，我們只挑選及描述其與督導有關的倫理標準（故其標準之編號及其次級編號abcde，並非全選）：

（一）對案主的倫理責任

1. 能力方面（標準1.04）

(1)社會工作者必須只限於自己擁有的教育、訓練、證照（license）、資

格證明（certification），以及接受諮詢或督導的經驗，或者相關專業經驗範圍內的能力，去提供服務和展現自己。

(2) 社會工作者提供的服務，必須是自己專長的領域，如果使用新的處遇技術或取向，只有在適當的研究、訓練、諮詢，以及來自該處遇技術或取向的督導之後，始可提供服務。

(3) 當一般認知的標準不存在時，社會工作者必須對新興的實務領域加以尊重，謹慎小心地判斷，並採取負責任的步驟，包括：適當的教育、研究、訓練、諮詢和督導，以確保他們的工作能力，足以保護案主免於受到傷害。

(4) 社會工作者在提供社會工作服務時所使用的技術，必須確定他們在能力上，有提供此項服務必要的知識和技巧，這包括在使用技術時，對特殊溝通的挑戰有所了解，並且有能力執行適當的策略，以回應這些挑戰。

(5) 社會工作者在提供社會工作服務時所使用的技術，必須遵守其所在地區管理技術的法律（laws governing technology）和社會工作實務之管理，這種情況也適用於案主所在地區。

（二）對同事的倫理責任

1. 諮詢方面（標準2.05）

(1) 社會工作者有必要尋求同事的建議和諮詢時，不管什麼時候，這種諮詢必須是為了案主的最佳利益。

(2) 社會工作者必須保持對同事專長領域和能力的了解。社會工作者尋求諮詢時，必須只向已被證實具有諮詢主題相關知識、專長和能力的同事，進行諮詢。

(3) 當社會工作者向同事諮詢有關案主事宜時，在能夠達成諮詢目標的情況下，必須將必要揭露的資訊降至最少數量。

（三）對實務設施的倫理責任

1. 督導與諮詢方面（標準3.01）

(1) 社會工作者在現場或遠距（in-person or remotely）提供督導或諮詢時，必須具備適當督導和諮詢的必要知識和技巧，並且只在他們的知識和能力的領域，提供督導和諮詢。

(2) 社會工作者在提供督導或諮詢時，有責任設定一種清楚、適當和具文化敏感性的界線。

(3) 社會工作者不應與受督導者發生任何雙重或多重的關係（dual or multiple relationships），以避免對受督導者形成剝削或潛在傷害的風險。這包括使用社會網絡設施（social networking sites）或其他電子媒介（other electronic media）可能形成的雙重關係在內。

(4) 社會工作者提供督導時，必須以一種公平（fair）和尊重（respectful）的方式，評量受督導者的表現。

2. 教育和訓練方面（標準3.02）

(1) 社會工作者的功能，如果是教育者、學生實習的教師，或者訓練者，在提供教學時，必須只限於他們的知識與能力的範圍內提供，而且所提供的教學必須立基於督導裡可使用的最新資訊和知識。

(2) 社會工作者的功能，如果是學生的教育者或是實習的教師，必須以公平和尊重的方式，去評量學生的表現。

(3) 社會工作者的功能，如果是學生的教育者或實習的教師，當學生對案主提供服務時，社會工作者必須採取負責任的步驟，去確保案主已依慣例被告知。

(4) 社會工作者的功能，如果是學生的教育者或實習的教師，不應與學生發生任何雙重或多重的關係，以避免對學生產生剝削或潛在傷害的風險。這包括使用社會網絡設施或其他電子媒介可能形成的雙重關係。社會工作的教育者和實習的教師，有責任設定一種清楚、適當且具文化敏感性的界線。

3. 績效評量方面（標準3.03）

社會工作者有責任評量其他人的績效表現，履行這種責任時，必須以公平和深思熟慮的方式，並以清楚說明（評量）基準爲基礎而爲之。

4. 行政方面（標準3.07）

(1)如果社會工作者是行政人員時，必須以負責任的步驟，去確保有適當的機構或組織的資源，可就近爲員工提供適當的督導。

(2)社會工作行政人員必須以負責任的步驟，去確保他們所負責的工作環境，能與鼓勵人們遵守美國社會工作者協會的倫理守則，保持一致性（consistent）。社會工作行政人員必須以負責任的步驟，去排除在他們的組織裡，違反、妨礙或不鼓勵遵守倫理守則的任何情境。

5. 繼續教育與員工發展方面（標準3.08）

社會工作行政人員和督導者，必須以負責任的步驟，爲他們所負責的所有員工，提供或安排繼續教育（continuing education）及員工發展（staff development）。而繼續教育與員工發展，必須能回應最近的新知識，並展現有關社會工作實務和倫理的發展。

（四）作爲專業的倫理責任

1. 傷害方面（標準4.05）

(1)當社會工作者自己的個人問題、心理社會的壓力（psychosocial distress）、法律問題、物質濫用或心理健康難題，妨礙到他們的專業判斷與表現時，必須立即尋求諮詢，並且採取適當的補救行動，經由尋求專業的協助，工作量的調整，結束實務工作，或者採取其他任何必要的步驟，去保護案主及其他相關人員。

（五）對社會工作專業的倫理責任

1. 專業的清廉正直方面（標準5.01）

(1)社會工作者必須貢獻時間和專業知能，以促進社會工作專業的價值、清廉正直和能力受到尊重之活動。這些活動可能包括：教學、研究、諮詢、服務、立法的證詞（legislative testimony）、社區的展演，以及參與他們的專業組織。

上面所述，是美國社會工作者協會（NASW）倫理守則中，與督導有關的一部分。至於臺灣的情形，臺灣社會工作人員專業協會於2006年12月訂定「社會工作倫理守則」，內政部於2008年3月同意核備。該倫理守則在總綱揭示：社會工作倫理守則適用對象為社會工作師，社會工作師之服務機構及負有督導、考核、監督、協助社會工作職權者，均應尊重社會工作倫理守則。可見，負有社會工作督導職權者，是其適用的對象之一。

再者，在該倫理守則3.2，明文規定：社會工作師應具備社會工作專業技能，不斷充實自我；擔任教育、督導時，應盡力提供專業指導，公平、客觀評量事件；接受教育、督導時應理性、自省，接納批評與建議。由此可知，社會工作師擔任督導時，亦應遵守倫理標準的相關規定。其他與督導有關的規定，則與前述NASW倫理守則的要點大同小異，不再贅述。

第三節 具挑戰性的倫理情境

前述NASW的倫理守則中，有一個倫理原則是：社會工作者必須挑戰社會的不正義。事實上，在督導中具有挑戰性的倫理情境，所在都有，不勝枚舉。

這些具有挑戰性的倫理情境，屬於倫理兩難（ethical dilemma）的情境。依據美國社會工作辭典（*The social work dictionary*）的解釋，當兩個或更多倫理上的價值，看起來是同樣正當合理，卻是相互對立，要求從他們之中選擇可能最佳的一個，就會發生兩難的情境（Baker, 2014: 146）。簡言之，兩難情境是一種左右爲難的情境（dilemmatic situation）（Hawkins & Shohet, 2012: 141）。

霍肯斯與索海特（Hawkins & Shohet, 2012: 142）曾將具有挑戰性的倫理情境區分爲四種型態：一、利害關係人對於需求的角逐（stakeholder having competing needs），二、角色衝突（role conflict），三、難以界定範圍的情境（difficult boundary situations），四、困擾情境的掌控（handing difficult situations），並且提出相關情境的事例，作爲佐證。在這裡，我們僅從這四種具有挑戰性倫理情境的十個事例之中，選擇四個事例（每一情境一例），略加說明：

一、利害關係人對於需求的角逐

當不同的利害關係人在督導進行中，競爭督導工作的需求，就可能造成督導的困境。例如，在督導情境中，有一種普遍發生的現象，一個受督導者認爲他的案主需要較長時間（longer term）的協助，因爲他們的問題相當複雜，而且是多年沉疴。但是，受督導者的機構經常因爲財務的考量，堅持主張短期（short-term）的協助。在這種情境之中，督導者的工作是掌握、認

知，並與這些競逐的要求，一起工作。要放在哪一邊？非常為難。

有時候，機構內部成員有不同的立場，例如，受雇員工與機構的董事，或者非行政的指揮者，或者有責任改善工作品質，對降低財務成本有責任的那些人，他們之間甚至發生內訌。在這種情境下，督導者必須協助受督導者，去了解並整合各種不同利害關係人所呈現的不同需求。

在這種情下，督導者對於他們的督導工作，一種有用的做法，是在督導契約中，清楚說明不同利害關係人的需求。並且，提醒受督導者不能「偏袒任何一方」（take one side over another），以免將情境弄得更糟，使這些「分裂中」（splitting）的動力，更加惡化。想要如此做，必須鼓勵受督導透過督導過程，了解如何與這些動力共處。與其感嘆，不如了解（be understand rather than be moaned）（Hawkins & Shohet, 2012: 142-143）。

二、角色衝突

就督導者與管理工作上的角色衝突而言，督導者也可能是機構的中層管理者，將督導者角色與管理的責任合併在一起，很可能造成困難的情境。

擔任督導者，必須對受督導者的工作進行評估。而做為第一線的管理者，對於督導工作的提供，必須針對受督導者的工作和表現水準，進行權威性的判斷。這些管理工作，可能包括：他們（受督導者）未來升遷或職級的推薦、給他們什麼案主，或者由於表現欠佳或倫理的不履行，是否他們必須被正式或非正式的處罰。

因此，第一線的管理，可能使督導關係出現外在的困難。即使，管理角色與督導角色被切割開來，也可能有其他不同的困難。督導者仍必須管理受督導者的發展需求、受督導者的案主之適當需求、機構對受督導者工作表現層次的要求。

霍肯斯與索海特（Hawkins & Shohet, 2012: 144）曾引用莫里森與黑羅波恩（Morrison & Halpern, 2012）有關於對困難議題進行評定的觀點，建議採

用下列方式的評定，以促進受督導者潛在的專業發展機會：

1. 分享評定者與受評定者之間管控的焦點。

2. 在管制的架構中，重新設計一種發展的議程，避免聚焦於表面上的標的和能力（superficial targets and competences），而變成一種風險。

3. 協助受評定者反映他們的專業經驗，以刺激更深層學習（deeper learning）的潛能。

4. 鼓勵反映受評定者工作現場複雜的實際情況。

這些評定方式，可供督導者必須扮演管理角色時，對於受督導者的工作表現，有比較客觀的評定標準，而不只是權威式判斷。當然，更重要的，還是以督導者角色為主。督導者必須清楚在契約中，表明誰是督導必須服務的利害關係人？他們可能想從督導中要求什麼？契約必須包括這些不同利害關係人的需求。然後，督導者從他所服務的雙方（例如受督導者、機構），能清楚呈現利害關係人需求的一方，先行克服他們的挑戰。必要時，寧可從督導者「知道較多」（knowing better）的受督導者一方，去克服他們的挑戰。

具挑戰性的情境，如果是有關受督導者的工作，具有生產性（generative）和生產力（productive），更勝於唯命是從地同意，或者未經思考或消化，就莽撞地反對。而督導者如何克服這種挑戰，就必須格外用心，以確保職場裡有良好的協力合作之脈絡。透過督導對於良好工作提供支持和促進，可使績效表現的任何改善能夠落實和長期延續（long-lasting）（Hawkins & Shohet, 2012: 144-145）。

三、難以界定範圍的情境

有時候，困難的情境（difficult situations）是受督導者與他們的督導者所簽訂的契約，涉及督導會議之間的界線問題。

每一個督導者必須考慮他們放在這個議題之間的政策是什麼，並且在與新的受督導者起草他們的契約時，就應告訴受督導者。有些督導者可能以為

他們的時間如此緊迫，他們無法在督導會議之間，以某種方式涉入工作。他們也可能覺得這種方式會造成違反界線，也可能鼓勵他們的受督導者以相同方式對待他們的案主，因而不提供這種方式，並掌控固定和清楚的界線。

其他的督導者，尤其是那些督導學生和沒有經驗的人，可能以爲他們對於受督導者的掌控無法固定不變，當問題出現時，必然包括許多持續不斷的變數，寧可擺脫他們的受督導者陷於倉皇失措（to flounder），或者當他們沒有經驗可適當地回應時，可能在與脆弱的案主共事時發生錯誤。當督導者／第一線管理者對於脆弱兒童處於風險個案的案主具有法定責任時，這種情況特別眞實。

沒有經驗的學生，經常也是需要更多掌控的受督導者。實質上，督導者必須與受督導的學生建立一種有用而且持久的工作聯盟，但是這種聯盟有無作用，令人懷疑。一個督導者的權威，和他們之間（督導者與學生）在經驗上的落差，可能引領他與受督導者關係裡的權威性動力（authority dynamic），變成順從或憤怒、抱怨或反抗。儘管督導者對這些聲明（順從或憤怒、抱怨或反抗），沒有再予回應，如果能適當地面質他們，也非常重要，常可顯露所有的現象，包括在問詢領域裡發現的「錯誤」（mistakes），以提供我們與受督導者可一起使用的重要資訊。無論如何，我們發現學生的這些聲明，確信他們在督導裡是沒有防衛的，反而能引領他們對工作進行有用的評估，進而協助他們學習，而不只是讓他們覺得受到傷害而加以防衛（Hawkins & Shohet, 2012: 146）。

四、困擾情境的掌控

受督導者經常帶者困擾的情緒到他們的督導裡。這些，可能帶來一種意識和有計畫的方法，或者只是不由自主地暴露於督導會議，或暴露於督導的關係裡。

這些強烈的情緒感受，在各式各樣的來源裡，可能有他們的根基。例

如，組織的衝突、角色衝突、團隊動力、同事衝突；對案主反射的反應；由於工作引發過往的感受；來自案主會議平行過程的動力；工作過度勞累；工作之外的個人困擾；或者與督導者共事而發自內心的困擾，在可能是這些原因之中，多種原因混合而成的。督導者的角色，是在減緩反作用，並且創造一種空間，以反映和探討這些強烈的感受。當他們（受督導者）認為那種感受是不公平地直接衝向他們時，督導者必須相對地不採取反作用或防衛，並注意他們自己的反應，當作有用的資料。

　　不管什麼原因，強烈的情緒感受，往往使督導者的反映更加困難。督導者可能需要協助受督導者克服他們感覺身心受到威脅的情境。例如，協助受督導者好好地掌控他們的案主，適當的話，也十分微妙地確保他們的個人安全。尤其，當情緒升高，而受督導者思考的空間被縮減時，作為一個督導者，在像這樣的一個時刻，最重要的事情，是自我保持開放的思考空間（Hawkins & Shohet, 2012: 149）。

　　綜言之，多數常見的倫理困境，只是兩難（most often ethical dilemmas are just that: dilemmas）（Hawkins & Shohet, 2012: 138）。上述這些事例，有些不只兩難，而是涉及兩個或兩個以上的利害關係人，其對督導者的挑戰性，比處理兩難困境更加複雜，也需要更謹慎小心地思考和處理。至於如何思考和處理倫理困境，霍肯斯與索海特（Hawkins & Shohet, 2012: 150-151）提供了七個原則：

　　1. 無論什麼情境，保持一種開放反應的態度。

　　2. 如果開放態度受阻，去學習、認知、思考發生什麼，造成我們難以反應？

　　3. 認知如何決定反應之後，最重要的是付諸行動。

　　4. 對於受督導者強烈情緒的衝擊，保持寬容，在反應之前，等候和思考。

　　5. 如果有困難，尋求你的督導者協助。

　　6. 如果你覺得過度涉入於情境之中，思考對你的意義是什麼，這可能意

味著你對情境的樣態，仍然沒有充分了解。

　　7. 如果違反倫理已經造成，好好思考如何反應，必要時，採取適當的權威，或者向倫理委員會諮詢。

　　這七個處理原則，已經含有卡羅（Carroll, 2013）倡導倫理成熟（ethical maturity）的觀念。其實，這種情形，由霍肯斯與索海特（Hawkins & Shohet, 2012: 138-139）曾經推薦卡羅（Carroll, 2011）的一系列自我問答的題目，用以協助督導者打開倫理困境，早已露出有一些端倪。

第四節　倫理成熟的促進

在倫理實務之中，倫理原則、倫理守則、倫理標準的變動速度，經常超過我們思考和決定有關倫理議題的反應。因此，協助受督導者發展倫理的成熟度，增進他們處理倫理議題的能力，是當前重要的課題。

卡羅（Michael Carroll）在他自己撰寫或與他人合撰的著作中，對於倫理成熟有廣泛的討論，也常被引用（Beddoe & Davys, 2016: 100-101; Hawkins & Shohet, 2012: 134-137）。茲擇要說明組織脈絡對倫理成熟的影響、倫理成熟的構成要素、促進途徑：

一、組織脈絡對倫理成熟的影響

卡羅與蕭巫（Carroll & Shaw, 2013）在他們的著作中，專章討論「組織、網絡、倫理和成熟」（organizations, context, ethics and maturity）。他們認為，個人面對倫理決定時，經常受到組織脈絡的影響，使他們蒙上陰影，或者壓抑個人的品德特質。當他們有所懷疑時，則傾向於先觀察，然後複製那些看起來是組織脈絡裡公平的指標。有時候，這種情境會引領團體思考（group think），對權威、對團體的順從。這種集體性狂熱（collective madness）的後果，可能形成數種情境（Carroll, 2014: 111）：

1. 假如有組織脈絡的支持，一般人可能附和著做出有害（harmful）或不道德（immoral）的行為。

2. 組織脈絡也能即時拒絕個人特質的出現。

3. 尤其是新奇的情境，常有力量使我們做出正常狀態不會做的事。

4. 當人們覺得姓名不被披露（anonymous），他們可能被引誘做他們不常做的事。

5. 人們很容易認為應該歸屬於相似（conformity）、遵照（compliance）內團體（in-group）行為的那一邊。

6. 有時候，決定性的倫理原則，允許有一些自由度（freedom），保留斟酌情勢或個人倫理適應的空間。而倫理守則，往往使人們感到痛苦（cruelty），因為它們沒有彈性。

7. 明確表明，反對情境和脈絡對於不道德行為的影響，是可能發生的。

在督導中，如果出現上述情境，就可能為督導者與受督導者帶來倫理的困境。這是探討倫理成熟之前必須了解的背景因素。

二、倫理成熟的構成要素

卡羅（Carroll, 2014: 92）認為訂定倫理原則或倫理標準的立意良善，但是對於受督導者有時並未產生約束作用，因而必須由督導者協助他們發展倫理的成熟度，以期適當地做成倫理決定。

卡羅與蕭巫（Carroll & Shaw, 2012, 2013）提出倫理成熟的六個構成要素，在督導中已有良好的運作。這些構成要素是在督導過程做成良好倫理決定的情境，而不是步驟，如圖12-1：

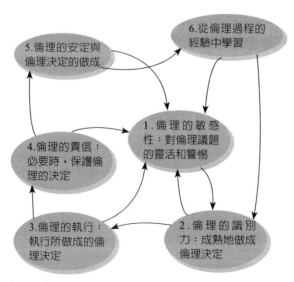

圖12-1　成熟的倫理決定之構成要素

資料來源：Carroll, 2014, p.97.

　　依據圖12-1所揭倫理成熟的六個組成要素（Beddoe & Davys, 2016: 100-101; Carroll, 2014: 96-98; Hawkins & Shohet, 2012: 134），說明如下：

　　（一）**養成倫理的敏感性和警惕心**（fostering ethical sensitivity and watchfulness）：當倫理的議題或困境出現時，創造倫理的觸角（ethical antennae）應保持靈活性。對此，貝多與戴維斯（Beddoe & Davys, 2016: 100）補充說明，可由建立信任的督導關係，作為倫理特質（moral character）的一種培養皿（incubator）。

　　（二）**識別倫理的決定**（discerning ethical decisions）：能結合倫理原則和倫理價值做成倫理決定，在倫理決定的程序開始時，對於倫理議題要有所覺察，對於倫理議題進行反思，將決定放在成熟的領域。貝多與戴維斯（Beddoe & Davys, 2016: 100）認為，有些倫理的原則和價值可能隱含於倫理哲學之中，必須澄清，可在督導會議中，為倫理原則提供一個討論的架構。

　　（三）**執行倫理的決定／做成**（implementing ethical decision/made）：做成倫理決定，只是邁向倫理成熟的一部分方法，既經決定，就應以行動—執行（action-implement）。當然，知道要做什麼倫理，經常在行動上沒有結果。對於困難任務的執行，可能需要勇氣、毅力和復原力。

　　（四）**能對利害關係人說清楚**（being able to articulate）：證明倫理決定的做成和執行具有正當的理由。有理由（reason）、有邏輯（logic）、清楚地說（being able to speak clearly），是這個步驟必要的技巧。

　　（五）**倫理的平靜和鞏固**（ethical peace and sustainability）：對於執行的結果，平靜地觀察。一旦有其他可能的決定或「最佳」（better）的決定，就去做這些決定。並且，與決定的後果和睦共處，這對於進行中的福祉是重要的。

　　（六）**從發生什麼而學習**（learning from what has happened）：對於倫理的決定／執行，經由反思、驗證，從經驗中學習。並且，整合這些學習，進入倫理實務的現場，發展我們的倫理特質（moral character）、倫理智慧

（ethical wisdom）和倫理能力（ethical capacity）。

卡羅（Carroll, 2014: 98）分析倫理成熟的六個組成要素之後，彙整一個倫理成熟的定義：

倫理成熟（ethical maturity）在督導的專業裡，是指對於倫理決定，具有反思的（reflective）、理性的（rational）、有感情（emotional）和直覺（intuitive）的能力，去決定行動是否錯或對、好或更好。同時，對於執行這些倫理決定，有彈性和勇氣，而且對於倫理決定的做成（公開或私下），能負責，也能從各種經驗的現場，進行學習。

一言以蔽之，倫理成熟是一個人經由深思熟慮，有效做成倫理決定的能力。

三、促進倫理成熟的途徑

在探討組織脈絡對倫理成熟的影響，以及倫理成熟的構成要素之後，督導者的角色和責任，是去促進受督導者發展倫理的成熟度。茲歸納為下列四個途徑：

（一）**在督導關係方面**：與受督導者建立一種互信的督導關係，作為培養倫理成熟的基礎。

（二）**在教育訓練方面**：將「倫理成熟的發展」列為實務工作者繼續專業發展（CPD）的主題之一，並鼓勵受督導者參加此類主題的訓練、講習或工作坊。

（三）**在督導會議方面**：藉由討論倫理困境相關議題的機會，協助受督導者了解倫理成熟的構成要素，鼓勵他們勇於嘗試，做成合理的決定，並付諸實施。

（四）**在非正式督導方面**：對於受督導者倫理決定的執行結果，適時給予支持，巧妙地激發他們自主決定的潛能，藉以降低組織脈絡對其倫理決定的負面影響。

　　歸結地說，促進受督導者的倫理成熟，以及促進受督導者對於倫理原則、倫理守則、倫理標準的了解，都是爲了協助受督導者妥善處理倫理困境的議題。因此，如同前述霍肯斯與索海特（Hawkins & Shohet, 2012: 150）對於如何思考和處理倫理困境的建議，督導者至少必須把握其中第一個原則：無論什麼情境，督導者必須保持一種開放反應的態度。

【本章重點】

1. 創造一種自我管制（self-regulation）的機制，管理督導的倫理，以回應機構和專業團體對倫理要求，是當前督導工作的重要議題。

2. 傳統倫理的核心原則，已經被認同的是：自主性、非有害的、慈善、正義、忠實、誠信。這些原則，是督導實務的基準線。

3. 倫理的原則有：原則倫理（principle ethics）與美德倫理（virtue ethics）。前者包含一組義務和方法，聚焦於督導工作本身的倫理實務；後者是指督導關係本身的倫理，聚焦於專業的特質、性格和理念。

4. 倫理守則（code of ethics）的作用，是督導過程發生價值困境或出現倫理議題時，督導者與受督導者可共同討論和檢視，以作為處理問題的導引。

5. NASW倫理守則的核心價值，包括：服務、社會正義、個人的尊嚴和價值、人際關係的重要性、清廉正直和能力。

6. NASW倫理守則的標準3.01a規定，社會工作者在現場或遠距（in-person or remotely）提供督導時，須具適當督導的知識和技巧，且只在他們的知識和能力領域提供督導。

7. 臺灣社會工作倫理守則3.2規定：社工師擔任教育、督導時，應盡力提供專業指導，公平、客觀地評量事件。

8. 倫理原則、倫理守則、倫理標準的變動，經常超過我們決定倫理議題的反應。督導者必須協助受督導者發展倫理的成熟度，增進處理倫理議題的能力。

9. 倫理成熟（ethical maturity）：是對於倫理決定，具有反思的、理性的、有感情和直覺的能力，去決定行動是否錯或對、好或更好。

10. 社會工作督導者的責任，是促進受督導者對於倫理原則、倫理守則、倫理標準、倫理成熟的了解，以妥善處理倫理困境的議題。無論什麼情境，督導者必須保持一種開放的態度。

【有待探究的議題】

1. 組織的倫理原則與專業的倫理原則，兩者之間有何異同和關係？

2. 在臺灣，社會工作督導可發展哪些美德倫理（virtue ethics）？

3. 美國NASW於2017年修正倫理守則的重點，有何可供臺灣借鏡之處？

4. 督導者有責任促進受督導者發展倫理的成熟度，試從機構、督導者、受督導者、案主的觀點，申論其可行的促進途徑。

第十三章 社會工作督導的績效評量

　　在前一章探討社會工作督導的倫理議題時，曾經提及美國社會工作者協會（NASW）倫理守則的規定：社會工作者提供督導時，必須以一種公平（fair）和尊重（respectful）的方式，評量受督導者的表現（標準3.01d）。臺灣社會工作倫理守則亦規定：社會工作師擔任教育、督導時，應盡力提供專業指導，公平、客觀評量事件（標準3.2）。由此可見，以公平、尊重、客觀的方式，評量受督導者的工作表現，是社會工作倫理的一部分，也是社會工作督導不可或缺的一環。

　　在社會工作督導相關文獻中，有關績效評量的論述，雖然為數有限，但是近年來似乎有逐漸增多的趨勢。茲依文獻呈現的先後，將績效評量的相關文獻整理如表13-1：

表13-1　社會工作督導績效評量的相關文獻

來源	歸類	要點
Munson, 2009	學習的評量	簡單的評量設計、實施的誤差、追蹤與評量。
	評量與自我評估	以受督導者的自我評估，作為績效評量的基礎。
	行政的評量	臨床者實施行政評量的基本導引。
Kadushin & Harkness, 2014	評量的概念	評量的價值、評量的目的、評量的反感。
	評量的程序	想要的程序、評量會議：互動、溝通與評量的使用、評量與資訊的來源。
	評量的議題	督導者與受督導者的評量、引發的問題。
Beddoe, 2015	評量的議題	有效督導的指標。
Beddoe & Davys, 2016	督導工作的年度檢視	督導契約的檢視、督導工作的檢視、績效表現的考核。

資料來源：Beddoe & Davys, 2016, pp.118-120; Beddoe, 2015, pp.82-83; Kadushin & Harkness, 2014, pp.246-274; Munson, 2009, pp.236-161.

　　由表13-1顯示，督導工作的績效評量並非單獨存在的議題，它可能與學習的評量、自我評估（self-assessment）、督導的紀錄（評量資料之一）、督導工作的檢視（review of supervision）等議題有所關聯，而且經常被相提並論。本章將重點放在督導工作績效表現的評量，必要時也會提及學習、評

估、檢視等相關議題。以下略述實施評量的價值、實施的程序、潛在的問
題、實施的原則：

第一節　實施績效評量的價值

在督導裡，評量（evaluation）的定義，是對於實務工作者（受督導者）在某一特定期間內整體的工作表現（total functioning on the job）進行客觀的評價（Kadushin & Harkness, 2014: 246）。簡言之，督導的績效評量（performance evaluation），就是督導者對受督導者工作表現的評價。

督導的績效評量，是眾多評量中的一種型態。「評量」（evaluation）一詞，有時候也稱為「評估」（assessment）或「考評」（appraisal）。不過，在一般用法上，「評估」是用在一項計畫或方案執行之前，例如，服務方案的需求評估、可行性評估；「考評」是用在計畫或方案執行之中，例如，災區重建年度計畫的期中考評，以決定下一年度是否調整工作重點或進度；「評量」是用在計畫或方案執行之後，例如新進員工試用期（probationary period）結束的評量，以決定員工留任或行為改進的基準（林勝義，2018：349）。

在這一章，我們將探討的焦點放在受督導者整體的工作表現，適合於採用「評量」一詞，藉以評定受督導者的服務績效，作為激勵士氣與促進改進的基礎。不過，這種績效評量，通常也併入受督導者（實務工作者）年終考績的成績，而且要求他們事先進行自我評估（self-assessment）。因此，督導的績效評量並無法完全將考評或評估排除在外。

無論傳統行政的「計畫、執行、考核」三聯制，或者現代管理的「計畫、實作、檢核、行動」（plan, do, check, action, PDCA），都強調「考核」、「檢核」，也就是「評量」的重要性。再就督導而言，無論督導關係的建立，或者督導實務的運作，必然涉及機構、督導者、受督導者、案主等四種主要利害關係人（Tsui, 2005: 40; Brown & Bourne, 1999: 67）。因此，我們可從這四者來探討績效評量在督導中存在的價值。

一、評量對受督導者的價值

在督導領域，績效評量的主要標的，是受督導者在實務上的工作表現。督導者定期評量受督導者的工作表現，對受督導者有一定價值（Kadushin & Harkness. 2014:248-249），包括：

（一）**降低受督導者的焦慮**：即使，有些實務工作者（受督導者）可能將評量視爲令人害怕和厭惡的事（Brown, et al., 2010: 378），但是，評量也可降低受督導者的焦慮，因爲評量結果可協助受督導者了解他們的表現情形，是否適當地滿足機構的期待；與類似教育和經驗的其他工作者比較，自己的表現又是如何。

（二）**真實看待自己的工作**：定期實施績效評量，可協助受督導者檢視自己的變化和成就。假如，受督導者在評量所涵蓋的期間，被評定有所進步，給予肯定，有助於鼓勵他們提升成就感；即使從權威的觀點，推定他們有所不足，在督導者明確的指引之下，也可協助他們承認自己的不足，樂觀以對，力求改善。

（三）**激發繼續學習的動力**：評量有助於激勵學習（evaluation help motivate learning）（Shute, 2008; cited in Kadushin & Harkness. 2014: 248）。受督導者受到評量的刺激，更能致力於學習和改變，以便得到較好的評量結果。再者，有系統地檢視一個人的學習情況，有助於明確地辨識學習是爲了做什麼，讓受督導者對學習的行爲有正確的認知，而更加容易重複地學習。換言之，督導評量的設計，不僅可改變學習的行爲，而且有助於維持或鼓勵想要繼續學習的行爲。

（四）**建立自我評量的型態**：評量有助於受督導者建立自我評量（self-evaluation）的型態。在服務的標準能內化爲自我管制（self-regulation）之前，他們必須清楚地辨識實務工作者的服務標準。同時，透過評量會議的參與，也可使受督導者更熟悉工作表現的標準和基準，而有更好的觀點，用以評論自己的工作，增加對於進一步的自我改善（self-improvement），有一種

自我覺察（self-awareness）（Kadushin & Harkness. 2014: 248）。

（五）**促進專業生涯的發展**：評量有助於受督導者規劃專業生涯的發展。許多實務工作者（受督導者）需要督導者給予理性的回饋，以協助他們確定自己在社會工作領域是否具有成功的必要資質。再者，透過評量的結果，也可能有助於被邊緣化之類的員工，重新考慮是否進行另類生涯的選擇。至於其他受督導者，也許透過評量，可發現自己具有從事督導或行政的資質，並爲擔任這些職務而預作準備。

上述評量對受督導者的價值，恰巧可與督導的傳統功能，相互呼應：第一種價值，符應督導的支持功能；第四種價值，符應督導的行政功能；其餘三種價值，符應督導的教育功能。如此這般，督導績效評量的實施，正可發揮督導的三大功能，其對於受督導者的價值，已昭然若揭，不言可喻。

二、評量對機構的價值

社會工作機構在督導的政策和程序中，通常有定期實施督導評量之規定。尤其，機構任用實務工作者（受督導者），當然期待他們有良好的工作表現。因此，評量受督導者的工作績效，對機構必然有一些價值。包括：

（一）**履行機構對公眾的責信**：透過督導的評量，有助於檢視機構目標達成的情況，以及個別成員的工作表現對於滿足機構所訂標準的程度（Gravina & Sters, 2011; cited in Kadushin & Harkness. 2014: 249）。通常，機構必須對所處社區克盡其應有責信，而個別成員也要對機構克盡其必要的責信。因此，督導者對受督導者的工作加以評量，是整個機構責信鏈（the chain of accountability）相互連結的一環。簡言之，評量受督導者的工作表現，是履行機構對公眾責信的一種作爲。

（二）**指出機構行政所需變革**：定期、有系統地評量實務工作者（受督導者）的工作表現，有助於機構了解其在行政上應興應革之處。有時候，仔細檢視實務工作者的工作表現，可能顯示他們的工作表現欠佳，是由於機構

提供的資源或支持有所不足之故。因此，透過評量可引領督導者與機構管理者進行溝通，促使管理者注意和改善那些對工作者表現造成不利影響的行政因素。

（三）**協助機構規劃訓練方案**：對機構各種不同的成員進行一系列的督導評量，可協助機構有效地規劃在職訓練方案（in-service training programs）和員工發展的程序（staff development procedures）。有時候，透過評量結果的分析，可能揭露員工表現較弱之處，而提醒機構在行政上必須特別給予關注。再者，督導評量也有助於界定員工在專業表現上必須特別注意和努力改善之處，促使機構必須為督導訓練而設計特定的方案。

（四）**協助機構管控員工行為**：機構透過督導的評量，可作為管控與標準化工作者行為的一種程序。通常，督導工作的評量，都有明確的基準，讓實務工作者容易覺察到什麼是機構所期待、所認同和讚賞的行為，自然而然他們在行為上就會受到一些約束。

（五）**確保機構行政的正當性**：機構對於實務工作者的晉升（promotions）、不續聘（dismissals）、重新分配工作（reassignments）、績效加給（merit pay increases），必須具有正當的理由，並且符合必要條件（Kadushin & Harkness 2014: 249）。通常，透過客觀的、有系統的評量程序，有助於確保行政決定的正當性，也使機構有關員工遷調的政策，更能被所有員工接受。

（六）**協助機構對抗外在挑戰**：社會工作是協助弱勢者的專業，弱勢者為了維護自己的權益，可能抱怨機構的服務欠佳。而且，機構的贊助者也可能質疑實務工作者的執行效率有問題，甚至出現行動上的挑戰。機構面對這些抱怨或挑戰，除了加強溝通之外，有效的實施督導評量，一方面可促使實務工作者改善他們的工作表現，另一方面藉由評量的程序，也可回應外在的質疑或挑戰。

質言之，督導工作的評量，不僅是機構行政督導的任務之一，而且是機構對社會大眾與利害關係人的一種責信。

三、評量對案主的價值

實務工作者為他們的案主提供服務的情形，經常成為社會工作督導會議討論的主題。同樣道理，督導者對於受督導的評量，也關注案主是否能從他們的實務工作者（受督導者）得到實質的協助。因此，督導的評量對於案主，至少有兩方面的價值：

（一）**保障案主得到有效的服務**：如同其他助人的專業，社會工作也要求實務工作者自主運作，而減少來自外在的控制。一種經常用來支持自主要求的辯護，是專業人員會透過倫理守則互相約束，以預防發生差錯，並確保服務的有效實施。然而，社會工作倫理守則往往只有宣示性的意義，實際的制裁行動並不多見。因此，督導者對於實務工作者實施評量，是確保案主從實務工作者得到有效協助的必要手段。

（二）**提供案主參與評量的機會**：原則上，督導者不直接與案主接觸，以尊重並維護實務工作者對案主服務的自主性。但是，案主是督導工作的主要受益者，在督導工作的評量過程，案主的意見或建議，是蒐集評量的資料來源之一。換言之，因為有督導評量，案主才有機會表達他們的意見，作為改進督導工作的基礎。

簡言之，對受督導者實施評量，讓案主間接受益；在評量過程表達意見，讓案主有機會直接參與。雙管齊下，使案主更受重視，更有價值。

四、評量對督導者的價值

督導者是督導工作的參與者，也是主導者。他們基於職責所在，對受督導者的工作表現進行評量，對他們自己也有不可忽視的價值，包括：

（一）**提供教育督導的內容**：透過有系統的督導評量，讓督導者了解他們的受督導者已經從督導中學習到什麼，還需要再教導他們什麼。這也就是說，評量的結果，為督導者規劃後續教育性督導的內容，提供了寶貴的資

訊。

（二）**使任務配置更爲合理**：督導者對他所服務單位的受督導者實施評量，可了解各個成員實務能力的優勢和劣勢，對於人力資源有較多掌握，有助於將需要完成的任務，與受督導者的能力和興趣，作更有效的配置。

（三）**可降低督導者的偏見**：爲人處世，各有好惡，在所難免。但是督導工作強調公平和正義，透過正式的評量，有明確的基準，作爲判斷受督導者工作表現的依據，可協助督導者在看待或認可受督導者時，降低他們自己的偏見。

（四）**可減少受督導者投訴**：督導評量的報告，與受督導者工作表現的文件相互連結，對於督導者在人事決定上的爭鬥，提供一種保護作用（Latham, et al.,2005; Malos, 2005; cited in Kadushin & Harkness. 2014: 250）。換言之，督導者從評量中掌握客觀的證據，可遏止受督導者覺得督導有瑕疵，動輒投訴。

（五）**有利於實施行政督導**：一個良好的評量方式，必然有明確的標準和基準，它的作用，可將行政層次所制定的機構目標，轉化爲工作表現的特定任務，因而使評量不僅是管控工作者的一種工具，而且對於角色模糊（role ambiguity）與角色衝突（role conflict）也有澄清作用（Kadushin & Harkness, 2014: 250），進而有利於督導者行使行政督導的功能。

從上面的描述和分析，顯示實施督導評量對於受督導者、機構、案主和督導者，都有一些好處。但是，在探討過程，我們也一再提及有效評量的方式，必須有明確的標準或基準，而且是正式的、定期的、有系統的、一系列的實施評量。換言之，肯定督導評量的價值之後，更重要的是透過一定的程序，付諸實施。

第二節　績效評量的實施程序

社會工作督導，一向重視實務的操作程序，對於受督導者工作表現評量，亦復如此。然而，有關於督導評量實施程序的討論，在現有的文獻上，並不多見。

在有限的文獻中，莫里森與瓦納克特（Morrison & Wonnacott, 2009; cited in Wonnacott, 2012: 99）曾針對評估實務的督導（supervision of assessment practice）提出六個步驟。雖然，評估（assessment）與評量（evaluation），在性質上有所不同：評估實務的操作，與評量工作的表現，在內容上也有所區別，但是，他們提出的實施步驟，有一定的邏輯順序，值得參考。因此，我們以這些步驟為參考架構，略加修正，使其適用於督導績效的評量，如圖13-1，並參考相關文獻，略述督導評量的實施程序：

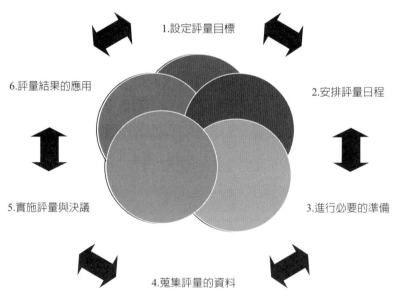

圖13-1　績效評量的實施程序

資料來源：修改自Wonnacott, 2012, p.99

　　由圖13-1顯示，在督導領域，績效評量的實施程序，可分為六個步驟，循環運作，周而復始，而且兩個步驟之間，也以雙箭頭形成連動的關係。以下略述績效評量步驟的運作：

一、設定評量的目標

　　督導者規劃及實施督導評量的第一個步驟，是在督導者（評量者）與受督導者（受評量者）之間，對於評量的焦點，形成共識（Wonnacott, 2012: 99-100）。具體的做法，就是共同設定評量的目標。例如（Kadushin & Harkness, 2014: 250-251）：

　　（一）**行政決定的目標**：評量的焦點放在受督導者的實務能力，以提供機構管理階層作為受督導者續聘、加薪、晉升、停職、調動、終止聘用等行政決定的基礎。

　　（二）**專業發展的目標**：評量的焦點放在受督導者的工作表現和發展潛能，以作為督導者促進受督導者專業成長與專業發展的依據。

　　（三）**改善成效的目標**：評量的焦點放在受督導者工作表現的優缺點，以便受督導者用來改善自己的服務方式，或者機構在辦理在職訓練以改善服務成效時，有所依循。

　　簡言之，績效評量目標的設定，必須符合「SMART」的原則：特定（specific）、可測量（measurable）、可達成（achievable）、實用（realistic）、及時（timely）。

二、安排評量的日程

　　在某些機構，督導的評量是間隔性定期實施，例如：每半年或每一年，評量一次。至於其他機構，督導的評量可能與受督導者專業生涯的轉銜綁在一起，例如：試用期結束、受僱滿一年、受督導者的職務變更、督導者更

換、受督導者離開機構，或者由於績效給付增加名額（Kadushin & Harkness, 2014: 260）。

這些時間點，都是機構實施督導評量的關鍵時刻，督導者至少在實施評量的一個星期之前，安排評量的日程表（schedule），以便督導者與受督導者預先做一些準備。

三、進行必要的準備

在評量實務中，督導者是評量的實施者，受督導者是評量的接受者，他們都有一些功課要預先準備。

（一）**督導者的準備工作**：在正式實施評量前，督導者必要的準備工作：

1. **了解受督導者的背景資料**：無論評量對象的多寡，督導者必須先行了解接受評量者的背景資料，包括：性別、年齡、服務年資、工作報告、出勤紀錄卡（time sheets）、督導者的日誌（diary）、筆記（notes）或業務日誌（logs）（Falvey & Cohen, 2003）、前次評量的工作表現等。

2. **找出具代表性的工作例證**：在受督導者正在進行的工作中，找出具有代表性的工作表現，包括正向與負向的實例，作為評量時的佐證資料。

3. **反思自己的評量態度和感受**：為了保持評量的客觀和公正，督導者先反思自己對於評量的態度傾向和相關感受，以便穩定情緒，避免偏見。

4. **檢視評量過程中的相關事務**：包括一些傳統的、常見的陷阱，以提醒自己不要重蹈覆轍。

（二）**受督導者的準備工作**：在接受評量之前，受督導者也要有一些準備：

1. **檢視機構事先發給的評量說明和評分表**：並依照評量說明，思考自我評量（self-evaluation）相關事宜。必要時，作一點筆記。

2. **針對評量時可能被問到的問題預先準備**：例如，前六個月或前一年的

工作表現，與現在的表現進行比較；在評估時段內，哪些表現覺得最滿意？哪些方面最需要協助？哪些專業經驗沒有獲得而現在想擁有？

簡言之，有備無患，評量前多一分準備，評量時比較能從容因應，督導者如此，受督導者亦然。

四、蒐集評量的資料

當前的社會工作實務，強調以證據為本（evidence-based practice, EBP）。督導工作的評量，也是以受督導者的相關資料為主要基礎。要蒐集受督導者工作表現的資料，大致有下列來源（Kadushin & Harkness, 2014: 265）：

1. 受督導者對於所辦活動的口頭報告。

2. 受督導者的個案檔案（case files）與書面紀錄。

3. 受督導者的業務應答通信（correspondence）、報告、統計報表（statistical form）、每週行程表（weekly schedule）、每日業務日誌（daily action logs）、每月工作成果報告（monthly performance records）等。

4. 在團體督導會議中，對受督導者活動的觀察。

5. 在員工會議或參加專業會議中，對受督導者活動的觀察。

6. 在參加會談時，對受督導者活動的觀察。

7. 受督導者與案主（個人、團體或社區）互動的觀察，以及透過單面鏡或影音紀錄播送（transmissions）的觀察。

8. 360度利害關係人的回饋。

9. 受督導者對案者與機構的服務成果。

10. 督導者的日誌（diary）或督導會議的紀錄。

其中，360度利害關係人的回饋，是目前績效評量相當流行的一種方法。360度回饋法／考核法（360 degree feedback/appraisals）的主要目的，在於透過多元評量的回饋機制，強化績效評量的客觀性與公平性，其評量的主

要面向，包括：(1)受評量者自我考核（self-appraisal）、(2)同儕考核（peer-appraisal）、(3)部屬考核（subordinates-appraisal）、(4)服務使用者考核（customer-appraisal）、(5)督導者考核（supervisor-appraisal）、(6)多位督導者矩陣考核（supervisors matrix-appraisal）（Werner, et al., 2012；黃源協，2014: 235）。

不過，在這些評量面向之中，將「服務使用者考核」使用於督導績效的評量，也就是由案主來評量他們的社會工作者，其適當性值得商榷。儘管案主的滿意度是回饋受督導者實務工作過程和成果的一種重要來源，但是案主並不知道機構對受督導者的工作要求，對於受督導者的工作表現也缺乏整體觀點，而且案主與工作者有密切的個人關係，其評量可能也難以保持客觀（Kadushin & Harkness, 2014: 267）。

一般說來，社會工作者（督導者）比較善於蒐集資料，但是不太善於分析資料（Wonnacott, 2012: 105）。面對受督導工作表現的相關資料，督導者還必須經過查證、反思和分析，確認其可靠性，才是有用的資料。

五、進行評量與決議

在眾多有關受督導者工作表現的資料來源中，我們可看出督導的績效評量也有很多實施方式。例如：報告資料分析、結構式現場觀察、受督導者自我評量、督導者評量、案主對受督導者的滿意度調查、同儕評量、跨部門督導者評量或督導團隊評量。

其中，先由受督導者自我評量（supervisee self-evaluation），再由督導者初步評量（supervisor preliminary evaluation），然後提到評量會議（evaluation conference）或考績委員會審議，是經常使用的一種評量方式（Kadushin & Harkness, 2014: 264-265）。以下略述之：

（一）**受督導者自我評量**：這是以督導績效評量的目標和內容為基礎，設計一份問答式的清單，由受督導者依自己的情況，逐一填答。貝多與戴維

斯（Beddoe & Davys, 2016: 212）曾以受督導者的觀點，設計一份受督導者自我檢視的清單：

    1. 督導工作已達成督導契約所揭示的目的？

    2. 爲了達成督導的目的，督導契約必須增加、修正或變動什麼？

    3. 我如何將督導者的意見，反映在我的實務和我的實務脈絡上？

    4. 在督導期間結束，我在實務上學到什麼？

    5. 這些實務上的學習，對於我的工作方法有什麼改變？

    6. 有關於倫理、差異或權力的議題，在督導過程已被回應？

    7. 有關於督導的關係，我想到什麼？我的感受如何？

    8. 我如何被支持？如何被挑戰？

    9. 我喜歡去挑戰什麼？

    10. 我喜歡給我的督導者什麼回饋？

    11. 我喜歡從我的督導者那裡接受到什麼領域的回饋？

    12. 我最近在實務上想要的目的已反映在督導計畫中？

    （二）**督導者初步評量**：貝多與戴維斯（Beddoe & Davys, 2016: 212-213）同時也以督導者的觀點，設計一份督導者檢視的清單，計有22項。爲了相互對照，我們將這22項督導者的檢視清單，比照受督導者檢視清單的順序，歸納爲12項：

    1. 受督導者每次離開督導會議時，我感受到他的目的已達成？

    2. 督導契約仍然適當嗎？

    3. 我創造並促進受督導者學習的環境？我如何評估環境對於受督導者的影響？

    4. 我對於督導領域的安排必須改善什麼？假如我有雙重角色（督導者與管理者），它的界線清楚嗎？

    5. 受督導者安全嗎？我關切受督導者任何實務議題或安全的問題？我如何回應他們？

    6. 我將我的文化和價值，加諸於受督導者身上嗎？我對於權力、差異和

歧視的議題，格外小心？我有辨識差異，並適當地回應倫理議題的能力？

7. 對於受督導者的感受，我聽到了嗎？

8. 我如何支持受督導者？督導者濫用和挑戰督導工作嗎？

9. 受督導者喜歡挑戰我的督導方式嗎？

10. 我想給受督導者什麼回饋？

11. 我喜歡從受督導者得到任何領域的回饋？

12. 我是可接近的嗎？我的近便性足夠嗎？

（三）**評量會議審議**：本來，以受督導者自我檢視的結果為藍本，再由督導者逐項覆核其在督導中提供該項督導或回應的情況，兩相對照，就可看出受督導者的工作表現如何。但是，督導工作評量是機構的正式業務，督導者的初步評量結果，必須提交評量會議或考績委員會審議，經過會議認可及機構主管人員核定之後，成為正式的評量結果。

此外，貝多與戴維斯（Beddoe & Davys, 2016: 211）主張以「檢視」（review）替代「評量」（evaluation），因為評量只著重績效表現的任務，而檢視則含有回顧過去與瞻望未來之意，是受督導者學習和成長的核心。

六、評量結果的應用

督導績效的評量結果確定之後，必須形成書面報告，其主要內容包括：受督導者工作表現的成績（分數或等第）、優點、缺點和建議事項。並且，配合督導績效評量的實施時機，適當地應用於實務上，藉以發揮評量的效用，達成評量的目的。舉例言之：

（一）**在試用期滿的評量之應用**：依據評量的結果，決定受督導者是否繼續留任。

（二）**在工作轉換的評量之應用**：如果是受督導者轉換工作，以評量的結果作為轉換新工作的一種證明文件；如果是督導者轉換工作，以評量結果提供新督導者接續督導的參考資料。

（三）**在間隔性的定期評量之應用**：每半年或一年的績效評量，依據該項評量所設定的目標而定，以評量的結果，作爲：

1. 受督導者續聘、加薪、晉升、停職、調動、終止聘用等行政決定的重要條件。

2. 作爲促進受督導者專業實務的成長，以及繼續專業發展（CPD）的重要依據。

3. 協助受督導者改善實務缺失，提升服務品質的重點，或者協助機構規劃員工在職訓練，改善服務成效。

（四）**在提高福利待遇的評量之應用**：在私部門，督導的評量經常與酬償系統（reward system）連結，以評量結果作爲核發績效獎金、福利給付及其他激勵措施的條件（Howe & Gray, 2013: 106）。

當然，對於督導績效評量結果的應用情形，必須建立追蹤的機制，以期督導績效的評量工作，能夠持續改善，不斷精進。

第三節　績效評量的潛在問題

　　督導者在評量受督導者工作表現的過程中，無論是相關資料的蒐集和分析，或者對於受督導者自我評量進行覆核和判斷，難免會產生一些潛在問題，必須謀求改善，儘量使督導評量工作符合客觀和公平的要求。茲分兩方面略述之：

一、績效評量的六個潛在問題

　　卡都遜與哈克尼斯（Kadushin & Harkness, 2002: 353-355）曾經列舉評量中容易產生的六種潛在問題，其目的在於提醒督導者將績效評量的誤差極小化。

　　（一）月暈效應（halo effect）：這是由於受督導者某項工作的表現傑出，而將他類推到其他工作表現的評量上。這種月暈效應，可能是正向的，因為某方面的優點，而產生高估的現象；也可能是負面的，因為某方面的不足，而產生低估的現象。

　　（二）仁慈的成見（leniency bias）：這可能是因為受督導者所做的是助人的工作，督導者基於同一專業的同理心或同情心，而在評量上給予較多的肯定。這種寬大為懷的評量結果，也容易產生高估的現象。

　　（三）趨中的誤差（central tendency error）：這是認為多數受督導者的工作表現，有集中於中間區域的傾向，而在評量上給予居中的成績。這種評量結果，沒有鑑別度，無法反映受督導者的實際表現。

　　（四）近期效應（recent effect）：這可能因為近期發生的事件，比較容易引起注意，而在評量上只注意受督導者近期的工作表現，忽略評量期程的整體表現。這種近期效應，也有正負兩種面向，近期表現良好，可能推測全期良好，反之亦然。

（五）**對比效應**（contrast effect）：這是督導者將受督導者的工作表現，與別人進行比較，而給予過高或過低的評價。這種對比效應有兩種類型：一種是同一組的受督導者進行比較，如果多數表現較差，少數表現較佳者就給予過高的評價；另一種是督導者以自己的工作表現，作爲評量受督導者的基準，容易給過低的評價。

（六）**負面效應**（negativity effect）：這是將某一受督導者正負兩個面向的工作表現同時呈現時，負面的表現往往比較引人注意，而容易在整體上給予負面的評價。這種負面效應，是因爲督導者總是期待受督導者有正向的表現，而對於負向的表現難以寬容的緣故。

此外，督導者個人的基本信念和價值觀，也可能影響他們對於受督導者評量的客觀性。在進行評量時，督導者必須提醒自己，拋棄個人好惡，就事論事，將評量的焦點放在工作表現，而非受督導者個人，以避免在評量上造成偏誤。

二、潛在問題的兩個改善之道

有時候，督導者對於評量可能產生的潛在問題，自己並不知道，也不是故意如此，只是疏於注意而已。因此，除了督導者加強自我覺察之外，必須從改善評量的設計著手，以預防潛在問題發生。其改善之道，有兩方面（黃源協，2014：237）：

（一）**評量的標準多元化**：防止受督導者因爲某種特定的評量標準而獲益，或者因爲無法符合某些特定的工作要求而受害。因此，績效評量的標準應該儘量多元化。例如，將督導者服務案主的案量、品質、運用資源、充權案主等，都列入評量的標準。

（二）**評量的方式多樣化**：運用兩種或兩種以上的評量方式，以防止單獨由督導者評量可能產生的偏失。例如，前述受督導者自我評量與督導者初步評量之外，再增加跨部門督導者或督導團隊的評量，以期透過多樣化的檢

視，確保評量的周延性。

　　簡言之，評量受督導者的工作表現，是督導者的職責，在積極面必須力求客觀和公平，在消極面必須預防獨斷或偏誤。

第四節　績效評量的實施原則

　　儘管督導績效評量的實施程序相當複雜，有時也會發生一些潛在的問題，但是績效評量仍然是督導中必要的工作。

　　為了使評量工作做得更順利、更有效，卡都遜與哈克尼斯（Kadushin & Harkness, 2014: 254-260）對於他們想要的評量程序（desirable evaluation procedures）提出20個建議；郝威與格雷（Howe & Gray, 2013: 92-93）也對於管理績效問題的良好實務（good practice in managing a performance problem）推薦9個原則，而且其中8個原則是有關評量結果的處理（另外一個原則是資料蒐集），正可補充卡都遜與哈克尼斯（Kadushin & Harkness, 2014）對於評量結果如何有效處理殊少著墨的部分。茲將這些建議和原則，歸納為六個面向，略述績效評量的實施原則：

一、對評量必須有正向看法

　　實施督導工作評量的前提條件之一，必須督導者與受督導者對於評量工作都有正向的看法，始能在合作的情境之中，順利進行。這些正向的看法，包括：

　　（一）**評量必須反映持續有系統觀察的過程，不是偶而為之的事件**：因為督導者使用於觀察受督導者的時間總數越多，評量的正確率也會有增加的傾向。

　　（二）**有效的績效考核必須投入時間和心力**：使用在績效評量的時間太少，容易有偏見而阻礙受督導者工作表現的改善（Bol, 2011; cited in Kadushin & Harkness, 2014: 255）

　　（三）**評量程序必須是一種彼此分享的過程**：督導者必須試著極大化受督導者對於評量的參與和付出，並且誠懇邀請受督導者對評量提出他們的反

應意見。

（四）**督導者也必須有雅量接納受督導者對他的評量**：如果受督導者有機會回過頭來評量督導者，受督導者將更願接受評量，也比較不會認為評量是一種變幻莫測的權威（capricious authority）。

簡言之，督導的評量是正式的、有系統的實務，必須督導者與受督導者的協力合作，始克有成。

二、蒐集資料必須力求周延

督導評量的實務，如同社會工作的其他實務，都是以證據為基礎的實務，必須有效蒐集受督導者工作表現的資料，作為評量的證據，其原則包括：

（一）**為評量受督導者的工作表現，督導者必先了解並描述他們所做的工作**：因為正確的分析來自於受督導者個人的工作和家庭之最近資訊，這是績效評量的「基礎」（cornerstone）；而對於受督導者行為的認同，特別是那些與任務有關、影響機構效益的行為，是當前績效評量的焦點（Latham & Mann, 2006: 295; cited in Kadushin & Harkness, 2014: 254）。

（二）**為增加受督導者工作的描述，督導者必須觀察他們的工作表現**：如果沒有直接觀察，除了受督導者的自我報告（self-reports）之外，經常只有少量的資料可以採用。

（三）**督導者必須保存督導的工作日誌（diary）或紀錄（recode）**：因為資料包括數量和品質，對於評量有更多的效用，所以在每次督導會議之後，必須隨即對觀察到受督導者特殊的行為，擇要寫成日誌或紀錄，保存起來，以便於評量時可回憶所觀察的行為，增加評量的客觀性。

（四）**儘量蒐集有關績效問題的資訊**：蒐集評量的資料，必須以證據為基礎，思考歷次督導會議的整體情況，核對紀錄及其他人的對話，藉以了解有關績效評量的問題。必要時，與受督導者一起探討這些問題（Howe &

Gray, 2013: 92）。

　　質言之，舉凡與受督導者工作表現有關的觀察紀錄、工作日誌或報告、績效問題等相關資料，都必須儘量蒐集，使評量的根據更加堅實。

三、評量過程必須充分考慮

　　有關督導績效評量的程序相當複雜，而且涉及督導者與受督導者兩造，必須步步為營，穩健進行。其主要原則，包括：

　　（一）評量必須在正向關係（positive relationship）的脈絡下溝通和運作：正向的督導關係對於評量遭到批評（不管喜歡與否）所帶來的苦惱，可作為一種緩和劑（an anodyne），也可促使受督導者更能接受結構性改變的批評意見。

　　（二）如能事先告訴受督導者評量的相關訊息，受督導者較願接受評量：這樣做，受督導者將有更多的時間為評量預作準備，並且更有生產性地參與評量的過程。當督導者與受督導者提早知道要做什麼，可望增加評量的正確性。

　　（三）正式的評量對自我陶醉（narcissism）和自尊（self-esteem）是一種威脅，容易產生焦慮：因為正式的評量，往往成為官方紀錄的一部分，受督導者害怕失敗或被拒絕。因此，督導者必須盡可能在沒有威脅、保護受督導者尊嚴和自尊的情況下進行評量，並信任受督導者有能力做他們能做的工作。

　　（四）評量必須認知和考慮某些可能決定受督導者績效的實質因素：督導者必須評估受督導者的個案量是否破例地沉重（atypically heavy），或者含有特別困難的個案。而且，受督導者在組織的脈絡中工作，機構有些因素可能影響工作表現。例如，辦公場所不足、對服務的實際支持缺乏可行性，或者正處於士氣低落期間，反向地影響員工的工作表現，都必須列入考慮。

　　扼要言之，在評量的實施程序中，建立良好的督導關係是有效溝通、降

低焦慮、覺察障礙的關鍵要素。

四、評量工作必須抓住重點

物有本末，事有始終，社會工作的實務如此，督導評量的運作亦然。如何抓住評量工作的重點，有幾個原則值得參考：

（一）**每次督導會議必須進行簡短評量**：將先前督導會議的評量，作成重點摘要，可作為正式、定期評量的依據。而且，這樣做，也有助於受督導者在正式的督導會議中，預先準備他們想要分享什麼，不至於對督導會議沒有期待，或者毫不在意。

（二）**評量的焦點是受督導者的工作表現而非他個人**：許多學者都認為評量必須就事論事，評量只關注受督導者受雇於社會機構所應扮演的社會角色，尤其是機構所指派特定工作的表現。至於檢視受督導者生活的其他樣態，沒有人認為是合理的。

（三）**評量必須同時檢視正反兩面**：必須涵蓋受督導者工作表現的優點和缺點（strengths and weaknesses）、成長和停滯（growth and stagnation），而且評量必須平衡與公平（balanced and fair）（Bouskila-Yam & Kluger, 2011; cited in Kadushin & Harkness, 2014: 258）。此外，督導者也不能以個人的標準取代機構的標準，作為評量的基礎。

（四）**公平地聚焦於行為的評量**：行為對評量的目標和判斷，提供結構性和明確的基準，否則對於評量的說明，可能曖昧不清或過度開放。而且，如果行為型態被引用作為評量的因素，必須有一些理由證實受督導者的行為對於案主有正面或負面的影響。

（五）**良好的評量是具體的**（specific）**和個別化的**（individualized）：當一個受督導者在評量會議中表示他／她對於督導者感到滿意，但沒有說出滿意什麼或者為什麼滿意，我們仍然無法了解具體情況。而且，一般性的陳述：他是一個精神正常的工作者（a conscientious worker），他與人們互

動時，展現熱情（displays warmth），並不適合交替使用於多數的受督導者之評量，必須個別地陳述（Green, 2011; cited in Kadushin & Harkness. 2014: 259）。

（六）**評量是試探性（tentativeness）而非終結性（finality），而且聚焦於受督導者有待修正的部分**：評量必須描述受督導者在特定期間的表現，以及期待他／她將發展和改善什麼。評量的精神必須傳達一種理念：成功不是最終目的（success is not final），失敗不是無法補救（failure is not fatal）。畢竟，評量不是一種無法改變的判決，而是一種改變的動力（Anseel, et al. 2005; Shute, 2008; cited in Kadushin & Harkness, 2014: 259）。

一言以蔽之，無論每次督導會議的簡短評量，抑或定期實施的正式評量，都必須聚焦於受督導者個人行為的具體表現和有待改善之處。

五、評量必須與組織連結

機構組織是社會工作督導的環境脈絡，督導的評量也必須與機構相互連結，並且回應機構的要求，始能有效運作。這方面必須遵守的原則，包括：

（一）**督導者與受督導者在評量程序對組織的目標及其優先順序須有充分共識（sound consensus）**：如果，督導者以機構對工作效率（efficiency）的要求，為優先考量，而受督導者以案主的服務（service）為優先，兩者對於受督導者行為的評量，必須有所區隔。

（二）**評量必須有一致性的規劃（formulated with some consistency）**：這是馬拉斯（Malos, 2005）的見解，認為外部督導者與內部督導者，兩者對受督導者評量的一致性，是我們想要的。督導者必須在相同的評量方式中，運用相同的標準，對於所有教育和經驗相近的受督導者進行評量（Kadushin & Harkness. 2014: 259）。

（三）**有效的評量程序必須與機構的其他部分相互整合**：機構在行政上必須支持績效評量、定期檢視和修正評量的程序、為督導者使用評量格式而

提供訓練，並且對於評量的決定，建立有組織的獎懲系統。

　　換言之，對受督導者的工作表現進行評量，是機構業務必要的一環，必須與機構其他業務相互連結和整合。

六、評量結果必須有效處理

　　對於處理受督導者工作表現評量結果的實施原則，郝威與格雷（Howe & Gray, 2013: 92-93）有相當精闢的見解：

　　（一）**公平（fair）和透明地（transparent）判斷**：對於受督導者績效評量的結果，看起來是公平的，而且謹慎小心地反映在證據上。同時，也要進一步考慮「他們的」（theirs）的問題，以及能由他們修正的問題是什麼？督導者也要自問：你的偏愛（preferences）和實務（practices）是否依你的方式強加在受督導者身上？

　　（二）**回饋（feedback）**：使用「明確（clear）、擁有（owned）、例行（regular）、平衡（balanced）、具體（specific）」的CORBS要素，說明評量結果的有效性。

　　（三）**解釋不當行為（ineffective behavior）的不良影響**：這種解釋，使評量的過程更有意義。回想不適當行為對於受督導者的負面影響，以及使用者要求得到工作者（受督導者）良好的服務，受督導者有時候就能覺察他們的問題之所在。

　　（四）**相互鑑定工作表現欠佳（inadequate performance）的原因**：這是績效評量極其重要的目的。這也是一種相對關係，如果督導者與受督導者對於問題能分享他們的共識，然後一起客觀地探討可能的原因，一起進行改善，就有高度解決問題的可能性。

　　（五）**要求受評者提出補救措施（remedies）**：這是協助受督導者自己解決問題的另一個實質策略。督導者必須協助他們解決問題，因為問題經常不是一個人的遭遇，必須鼓勵他們與同事探討如何掌控實務的樣態，協助受

督導者在心裡養成一種渴望，放棄無效的方法，改以新的方法來改變負面的影響。

（六）**對受評者表達信任**（express confidence）：督導者對於所督導的人們，必須有一種正向的看法，對於他們的發展能力、改善他們自己的實務和實質問題的能力、對於專業的清廉正直，以及想要去做的事，都表示信任。督導者必須發自內心（be genuine），協助受督導者發現良好的解決方法。

（七）**在具體的行動步驟上**（specific action steps）**達成共識**：如果受督導者成員對於必須改善的問題和解決的方法，表示同意，而且確定解決問題是自己的權利，則督導者必須確定將要做什麼？什麼時候做？同時，對於督導關係和任務兩者，必須平等注意。

（八）**將討論和確認的共識**（verify agreement）**做成摘要**：這兩項工作，對於督導者可能是非常費神的過程。將做什麼和何時做之討論，做成摘要，實質上有助於確保督導者與受督導者的相互了解，而且這些過程，必須加以記錄並形成共識，以利後續追蹤。

綜言之，督導評量的結果，必須用以協助受督導者改善他們的實務，評量工作才有存在的意義。

最後，歸結本章的描述和分析，實施督導評量對於受督導者、機構、案主、督導者，都有正面的價值。因此，督導者與受督導者沒有害怕評量的理由，而且必須循著：設定目標、安排日程、必要準備、蒐集資料、實施評量、實際應用等程序，次第進行。同時，還要覺察評量過程可能產生的潛在問題，注意評量的實施原則，以促使督導評量的效用極大化。

【本章重點】

1. 以公平、尊重、客觀的方式，評量受督導者的工作表現，是社會工作倫理的一部分，也是社會工作督導不可或缺的一環。

2. 督導的績效評量（performance evaluation），就是督導者對受督導者工作表現的評價。

3. 實施督導評量，對於受督導者的價值或好處：(1)降低受督導者的焦慮、(2)真實看待自己的工作、(3)激發繼續學習的動力、(4)建立自我評量的型態、(5)促進專業生涯的發展。

4. 督導績效評量的實施程序：(1)設定評量的目標、(2)安排評量的日程、(3)進行必要的準備、(4)蒐集評量的資料、(5)實施評量與決議、(6)評量結果的應用。

5. 卡都遜與哈克尼斯（Kadushin & Harkness, 2002）曾列舉督導評量的潛在問題，包括：(1)月暈效應（halo effect）、(2)仁慈的成見（leniency bias）、(3)趨中的誤差（central tendency error）、(4)近期效應（recent effect）、(5)對比效應（contrast effect）、(6)負面效應（negativity effect）。

6. 對於督導評量的潛在問題，防止或改善之道：一是將評量的標準多元化，二是將評量的方式多樣化。

7. 督導的評量工作，必須反映持續性且有系統觀察的過程，不是偶而為之的事件。

8. 督導的評量重點，必須同時檢視受督導者工作表現的優點和缺點（strengths and weaknesses）、成長和停滯（growth and stagnation），而且評量必須平衡與公平（balanced and fair）。

9. 馬拉斯（Malos, 2005）認為外部督導者與內部督導者兩者，對受督導者評量必須有一致性。

10. 郝威與格雷（Howe & Gray, 2013）認為有效應用督導評量結果，必須督導者與受督導者相互鑑定工作表現欠佳的原因，並提出補救措施。

【有待探究的議題】

1. 舉例闡釋督導者如何透過直接觀察的途徑，蒐集受督導者工作表現的資料？

2. 採用同儕評量方式，對受督導者的工作表現進行評量，有何優缺點？

3. 每次督導會議對受督導者進行簡短的績效評量，是否容易產生月暈效應（halo effect）？

4. 卡都遜與哈克尼斯（Kadushin & Harkness, 2014）認為：評量是試探性（tentativeness）而非終結性（finality），試從理論與實務兩方面加以評論。

第十四章　社會工作督導的應用

　　長久以來，督導工作係以實務爲取向。我們前面各章之所以探討督導的理念及操作方法，其最終目的也是希望能應用於社會工作專業助人方面，以極大化督導的效用，突顯督導存在的價值。

　　然而，檢視現有的督導文獻，有關於督導如何應用的討論，爲數相當有限。茲將就督導在社會工作應用的領域、對象、問題、議題，彙整相關文獻，如表14-1：

表14-1　社會工作督導的應用

代表者	領域	對象	問題	議題
Mcpherson & Macnamara, 2017	兒童保護的督導實務			
Bluestone-Miler; et al., 2016	學校社會工作督導			
Cleak & Smith, 2015				學生滿意度與實習安置督導的模式
Simpson & Raniga, 2014		學生的督導		
Davys & Beddoe, 2010	兒童保護的督導	實習安置學生的督導		
Potter & Brittain, 2009	兒童福利督導			
Munson, 2009	・醫療設施（的督導） ，老人病與老人學設施（的督導） ・犯罪司法設施（的督導） ・鄉村實務設施（的督導）		・物質濫用處遇（的督導） ・親密暴力方案（的督導） ・兒童與少年治療（的督導）	
Burack-Weiss & Brennan, 2008				老人學（gerontology）的督導
曾華源，2005				志工及志工督導之心理調適

資料來源：參考Mcpherson & Macnamara, 2017; Massat et al., 2016, pp.76-96; Engelbrecht, 2014, pp.174-185; Davys & Beddoe, 2010, pp.196-237; Potter & Brittain, 2009; Munson, 2009, pp.375-411; Burack-Weiss & Brennan, 2008;內政部、中華民國志願服務協會，2005, pp.44-64.整理而成。

　　由表14-1顯示，在督導相關應用的文獻之中，著重於領域者，包括：兒童福利，學校社會工作、老人學、醫療、司法、鄉村；著重於對象者，是社會工作實習的學生；著重於議題者，是兒童及家庭的議題；著重於問題者，包括：學生實習、老人學、志願服務等問題。

　　同時，這些文獻的篇幅，繁簡不一。只有三件屬於專書，六件是專書中的一個章節，其餘七件只有寥寥數頁。推究多數文獻的內容有限，可能是可用的資料不足所致。布雷克維斯與布里蘭（Burack-Weiss & Brennan, 2008: 1）甚至有感而發地說：「我們從事老人社會工作實務的督導、諮詢、訓練，二十多年來，我們一直想從督導的一般教科書、老人文獻、同事的督導智慧之中，查看能給我們指引的資料，發現什麼也沒有（finding none）。」這是，他們著手撰寫《老人學督導》（*Gerontological Supervision*）一書的動機。

　　正因為督導如何應用的文獻不多，也因為布雷克維斯與布里蘭（Burack-Weiss & Brennan）的啟示，我們更需要嘗試探討督導在社會工作實務的應用。以下僅就社會工作督導在社會工作實習、兒童保護、學校社會工作、志願服務等四個領域之督導，進行探討。

第一節　社會工作實習的督導

社會工作實習的督導，涉及兩個脈絡：一個是教育脈絡，一個是福利脈絡。在教育脈絡下，大學安置社會工作學生到機構實習，是專業教育的核心；在福利脈絡下，社會福利機構提供學生實習的機會，也是社會發展的一環，兩者之間，為學生督導形成一種夥伴的關係（Simpson & Raniga, 2014; cited in Engelbrecht, 2014: 176）。

社會工作實習著重於實習安置（field placement）和督導（supervision），透過社會工作實習，學生有機會將他們在教室所學知識和技巧，使用於不同的人群服務方案（Cleak & Smith, 2015: 110）。

然而，社會工作實務，不但充滿困難和挫折，而且直接影響服務對象的生活。因此，實習的學生，需要督導者提供指導、引導、支持和回饋（Horejsi & Garthwait著，高迪理、尤幸玲譯，2015：72-73）。以下分為五個面向，說明督導在社會工作實習方面的應用：

一、督導實習生的特質

雖然，督導有一些基本原則，可適用於不同的領域或對象。但是，實習生與一般實務工作者，仍然有一些不同特質，這是督導實習生時不能忽略的事實。

大多數學生是第一次參加機構實習，他們對於機構的組織，缺乏了解；對於實務工作，缺乏經驗；對於自己的能力，信心不足；對於督導工作，情況不明；對於案主服務，準備不足。這些情形，我們在第三章已經提及。因此，督導社會工作實習生，應該與督導一般實務工作者有所區隔。有關這兩者之間在督導上的差異，徐明心（Tsui, 2005: 5）、戴維斯與貝多（Davys & Beddoe, 2010: 199）都有精闢的論述。綜合他們論述的要點，按照督導工作

實施的邏輯順序,將實習生督導與實務工作者督導之間的差異,加以彙整,
如圖14-1:

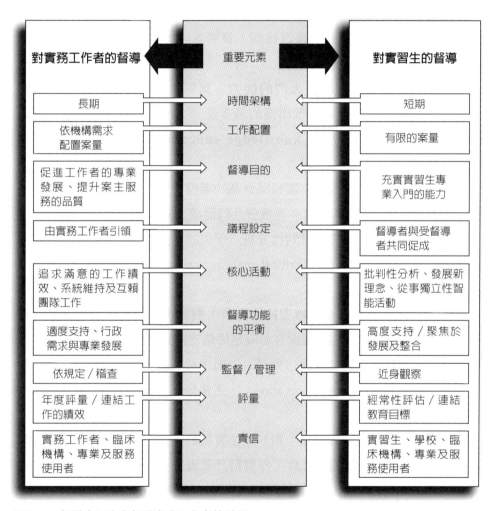

圖14-1 督導實習生與督導實務工作者的差異

資料來源:Tsui, 2005, p.5; Davys & Beddoe, 2010, p.199.

由圖14-1的右側顯示,督導社會工作實習生,至少要把握九個特質:

(一)**實習期間較短**:以臺灣學士班學生暑期社會工作實習為例,從實

習安置到實習結束，大約六週至八週，其所接受的督導是短期（short term）的。

（二）**工作配置量有限**：學生在實習初期，通常只跟督導者進行個案或方案的觀摩學習，到了實習後期，督導者才提供有限的個案（limited cases），讓他們練習。

（三）**督導目的在學習入門的能力**：實習生的督導工作，主要目的在協助他們建立踏入專業門檻所需的基本能力，例如：價值導向（values orientation）、知識教育（knowledge education）、工作技巧（skill competence）。

（四）**共同設定議程**：有關督導會議的議程，包括督導的內容和過程，通常實習生與機構的督導者有平等機會共同促成（both contribute equally）。

（五）**督導的核心強調批判性分析**：學生的實習工作，要將理論與實務結合，必須強調批判性分析（critical analysis），藉由獨立性的智能活動，發展新的理念。

（六）**督導功能著重情緒支持**：實習生對實務工作比較陌生，擔心做錯，因而督導的重點，相當程度在於滿足情緒支持的需求。

（七）**密集實施監督管理**：實習生仍屬學習階段，自主性較為不足，督導者必須近身觀察（close observation）、密集督促、循循善誘，以導向被期待的軌道。

（八）**結構化的績效評量**：對於學生實習的工作表現，督導者通常採用有結構（constructed）的「社會工作實習評量表」，詳細的、經常性的評定實習成績，並列出優缺點，促進學生改善，以達成教育的目的。

（九）**責信共同分擔**：督導是一種互動的過程，由利害關係人共同分擔成敗的責任。學生實習督導的利害關係人，除了受督導者、實習機構、專業、服務使用者之外，實習生就讀的大學（學校督導），對於督導工作也有責信（accountability），必須守信用（如學生安置後不中斷實習）、盡責任（如定期督導學生）。

據此可知，社會工作的實習生有其獨特性質，無論機構督導或學校督導都必須考量這些特質，爲實習生提供適切的督導。換言之，督導者不能便宜行事，援引督導一般實務工作者的方法，用來督導社會工作實習生。

二、學生實習的督導者

社會工作學生安置在機構實習之後，係由學校督導者與機構督導者爲實習生提供平行的督導（parallel supervision）。

通常，大學社會工作系所在學生實習辦法之中，對於學校督導與機構督導的職責，都有一些規定。例如，東海大學社會工作系學生機構實習辦法（2015），規定督導者的職責：

（一）學校督導的職責

1.實習開始前，應與實習生作實習的定向。

2.實習期間，須赴機構拜訪或電話聯繫，以了解及評估學生實習狀況。

3.經常與機構聯繫，以協助學生獲得更多實習經驗。

4.應與學生安排時間、地點，進行定期督導。學生實習前及實習結束時，各進行一次團體督導；實習期間，每位學生至少個別督導一次，團體督導二次。督導時，須親自或要求學生作記錄。

5.依據學生之作業、參與討論之表現、書面自我評估，完成實習評估。

（二）機構督導的職責

1.提供學校有關機構的簡介及實習內容、要求和限制，以作爲學生選擇實習機構之參考。

2.儘量參加學校所辦的分區實習研討，提供學生實習前準備之指引，並協調實習計畫之實施。

3.實習期間應定期與學生個別督導或團體督導。

4.評定學生實習作業並予以指導；機構特定之作業，宜知會學校督導。

5.依實際需要，與學校督導配合，評估學生實習表現。評估內容須有學生實習表現之優點與缺點。

此外，其他國家也有不同的做法。例如英國，學生實習的督導者分為兩種：在大學端，稱為實務教育者（practice educator），是「離開現場」（off-site）的督導者，也就是不在學生實習的現場進督導：在機構端，稱為職場督導者（workplace supervisor），是「在現場」（on-site）的督導者，也就是在實習生辦公或實務的現場進行督導。這兩種督導者為實習生的學習，提供不同的支持和經驗。但他們之間，如果沒有實習生的要求，通常兩者很少對話或溝通（Lomax et al., 2010: 75-76）。

又如澳大利亞，實習生的督導者有四種不同型態的安排：(1)一個社會工作督導者，同時提供社會工作督導與任務督導，(2)一個社會工作督導者提供社會工作督導，非社會工作者提供任務督導，(3)一個非社會工作督導者提供任務督導，另由大學提供一個外部社會工作督導者,(4)其他型態的督導者，例如：由一個社會工作職員或來自大學或其他機構有契約的督導者，補充社會工作督導（Cleak & Smith, 2015: 115）。這裡所謂「任務督導」（task supervision），是一種任務取向的督導，由非社會工作專業的職員，負責學生實習安置的行政事務。

三、學生實習的督導取向

對於學習實習的督導，適合採取什麼取向？戴維斯與貝多（Davys & Beddoe, 2010: 208）認為學生實習的督導，適合於採用反思實務（reflective practice）作為機構實習的教學方式，但是他們也承認反思的過程，尤其是批判性反思（critical reflection），對於學生和新手實務工作者，是很大的挑戰。

考慮學生實習的實務經驗不足，實習時間有限，為了有效協助學生在

短時間內了解社會工作實務，這裡引用辛普森與雷尼卡（Simpson & Raniga, 2014; cited in Engelbrecht, 2014: 177-178）的四種取向，略述如下：

（一）**見習生取向**（apprenticeship approach）：這是立基於行為理論，學習大部分來自於經驗。督導者示範良好的實務，並從受督導者（學生）的行動和「做」（doing）中，觀察他們的學習，適時給予指導。

（二）**成長和發展取向**（growth and development approach）：這是立基於心理學理論和治療的模式。這種取向的基本前提，是根據社會工作者個人在專業表現上的優勢，因而在督導工作強調學生的個人成長和發展，尤其尊重他們的自我覺知（self-awareness）。換言之，就是依據學生實習表現的優點，因勢利導，個別協助他們成長。

（三）**管理者取向**（managerial approach）：這是將學生督導的基本焦點，放在機構的政策，確保學生遵守實習機構的政策和程序，以便於保護案主的權益。

（四）**有結構的學習取向**（structured learning approach）：也稱為「明確說明取向」（articulated approach），這是運用教育的理論，尤其是成人教育的理論，建構一種富於變化的學習經驗，以確保學生達成實習安置的目的。在這個取向中，督導者對於理論與實務之間的連結，必須向學生說清楚，並且發展多種經驗學習的機會。

簡言之，學生實習強調個別化，督導者必須依學生個別需求，提供實務示範，並安排不同經驗學習的機會；依學生的個別表現，因勢利導，協助他們發展。但是，遵守機構政策，是所有實習生的共同義務，以免傷害他們的實習對象—案主。

四、學生實習的督導方式

學生在實習過程中，可能接受督導的方式，包括：個別督導、團體督導、同儕督導、正式的個案研討報告會（formal case presentations）、不定期

的督導（ad hoc supervision）（Horejsi & Garthwait著，高迪理、尤幸玲譯，2015：69）。

在這些督導方式之中，以個別督導和團體督導占最大多數。例如，前述東海大學社會工作實習辦法中規定：學校督導應於學生實習期間，與每位學生至少進行個別督導一次，團體督導二次；機構督導於學生實習期期間，應定期與學生個別督導或團體督導。其他大學社會工作系所，甚至規定學校督導教師必須每兩週對實習生進行個別督導一次。但是，在2006-2016年大學社會工作系所評鑑中，卻也發現少數系所學校督導教師實際督導實習生的次數，少於該系所學生實習辦法規定的督導次數（林勝義，2016: 126）。

督導者的督導方式，必須考慮來自實習生的意見。柯利克與史密斯（Cleak & Smith, 2015: 110-114）曾以問卷調查澳大利亞三所大學社會工作學生263人，在他們完成第一個階段或最後實習安置之後，對於督導方式的意見。調查結果發現，有55%的學生表示，他們喜歡傳統一對一的個別督導方式，因為個別督導有一貫性的督導者、能提供較多督導時間、可降低壓力。

此外，在南非，傳統上對學生的督導，以個別督導占優勢，但是最近幾年由於財務縮減與督導成本的考慮，團體督導有成長的趨勢。然而，在學生的感覺上，他們在團體督導中，只受到督導者少量關注、害怕在團體中被批判、比在個別督導中感到更多焦慮。因此，在資源不足的脈絡下，南非目前也將協同督導（co-supervision）與分擔督導（shared supervision）（詳見第九章）作為學生督導的另類方式。例如，一個有個別諮商技巧的社會工作者，為實習工作提供臨床督導；一個有社區處遇技巧的社會工作者，為實習安置提供社區工作督導（Simpson & Raniga, 2014; cited in in Engelbrecht, 2014: 178）。

雖然，將協同督導引入實習督導，對學生的好處，可獲得更多知識、經驗和觀點；對督導者的好處，可增加支持、減少孤立無援、降低工作負荷，但是協同督導必須小心規劃，對於督導的工作和角色有共同的了解，以避免

學生產生混淆（Coulton & Krimmer, 2005; cited in Engelbrecht, 2014: 178）。

五、學生實習督導的一些議題

學生實習被視為理論與實務的整合，是協助學生發展專業認同、深化學科社會化（disciplinary socialization）的重要場域（Davys & Beddoe, 2010: 197）。在這個實習場域，對於實習生進行督導，除了前面所述之外，還有一些議題也值得思考。例如：

（一）社區工作實習的督導

學生對於實習場域的選擇，多數以社會福利機構為主，但也有部分學生對社區工作特別有興趣，渴望選擇社區作為實習的場域。然而一般社區沒有社會工作者的編制，難以找到合乎資格的督導者，只好放棄，相當可惜。

在臺灣，目前有一種權宜的做法，是商請縣市政府安排社區實習的督導者，以符合實習需有合格的督導者之規定，但是能否發揮實質的督導功能，達成實習教育的目標，不免令人懷疑。

也許，南非在社區實習的一些創新作為，可帶給我們一些啟示作用。南非的做法有兩種（Simpson & Raniga, 2014；cited in Engelbrecht, 2014: 180）。

1. **第一種做法**：是由大學裡社會工作方案的成員，建立一種非政府組織（NGO），並透過這個非政府組織，為社會工作學生提供實習安置，以直接服務、社區組織、諮詢服務等方式，服務地方社區。這種方式，在安置和督導具有彈性，也能為學生提供寬廣的學習機會。

2. **第二種做法**：屬於「非傳統」（non-traditional）的安置，由大學安置學生在從事社會性運動的組織（campaigning organizations）進行實習。這類組織往往有企業贊助的正式資源，學生的實習方案包括非戰鬥性（ex-combatants）的社區工作和團體工作，主要服務對象是受虐的難民倖存者

（refugee survivors of torture）、性工作者（sex workers）和精神創傷的受害者（victims of trauma），其工作重點是協助居住於貧窮社區的易受傷害者，公共化（publicize）他們的需求。這些實習安置雖然有許多挑戰，但是學生可學到更多，也能看到社會和結構性的問題，需要社會和結構性的處遇，尤其需要集體的社區取向的處遇。

（二）研究生實習的督導

社會工作研究所的設置，目的在培育進階的專業人才，社會工作實習不但必要，而且督導更應加強。理由是碩士班畢業生可能成為機構的中階管理者和督導者，博士班畢業生可能成為機構高階管理者，或大學教師和學校督導者。而且，他們在研究所階段的機構實習過程，所接受督導的經驗，極可能成為未來督導他人的參考架構，甚至複製（dummying）他們督導者的督導風格。因此，督導研究生實習必須多費一些心思。例如：

1. 對於在大學階段非社會工作背景的碩士班學生，僅需補修一次實習，對於回應社會工作師報考資格應有的實習時數顯然有所不足，其接受的督導亦不充分，宜予補強（林勝義，2016：128）。

2. 碩士班與學士班的實習生，有時被合併在一起，由同一個學校督導者或同一個機構督導者進行督導，或是在職的碩士生回原服務機構實習，由該機構主管提供督導，都不是適當的做法。碩士班學生實習的督導，應該與學士班學生分開安置督導（split placement supervision）。

3. 博士班實習生由論文指導教授督導，不一定能滿足博士生實習場域或實習內容的需求。況且，指導論文寫作與督導實習實務，兩者所需的知識、經驗和技巧，不必然相同，最好是由熟悉該博士生實習領域的督導者給予督導，或者採取分擔督導（shared supervision）的方式，指導教授負責理論應用的督導，專業督導者負責實務應用的督導。

簡言之，督導工作是一種專業，研究生實習的督導者，必須與學士班學生的督導分開，並由具備該實習領域專長的督導者為之，方為上策。

（三）學生實習的督導會議

學生在機構實習的時間很短，督導者與實習生的督導關係必須非常迅速地建立，並且需要持續強化正向關係，以支持學生學習。而督導會議是維持關係和協助學習的重要機制。但是，學校督導與機構督導的督導時間有限，督導的人數又多，督導過程往往蜻蜓點水，來去匆匆，未能有效運用督導會議。

我們在第九章曾說明督導會議的一些原則，可供督導實習生時參考。此外，戴維斯與貝多（Davys & Beddoe, 2009: 919）針對如何進行督導會議，提供一種對督導學生有用的結構性綱要，包括七個步驟：

1. **會議開始**（session begin）：以一種「歡迎」（welcome）和「引起注意」（catch）的方式，轉銜進入督導會議。

2. **確定議程**（agree on the agenda）：督導者與學生對於該次督導會議的議程取得一致的意見，包括前次會議同意的任務，以及學生和督導者對此次會議提出的新議題，都進行檢視。

3. **描述經驗**（describe the experience）：督導者為學生描述他自己對新議題的經驗，儘量使用一般用語，而且避免中斷。

4. **澄清經驗**（clarifying the experience）：督導者可向學生提問，並深入探討，以便能從學生的觀點，充分了解問題。

5. **進行反思**（onto reflection）：督導者協助學生反思自己的經驗，以形成一種有意識的體會。

6. **評量學生的表現**（evaluation of the student's work）：督導者評量學生的工作表現，追蹤學生已改善的領域，確認和肯定學生有正向進展。

7. **摘述會議要點**（summary of the session）：督導者摘述該次督導會議討論的重點，並就學生如何感受，進行一般回顧，作為結束。

這七個步驟，在每次督導會議的議程中，都可循環使用。必要時，在會議結束前，亦可針對特定的經驗，討論一個實施的計畫，並整合新的學習，作為結束。

（四）學生實習成績的評量

對於學生的實習成績進行評量，是教育過程的一部分，督導者對於學生的實習表現，必須不斷地給予回饋。然而，這是一種正式的評量，攸關學生的畢業門檻、專業人員資格的認定，而且在臺灣，完成一定的實習時數，是報考社會工作師的條件之一，因而充滿各種挑戰。例如（Simpson & Raniga, 2014; cited in Engelbrecht, 2014: 181-182）：

1. 學生的口頭報告和書面報告，是評量的基礎。但是，這些報告是否「眞實」（true）反映學生做了些什麼？「完整」（complete）的呈現他們的工作表現？必須詳細查證。另外，語言的因素，也要列入考慮。例如，原住民的語言表達可能有問題。評量時可能難以確定貧乏的報告，是因爲缺乏語言表達技巧的結果？或者是不適當的社會工作實務？也許，直接觀察和影音紀錄的檢視，是防範評量弱點的做法。

2. 許多大學都爲學生實習的督導者提供評量的表格，可能是一份核對單（form of checklists）、質性的敘事報告（qualitative narrative report），或者兩者都有。無論何種格式，督導者必須依據學生實習的實際表現，公平地評量。在評量時，有一個特別困難的問題，是有關於「不適合」（unsuitable）的學生如何判定？因爲構成不適合從事社會工作的條件，並沒有明確的指引。雷弗蘭斯與格雷（Lafrance & Gray, 2004; cited in Engelbrecht, 2014: 182）曾指出，不適合於擔任社會工作者有各種不同的情況，例如：對於理論和實務的整合有無從理解的困難、因嚴重的個人問題而影響工作表現、極端的自我陶醉（extreme narcissism），以及實務上明顯違反倫理守則。不管怎樣，督導者在決定學生是否及格，必須考慮學生是眞正不適合做社工，或者只是單純「沒有準備好」（not ready）？作爲一種專業，社會工作相信人們有改變和成長的潛能。因此，有關於不適合的問題，督導者必須與大學擔任實習課程的教師討論，並且發展一種處理問題的行動計畫，包括轉介輔導。要排除一個學生，必須是最後的手段。

　　無論如何，督導實習生不但費時、費力，而且資源有限，難以實施。然而，學生實習是專業教育的必要途徑，也是社會福利機構的人力來源，學校督導與機構督導是夥伴關係，責無旁貸，必須共同協助學生發展實務工作能力，以備將來爲案主提供更佳的服務。

第二節　兒童保護領域的督導

在社會福利的脈絡中，兒童福利是首要工作。兒童福利做好，可爲後續的婦女福利、老人福利、障礙者福利，奠定良好的基礎。然而，兒童的發展尚未成熟，容易受到傷害。而且，兒童沒有獨立的能力，不會走上街頭，爲自己爭取權益，有賴社會工作者及相關人員給予保護。連帶著，在兒童福利領域的實務工作者，尤其是從事兒童保護的社會工作者，其所遭遇的困境，可能比其他福利領域多很多。因此，這裡選擇兒童保護領域的督導，進行探討。

一、督導兒童保護工作者的特質

兒童保護工作，是兒童福利的一環，也是整體社會福利的一部分。因此，督導者對於兒童保護社會工作者（受督導者）提供督導時，必須同時注意這兩方面的特質：

（一）督導一般社會福利工作者的特質

根據圖14-1的右側，顯示對於一般社會福利機構員工的督導，不同於實習生督導，而具有九個特質。包括：

1. **時間架構**：屬於長期（long term）的督導。

2. **工作量**：依據機構需要和實務角色而配置工作量。

3. **督導的目的**：主要在於促進實務工作者的專業發展，並提升他們對案主服務的品質。

4. **議程的設定**：督導會議議程的設定，在實務工作者的引領下提出議題者居多。

5. **督導的核心**：在於追求一種令人滿意的工作績效、維持系統的正常運

作、發展團隊工作的互賴關係。

6.**督導功能的平衡**：適度地支持、行政的需求，以及專業的發展。

7.**監督／管理**：依據機構規定的時間、項目和程序，進行稽查。

8.**督導的評量**：按年度實施評量，並連結工作表現的目的。也就是將受督導者的工作表現，併入年終考核成績。

9.**責信**：由督導者、實務工作者（受督導者）、機構、專業組織、服務使用者，共同分擔督導的責信。

（二）督導兒童保護工作者的特質

兒童保護實務工作者處於社會工作實務的第一線，其所服務的對象，以保護性個案居多。

麥克費森與馬克納馬雷（McPherson & Macnamara, 2017: 1）認為，兒童保護實務面對的挑戰，主要源自於無可避免的角色緊張（role tension）、角色混淆（role ambiguity），以及來自關鍵性利害關係人對於以證據為本實務（evidence based practice）的要求。而且，實務工作上情緒付出的性質，又增加督導中一種複雜的面向。

再者，戴維斯與貝多（Davys & Beddoe, 2010: 219）認為，兒童保護社會工作實施的社會服務機構，經常瀰漫著風險厭惡（risk-averse）的氣氛、嚴格管制（stringent regulation）、指示性實務（prescribed practice）、害怕出現而成媒體的代罪羔羊（media scapegoating）。

綜合這兩種文獻，將兒童保護實務工作者（受督導者）的特質，歸納為下列六項：

1.**容易產生角色緊張和角色混淆**：兒童保護實務應以預防為焦點，為兒童及其家庭提供支持性服務，但機構經常要求聚焦於高風險（high risk）的兒童，因而在角色上容易產生緊張和混淆。

2.**因應以證據為本實務的要求**：兒童保護實務為保護兒童權益，常需將受虐兒童安置，而他們的父母、監護人，以及機構管理者，卻嚴格要求依證

據行事，導致難以因應。

3. **經常需要情緒的付出**：兒童保護工作者常需回應專業能力的質疑、案主成果的期待，並且擔心自己的安全、壓力、倦怠的問題，情緒經常處於緊繃狀態。

4. **充滿風險厭惡的氛圍**：兒童保護是一種「風險的工作」（risky work），如果因為不適當的保護服務而導致兒童死亡，就可能成為被責備的對象。

5. **實務上的嚴格管控**：由於「個案管理」（case management）的文化，偏愛詳細而且複雜的程序，導致專業的裁量權（professional discretion）被削減，而關懷也被一種監視的文化（culture of surveillance）所取而代之。

6. **擔心成為媒體評論的代罪羔羊**：社會大眾對於兒童保護之類的法定機構，認為它們強而有力，應確保兒童的安全。一旦出差錯，實務工作者就成為媒體評論的代罪羔羊。

二、兒童保護領域的督導者

兒童保護、托育服務、早期療育，是當前兒童福利的重點工作。這些兒童福利工作的督導，通常由兒童福利的督導者統籌辦理，很少特別為兒童保護另外配置一個督導者。

波特與布里坦（Potter & Brittain, 2009: 10-11）指出，美國兒童福利督導的勞動力狀況，我們所知有限，但是他們還是綜合相關研究，提出兒童福利督導者的一些背景資料。茲擇要說明，藉觀一斑：

（一）**督導者的年齡和性別**：兒童福利督導者的年齡比較大，平均約40歲；有較多的兒童福利經驗，平均有10年至15年的經驗；督導者大部分是女性。

（二）**督導者的教育和訓練**：美國許多州並沒有要求督導者要具備學士以上教育程度，但是有些州50%至75%的督導者獲有碩士學位。許多州都

要求督導者接受平均70小時職前訓練（pre-service training），而年度訓練（annual training）的要求則爲平均30小時。至於管理者的訓練（managerial training），是提供給第一次負有督導他人責任者，並非因應督導者晉升至中間管理職位而增強他們的管理知能。也有一些證據顯示，督導者訓練並沒有涵蓋督導工作所需的管理知能，基本的焦點是放在人際關係、技術性的技巧，而忽略了策略性思考和規劃。

（三）**督導者的工作滿意度**：有關兒童福利督導者的工作滿意（job satisfaction）和職場壓力源（workplace stressors）的實證資料不多。一項研究發現，約有21%的兒童福利督導者表示他們的工作滿意度屬於「低」（low）的層次；兒童福利督導者的工作滿意度低，相對上表示他們有較高的情緒壓力（emotional stress），導致他們有高風險的倦怠感（burnout）（Poulin & Manning, 1997; cited in Potter & Brittain, 2009: 11）。

（四）**督導者的壓力來源**：一項有關兒童福利工作者與督導者壓力來源的研究顯示，多數督導者都有持續性的壓力來源。例如，59.6%認爲壓力來自組織的變革、44.4%認爲壓力來自公衆或媒體的審視（public and media scrutiny）、78.7%認爲壓力來自高工作量、44.7%認爲壓力來自於文書的要求。另外，重大事件的壓力來源也普遍存在。例如，57.4%表示壓力來自同事的威脅、51%表示壓力來自兒童由於遭受虐待或疏忽而死亡（Regehr et al., 2002, cited in Potter & Brittain, 2009: 11）。

也許，上述美國兒童福利督導者的情況，對於兒童保護督導有一些啓示作用。例如，兒童保護的督導者可優先考慮由年齡較大、兒童福利經驗較多者擔任；而且，擔任督導者之前，必須參加一定時數的職前訓練，以及一定時數的年度訓練。此外，機構的管理者如果負有督導責任，甚至也擔任督導者，亦需參加一定時數的督導／管理訓練。至於督導者的壓力大、工作滿意度低，必要時，可考慮爲督導者提供督導者（SoS）。

三、兒童保護的督導取向

兒童保護督導的目的，係由督導者透過督導的過程，促使實務工作者將可能最佳的服務，輸送給機構的案主。

麥克費森與馬克納馬雷（McPherson & Macnamara, 2017: 27-28）為協助督導者有效地督導實務工作者，以保護兒童的安全，乃積極發展一種整合模式的督導（Integrative Model of Supervision, IMS），作為兒童保護督導的基本架構。

這種督導取向的規劃，全部有五個面向，並且合併三個傳統的督導功能：教育、行政和支持，再將調解（mediation）的功能包括在內，但是以「倡導」（advocacy）取而代之。因此，調解就變成管理和領導功能的一個要素。這種整合模式督導的架構，如圖14-2：

圖14-2　一種整合模式的督導

資料來源：McPherson & Macnamara, 2017, p.28.（精簡文字）

　　由圖14-2的架構，可知這種整合模式的督導，包括五個面向。以下略作說明：

　　（一）**保持兒童在心裡、在督導關係的核心**（keeping the child in mind and at the heart of supervisory relation）：這是整合模式督導的第一個面向，也是督導的核心。兒童保護督導的目的，是經常將脆弱的兒童（vulnerable child）放在心裡，也放在督導關係的核心地帶，聚焦在兒童發展的需求，促進兒童服務，並強化和充權兒童的家庭去照顧他們的孩子。

　　（二）**知識和技巧的發展**（knowledge and skill development）：這是整合模式督導的第二個面向，其重點在發展實驗的和理論的知識（empirical and theoretical knowledge）、自我的知識（self-knowledge）和實務智慧（practice wisdom）。對於促進學習，是以證據告知爲取向（evidence-informed approach），採取示範、監督、教練等教學方式，替代現代主義的觀點。在這個面向，知識發展的目的，是充權受督導者，使他們能在模糊不清（ambiguity）和不確定（uncertainty）的環境中，協力合作，進行學習。

　　（三）**領導和管理**（leadership and management）：這是整合模式督導的第三個面向，採用策略性管理取向，以支持治理、透明的程序、公平，及工作量和資源的正確配置。爲了有效「平衡」（balancing）這項功能，必須管理保持兒童在心裡、在反思的核心，調解受督導者與組織之間的適當性。對於領導，則以轉化取向，尋求權力的適當分配，而不是將權力集中，因而被視爲更加適合社會工作的價值。

　　（四）**倡導**（advocacy）：這是整合模式督導的第四個面向，也是一種前瞻的功能（proactive function），要求督導者投入於辨識和分析實務上所呈現的重要議題，作爲一個變遷的經紀人（agent of change），以行動爲受督導者和服務使用者的利益而倡導。作爲一個倡導者，督導者也在組織和社區裡，採用企業的洞察力，連結領導和管理的功能，策略性地辨識關切的議題，使管理更加適當。

　　（五）**安全**（safety）：這是整合模式督導的第五個面向，也是一種拱

形的架構（overarches），包容著其他四種功能。它的核心引導原則，是由督導者與受督導者協同創造和維持一種安全的督導關係，繼續不斷地評估在環境中可能發生的風險，並且主動地反應和抑制焦慮、苦惱和創傷。同時，安全關係的創造和維持，也將權力、性別、文化、差異等議題，列入考慮範圍。

上述整合模式的督導（IMS）以鑽石型態呈現，雖然五個面向的每一個面向是個別地描述，但是彼此也連結成為一種不能打斷的鏈（unbroken chain）（McPherson & Macnamara, 2017: 30）。

因此，兒童保護督導的取向，必須以「兒童」為核心，進行：知識技巧的發展（教育功能）、領導與管理的策略（行政、調解功能）、案主權益的倡導（支持功能）、安全關係的創造和維持（安全功能）等面向的行動設計，並付諸實施，最後進入整合的樣態。

四、兒童保護的督導方式

社會工作督導有多種實施方式，我們在第九章已經提及。但是，史丹里與勾達德（Stanley & Goddard, 2002, cited in Beddoe & Davys, 2016: 223）堅決主張兒童保護社會工作者必須接受同儕團體督導、諮詢、外部督導，以滿足他們對督導需求的寬度。茲略加申言：

（一）**同儕團體督導**：同儕督導是具有類似的經驗的督導者與受督導者之間，進行非階層間對話的一種督導方式（Golia & McGovern, 2013: 2）。採用這種督導方式，由具有兒童保護經驗的督導者，為從事兒童保護實務的受督導者提供督導，可謂合情合理。然而，同儕督導也有個別督導、團體督導、跨專業督導之分。其中，由三人以上組成的同儕團體督導，對於同樣有高壓力、低滿足的受督導者同儕而言，透過團體督導過程，彼此分享經驗、相互支持、相互打氣，應可發揮更大的督導效果。

（二）**諮詢式督導**（consultative supervision）：這是實務工作者在協助

案主時，突然陷入困難處境，必須在正式規劃的督導會議之外，緊急尋求同事的諮詢服務，在策略上暫代督導，稱爲諮詢式督導（Howe & Gray, 2013: 17）。採用這種督導方式，對於經常無法預期而且需要緊急處理的兒童保護事件而言，即時、就近由兒童保護工作者的同事提供諮詢，可降低兒童受害程度，可說是一種救急的督導方式。

（三）**外部督導**：兒童保護實務，有各式各樣的問題，內部督導有時力有未逮，借重外部督導者的專業知能和經驗，對於兒童保護的工作者，可以提供更有效的督導，應可預期。況且，在臺灣，社會福利機關（構）經常將兒童保護業務契約委外辦理，承辦單位運用外部督導，也是一種必要的做法。

無論如何，兒童保護工作充滿各種不確定的風險，督導方式必須因應受督導者的需要，彈性運用，不必拘泥於某種督導方式。甚至，兒童偶發事件，臨時介入督導，也無不可。

五、兒童保護督導的一些議題

在兒童保護領域，兒童面臨許多風險，實務工作者也面臨許多挑戰，如何提供有效的督導，使實務工作者對兒童輸送最佳服務，也成爲眾所關注的議題。以下提出三個實務議題，略予討論：

（一）**督導與實務工作者的留任或離職**

兒童保護職場的社工，事情多，壓力大，流動頻繁，是一種普遍存在的現象。文獻上也經常討論督導與兒童保護社工留任或離職（retention or turnover）的關聯性。例如，吉布斯（Gibbs, 2001, cited in Wonnacott, 2013: 21）研究有關影響兒童保護工作人員留任的因素，發現高品質的督導方式是其中一個重要因素。戴維斯與貝多（Davys & Beddoe, 2010:11）指出，有效的督導對於留住兒童福利優良人力有正面影響；低度的督導支持，則與員工

離職的意圖有顯著關係。麥克費森與馬克納馬雷（McPherson & Macnamara, 2017: 1）在他們有關兒童保護的研究報告中，引用一位研究參與者（兒保社工）的話：「督導者和第一線領導者造成無數的影響，人們留任，由於督導者（people stay in the work because of supervisors）；人們離開，由於督導者（people leave because of supervisors），所以獲得正確的督導者，非常重要。」

現在，我們知道督導與留任或離職的關係，成也督導，敗也督導。然後呢？應該是找出原因，提供對策：

1.**實務工作者留任的原因**：在兒童保護領域，影響實務工作者留任或離職的原因，相當複雜，大致可歸納為兩方面（McPherson & Macnamara, 2017: 15）：

(1) 個人的因素：例如，專業工作者投入於兒童與家庭的能力、先前的工作經驗、教育，甚至是雙語的使用（bilingual）。

(2) 組織的因素：例如，督導者的支持、合理的工作量、協同工作者的支持（co-worker support）、晉升的機會、組織對於員工的承諾和肯定。

2.**督導工作的因應策略**：上述因素之中，督導者的支持是一個關鍵性因素，其因應策略，包括：督導者的角色，必須是「實務的行家」（practice expert）；根據實務工作者的觀點，來定義督導的品質，藉以提供情緒支持和建議（McPherson & Macnamara, 2017: 15）。另外，吉布斯（Gibbs, 2001, cited in Wonnacott, 2013: 21）建議，留任兒童保護工作人員的督導方式，是協助他們了解工作的價值，探索感受、想法和行為之間的關係及其對情緒的影響，並且促進工作者繼續學習。

無論如何，實務工作者的留任，也可節省重新訓練員工的財務成本，並且有助於工作者累積兒童保護的經驗，增進其服務的品質。

（二）督導對壓力、倦怠、焦慮和替代性創傷的回應

在兒童保護實務的領域，經常有脆弱的兒童（vulnerable children），也

有脆弱的工作者（vulnerable workers），以及這兩者之間相互影響的複雜因素（Davys & Beddoe, 2010: 228）。因此，實務工作者經常情緒緊繃，連帶著也衝擊實務和督導的品質，促使督導者必須妥善回應，以免惡化。這些影響情緒的關鍵因素，包括下列四者（McPherson & Macnamara, 2017: 12-13）：

1. **壓力**（stress）：例如，實務工作者為了安置受虐兒童，可能受到兒童家人的身體攻擊和言語威脅，壓力很大。對此，督導者的回應，是即時給予情緒支持。

2. **倦怠**（burnout）：例如，實務工作者的工作負荷過重、配置的資源不足、工作缺乏自主性，還要花費許多時間在文書作業上，容易倦怠。對此，督導者的回應，是從行政／管理上協助他們解決潛在的問題。

3. **焦慮**（anxiety）：例如，機構管理階層對於實務工作者的行動，監視多於支持，對於責信要求的方式，不合理，經常引發焦慮。對此，督導者的回應，該是居中調解，或者充當「變遷的經紀人」，促使機構進行組織文化的變革。

4. **替代性創傷**（vicarious trauma）：例如，兒童遭到性虐待、外在傷害、不幸死亡等創傷事件，實務工作者聽到或看到之後，即使沒有實際暴露在事件之中，卻如同親自經驗重大打擊，而出現類似創傷後症候群（posttraumatic stress disorder, PTSD）的現象。這種替代性創傷，也稱為「二度創傷」（secondary trauma）或「同情心貧乏症」（compassion fatigue）（Baker, 2014: 449）。對此，督導者的回應，是促進實務工作者學習「情緒克制」（emotional containment）的觀念，容許他們有一種「安全」（safe）反思的空間，使實務工作者能與模稜兩可和不確定一起工作。

綜言之，督導者對於實務工作者的壓力、倦怠、焦慮、替代性創傷的回應方式，必須兼顧督導中五種功能：行政、教育、支持、調解、安全的整合及平衡。

（三）督導與案主服務的成果

社會工作督導除了促進受督導者的實務改善和專業生涯發展之外，特別重視案主服務的成果，這是它不同於其他助人專業督導的特質之一。這種特質，我們在第一章討論督導的定義時，已經提及。

同樣道理，在兒童保護實務中，督導的最終目的是根據機構的政策和程序，對機構的案主輸送最佳數量和品質的服務。

一項有關社會工作督導影響案主成果的研究，發現督導者問題解決的技巧，對於案主目的的達成；督導者的同理心，對於案主一般的滿意度，都有正相關。而且，特定督導者的技巧，也正向影響特定案主的成果。其結論是，督導關係的品質，比督導者的技巧，對於案主成果是更佳的預測器（better predictor）。其建議是：將注意力放在督導者同理心和問題解決的技巧，以及督導的關係，作爲案主成果的預測器（Harkness, 1995: 73, cited in McPherson & Macnamara, 2017: 15）。

依此類推，爲了保證案主兒童能從他們的工作者獲得滿意的成果，督導者必須強化他與實務工作者的督導關係，以及同理和問題解決的技巧。奈何，目前缺乏兒童保護有關督導與案主成果的實證研究，不無遺憾。這是社會工作督導未來發展必須關注的議題，在第十五章將作說明。

第三節　學校社會工作的督導

學校社會工作的督導，是在教育的脈絡中實施。對於社會工作督導者而言，學校是他的次場域（secondary setting），就好像球賽在別人的球場開打一樣，督導工作的阻力可能比較多。

顧名思義，學校社會工作，就是在學校實施社會工作服務（social work service in school），也就是社會工作人員進入學校體系中，為學生提供社工服務。

目前，全球有五十多個國家，實施學校社會工作制度。在臺灣，國民中小學五十班以上，得任用專業輔導人員，含臨床心理師、諮商心理師或社會工作師。各縣市政府在教育局之下，則設有學生輔導諮商中心，置主任一人，下設諮商輔導、適應發展、行政管理等組。另有少數學生輔諮中心設有督導組或督導人員，對各分區學校的專業輔導人員進行督導和協助。

無論中外，有關學校社會工作督導的文獻，非常罕見。目前，只找到布魯斯東米勒等人（Bluestone-Miller, et al., 2016）所撰寫有關學校社會工作督導的一篇專文（cited in Masset et al., 2016: 76-91）。茲根據有限的資料，略述督導在學校社會工作的應用：

一、督導學校社工的特質

在教育的脈絡中，教育人員是主體。對學校社工而言，學校是他們的次設施（secondary setting）。因此，相對於社會工作的其他領域，學校社會工作督導有一些不同的特質。例如：

（一）**沒有直接的社會工作督導**：在美國，學校內部通常並沒有直接的社會工作督導，而是由社會工作領域以外的人提供督導，例如校長或特殊教育協調者（special education coordinators）（Bluestone-Miller et al., 2016:

78）。

（二）**經常面臨許多特別的挑戰**：學校社工師必須在教育指令的界線內，輸送他們的服務。有關處遇方案，都被要求遵守教育的政策和法令。相對於社會工作強調的社會正義和案主自決，常使學校社工師在校園裡感覺孤單（feeling isolated）（Bluestone-Miller et al., 2016: 77）。因為，他們常須單獨面對挑戰，而沒有社工專業督導者可即時協助他們。

簡單地說，學校社工師在基本信念、核心價值、傳統觀念、一般態度，不同於教育人員（林勝義，2015a：58），在督導方面難免有些障礙，必須克服。

二、學校社工的督導者

社會工作與教育工作是互補的專業（complementary professions）（Huxtable, Sottie & Ulzitungalag, 2012: 232），對於學校社會工作督導者的配置，也常橫跨教育和社會工作兩個領域。

以臺灣為例，2011年全面實施學校社會工作，各縣市學生輔導諮商中心設置督導人員的情況不一。經2018/7/24檢索各縣市學生輔諮中心官網絡，臺中市、新竹縣、花蓮縣，設有行政督導、專業督導；高雄市設有督導組、屏東縣設專業督導（含外聘總督導一人）、專業輔導人員兼督導，其餘縣市查無資料。綜合言之，當前臺灣學校社會工作師的督導者有三種：

（一）**行政督導**：以新竹縣為例，在學生輔導諮商中心主任之下設行政督導，協助主任推動各項業務、督導及協助專任專業輔導人員執行相關行政工作。

（二）**專業督導**：以屏東縣為例，聘請社會工作領域的專家，兼任專業督導，定期主持督導會議，協助並指導心理師、社工師及學校輔導人員處理服務個案過程中面臨的問題或困境。

（三）**專業輔導人員兼任督導**：以屏東縣為例，專業輔導人員兼任督

導，負責督導及指導兼任人員及其他事項。

衡諸事實，學校校長、學生輔導諮商中心主任、學校輔導室主任，即使他們沒有掛上「督導」的頭銜，通常對學校社工師也負有行政督導的責任。但是，整體而言，臺灣學校社會工作的督導，尚待建立制度。

三、學校社會工作的督導取向

美國自2004年推動「不讓兒童落後法案」（No Children Left Behind Act, NCLB）之後，學校社會工作者的角色有極大的轉變，從聚焦於提供個案和團體工作，轉變到能力建立（capacity-building）和多層次取向（multitiered approach）。督導者的重要角色，也轉而協助學校社會工作者蒐集學生資料，以證據為基礎形成介入方案（evidence-based intervention）（Bluestone-Miller et al., 2016:80）。

後來，美國在教育政策上，以多層次取向的概念，逐步發展為學校社會工作的反應式介入模式（response to intervention model, RTI），為學生提供不同方式的支持和介入（林勝義，2015a: 94）。這種RTI模式，與目前臺灣國民中小學實施的三級輔導工作的架構，相當類似（林勝義，2015a: 16）。

簡言之，目前學校社會工作的督導取向，是配合臺灣三級輔導中的「發展性輔導」（初級），「介入性輔導」（次級），「處遇性輔導」（三級），對學校社工提供適當的督導方案。當然，未來學生輔導取向有所轉變，督導取向亦須隨之調整。

四、學校社會工作的督導方式

有關於學校社會工作的督導方式，布魯斯東米勒等人（Bluestone-Miller et al., 2016）認為在較大的學區，個別督導通常不可行，而且不合成本與效益，他們強烈推薦三種更適合的督導方式，我們認為還可增加跨專業的督導

方式。以下合併說明：

（一）**小團體督導**（small group supervision）：對於新手社會工作者，在一個熟手社會工作者領導下，進行小團體督導會議，不僅可滿足新手社工的專業需求，而且能提供他們獲得證照所必要的督導時數（p.86）。

（二）**同儕團體督導**：美國有些學區沒有給任何種類的正式督導，於是許多學校社會工作者自己發展同儕支持／督導團體（peer support/supervision group），他們發現這種方式，午餐時間、放學後，彼此約個時間，就可進行，而且沒有正式的督導者，討論問題更加坦率，只是這類團體督導在換照時，不被列入正式督導的條件（pp.86-87）。

（三）**線上督導**（online supervision）：對於那些不能接受面對面督導、生活於偏遠地區、必須考慮隱私、在工作之後不能離開家的學校社工，這種類似「聊天室」（chat room）的督導方式，是一種有用的選擇，但是談到學生時，必須掩飾他們的姓名和校名（p.87）。

（四）**跨專業督導**：在臺灣，五十五班以上的國民中小學，可任用專業專任輔導人員，包括：諮商心理師、臨床心理師、學校社工師。除了個別由他們的專業督導者提供個別督導或團體督導之外，也可考慮實施跨專業督導，每學期至少一次，不僅促進學生輔導團隊的凝聚力，而且增加不同專業間的了解，以便相互支援。

簡言之，督導者必須考慮學區大小、學校社工的人數、成熟度、需求、特殊情況，然後與受督導者商量，共同選擇他們認為最適合的督導方式。

五、學校社會工作督導的一些議題

雖然，1906年已有學校社會工作，但是，2016年才看到第一篇學校社會工作督導的論述，在這個領域的督導發展初期，可以討論的督導議題必然不少。信手拈來，就有兩個：

（一）督導者的養成

在臺灣，曾有某一縣市學生輔導諮商中心，在甄選學校社會工作督導的簡章規定督導者的資格：

1. 具碩士學位者曾任學校社工師三年以上。

2. 具學士學位者曾任學校社工師五年以上。

3. 須檢附計畫書三至五百字，其內容含：準備成爲督導所做的努力、如何運用督導制度提升○○縣市學校社工師的服務績效、成爲督導可爲○○縣市學校社工制度的貢獻（占50%，另外口試占50%）。

由此觀之，好像擔任學校社工師的時間夠久、有擔任督導者的意圖，就可能成爲學校社工師的督導者。其實，爲提升學校社工督導者的素質，以確保學校社工督導的有效性，對督導者應有更嚴格的必備條件。例如，須參加督導訓練一定時數、須督導他人一定時數，甚至須經社工專業團體「督導者」認證合格，始具報考資格。

（二）督導功能的平衡

目前，臺灣22縣市學生輔導諮商中心之中，已爲學校社工師提供督導的縣市，約爲1/3，且側重於行政督導與專業督導兩項功能，而忽略督導的其他功能，顯然有所不足。

例如，學校社工師在日常的服務過程中，經常要面對霸凌、濫藥、暴力的學生，這沒有不可預測的風險（督導的安全功能）？經常要苦口婆心勸導中輟生返回學校，沒幾天又故態復萌，這沒有挫折感（督導的支持功能）？經常必須與學生家長、學校行政人員、社區資源提供者進行協調，這沒有任何障礙（督導的調解功能）？

對此，學校社會工作督導者在行政的、教育的督導功能之外，必須兼顧安全的、情緒支持的、調解的督導功能，儘量維持督導功能的平衡。

簡言之，學校社會工作督導者的資格要求、督導的功能的平衡提供，都還有很大的改善空間。

第四節 志願服務領域的督導

志願服務領域的督導，以志工為受督導者，除了實施於社會福利的脈絡之外，很多時候是實施於各式各樣的脈絡，而且督導者大部分不是社會工作者。感覺上，督導工作比前述三個領域更加複雜。

無論如何，就人力資源（human resource）的觀點而言，志工與員工都是各類機關（構）的重要人力，使得志工人力的運用及其督導，愈來愈受到關注。

以臺灣為例，志願服務法第十一條規定：志願服務運用單位應提供志工必要之資訊，並指定專人負責志願服務之督導。推究這項規定的用意，無非是要透過督導者的協助，使願意投入志工服務的人力，做最有效的運用。以下分五方面略述志願服務領域的督導工作：

一、督導志願服務的特質

臺灣現行的志願服務法第三條，對於志願服務有明確的界定：志願服務是民眾基於自由意志，非基於個人義務或法律責任，秉誠心以知識、體能、勞力、經驗、技術、時間等貢獻社會，不以獲取報酬為目的，以提高公共事務效能及增進社會公益所為之各項輔助性服務。職是以觀，投入志願服務的志工，有一些不同於機構員工的特質，這是督導者不能忽略之處。例如：

（一）**志工自主性較強**：通常，志工認為他們參加志願服務是自己的選擇，因而對於服務的項目、時間的安排、服務的方式，常有自己的主見。他們期待督導者尊重他們的想法，多和他們溝通、商量，不喜歡聽到：這是機構的規定。

（二）**志工異質性較高**：一個志工團隊的成員，在年齡上，可能有老、中、青；在教育程度方面，可能高低差距懸殊；在職業背景方面，可能有退

休人員、家庭主婦、上班族、學生；在參與志願服務的動機方面，更是五花八門，不一而足。因此，他們期待督導者不要以偏概全，認為他們都是怎樣？應該怎樣？

（三）**志工有愛管閒事傾向**：就字面上解釋，志工是有「心」人「士」所做的服務工作。也許他們看到兒少老弱者需要關懷、家暴需要防治，或者這個看不慣、對那個不滿意，就跳出來做志工。因此，志工好像比較好管閒事。有時候，熱心過度，連不是志願服務的事也愛插手，甚至想要替天行道，扭轉乾坤。好像有一些志工比較不容易督導，但是大部分志工，知所進退，不大需要督導。

（四）**志工不同於正式的員工**：志工所做的服務，是輔助性、不支薪的工作。因此，不喜歡督導者像對待員工一樣，對他們要求太多，管得太嚴。不過，既來之，則安之，他們願意出來當志工，對於運用單位或志工團隊所分派的工作，通常會盡心盡力，如期完成，不太需要督導者催促。而且，多數志工對於運用單位的任務，具有認同感；對於機構的忠誠度，也很高，不會愛來不來。

當然，這些只是志工的一部分特質。不同運用單位的志工，還可能有其他不同的特質。例如，地政志工，多數是由地政士擔任；中小企業的榮譽指導員（企業志工），多數是由中小企業經理人擔任。他們就有不同的特質，督導者必須先認識受督導者的特質，作為督導的準備。

二、志願服務的督導者

臺灣現行的志願服務法，在第四條依據志願服務的主管機關與目的事業主管機關，列舉志願服務的運用單位，包括：社會服務、教育、輔導、文化、科學、體育、消防救難、交通安全、環境保護、衛生保健、合作發展、經濟、研究。其實不只這些，還有外交、國防、政風、客家事務、原住民事務等許多單位，也已運用志工。

這些運用志工的單位，依前法第十一條規定，應指定專人負責志願服務之督導。就實際情況而言，志願服務的督導者約有下列三種：

（一）**志工業務承辦人**：大多數志工運用單位，會指定志工業務承辦人一人，擔任志工督導者。通常，承辦人是機構的專職人員，他們除了辦理志工業務之外，還有本職業務，可以說督導志工，名爲專人，實爲兼辦。

（二）**社會工作督導**：社會處局及其附屬單位的志工團隊，承辦人可能是社會工作者，或者由具社會工作督導職稱者，負責督導志工業務，也督導志工。

（三）**志工運用單位的管理者**：凡是運用志工的單位，其主管志工業務的主管人員，通常也對志工團隊及志工實施行政督導。

有時候，少數志工團隊也由資深的志工，負責該團隊的志工督導。這種做法，雖然符合志願服務「低度管理、高度自治」的精神，但是沒有正式的名份。

三、志願服務的督導取向

通常，一個新手志工投入志願服務之後，在志工生涯上也會有一些心態變化，一般可能經過：探索期、平穩期、期待期、不滿期、調適期等五個階段（林勝義，2015b：37-38）。理論上，志願服務的督導，宜採用漸進式的取向，依據志工個人的生涯發展階段，提供適切的督導。

在文獻上，泰必（Taibbi, 2013: 6-9）認爲一個志工進入機構服務，會有不同的改變和成長，督導者必須在其不同成長階段給予差別化的支持，如表14-2所示：

表14-2 志工四個階段的督導方式

	階段一	階段二	階段三	階段四
督導的角色	教學者（teacher）	引導者（guide）	守護者（gatekeeper）	諮詢提供者（consultant）
特徵	知道自己有什麼不知之處；反應、無法處理服內容。	不知道自己知道什麼；開始穩定下來；聚焦於服務過程；更有前瞻性。	不知道自己還有什麼不知道之處；有盲點；憤怒／魄力；抗拒依賴；失落／悲痛。	知道自己知道了什麼；督導者如同儕；諮詢提供者；個別的／整合的。
目的	發展信任和安全感；降低焦慮；有評估技巧；導向於機構和工作	管理督導會議過程；增加自我覺察；擴展服務型態。	探索／試驗；維持分際；服務型態的覺察。	問題解決案例；優缺點的覺察；定義／整合專業的角色／服務型態。
任務	教導服務技巧；一對一／觀察員工；發展督導計畫。	角色扮演；現場觀察和協調；協同處理；練習撰寫服務報告	團體督導；督導訓練；教學助手取向／擴大學習範圍。	擴大工作責任；創造領導機會。
挑戰	責任不堪負荷；填鴨式教學；仍有焦慮—古板／倦怠；缺乏實務能力	好像在鼓勵依賴；進退兩難；界線模糊。	過度對立；缺乏耐性；引發反抗；雙重關係／惡待服務使用者	厭煩／了無新意；督導者與實際服務者之間的界線模糊。

資料來源：Taibbi, 2013, p.6

茲根據表14-2，略述志工在四個成長階段的特徵，以及督導者在該階段應有的角色和任務：

（一）**階段一**：一個志工在參加志願服務初期，他知道自己有什麼不知之處（know what don't know），就好像志願服務領域的「新鮮人」（freshman），他知道自己不懂得如何服務，害怕做錯，動輒向督導者反應：我這樣做，對嗎？怎麼做，比較好？他們對於服務內容，似乎無法自己處理。此時，督導者適宜扮演「教導者」（teacher）的角色，教導這個階段的志工，學習一些簡單的服務技巧，或建議他們觀察其他志工怎麼做，跟他們學習，並且與這個階段的志工，討論服務的內容和做法。可能的話，共同完成一份志願服務的「工作說明書」（job description），作為服務的藍本。

（二）**階段二**：這個階段的志工，不知道自己知道什麼（don't know

what know），雖然已有一些服務的知識和技巧，但是不一定能清楚表達和使用。同時，服務工作慢慢穩定下來，聚焦在服務的過程，也比以前更有前瞻性。此時，督導者適宜扮演「引導者」（guide）的角色，指導志工進行「優質志工」的角色扮演；在這個階段志工的服務現場，觀察他們的服務情況，進行必要的協調；並協同他們處理服務相關事宜；也指導這個階段的志工，練習撰寫服務紀錄和成果報告。

（三）**階段三**：在這個階段，志工不知道自己還有什麼不知道的地方（don't know what don't know），也就是自以爲服務多年，經驗老到，什麼都知道（know all），其實還是有一些盲點；有時候，服務工作不如人意，可能發怒，聲稱一定有能力做好；拒絕其他志工幫忙；有時可能因爲不滿而有失落感，甚至悲痛感。此時，督導者適宜扮演「守護者」（gatekeeper）的角色，爲這個階段的志工，提供團體督導，讓成員彼此分享不同看法，以調適自己；並透過督導訓練，嘗試讓資深志工成爲教學助手（teach adjunct），藉以擴大學習的範圍。

（四）**階段四**：這個階段的志工，知道自己知道了什麼（know what know），對於服務的內容和技巧，大致已經成熟，也能運用自如，視督導者爲他的同儕。也有能力作爲其他志工諮詢提供者，可能發展出個別的服務方式，或者發展出整合的服務方式。此時，督導者適宜扮演「諮詢提供者」（consultant）的角色，協助這個階段的志工，擴大服務工作的責任範圍，創造領導其他志工的機會。

簡言之，督導者的最佳實務，是依據志工在服務方面的成熟度，扮演對應的角色，實施適合該發展階段的督導方式，以完成該階段的督導任務。

四、志願服務的督導方式

爲志工提供督導時，適合採用何種督導方式？可能要先評估志工團隊多數志工（或個別志工）的特質，以及多數志工（或個別志工）在志工生涯所

處的階段，再選擇對應的督導方式。例如：

（一）**走動式督導**：同一個團隊的志工，經常分散在不同的服務點進行服務，適合採用走動式督導，由督導者巡迴於志工的服務現場，視實際需求，提供督導。

（二）**團體督導**：有些規模較大的志工團隊，實施志工分組服務，例如臺北榮總將志工隊分散在23醫療科室進行服務；或者志工按日期分組服務，例如高雄美術館分為星期二志工、星期三志工等。此種情況，適合按分組實施團體督導。

（三）**個別督導**：雖然個別督導常須花費較大的時間成本，但是對於某特定性質的志工，例如愛告狀；或者在服務過程遭受特殊困境，被服務對象打傷的志工，適合採用個別督導方式，協助個別志工。

必要時，網路督導、諮詢式督導，對於特殊的志工團隊成員，例如玉山國家公園導覽解說志工、科學園區網路志工，也是適當的督導方式。

五、志願服務督導一些議題

對志工而言，志願服務不是他們的正式工作；對運用單位而言，志工督導者（業務承辦人）不一定具有社會工作專業背景，因而志願服務督導有許多議題可以討論，其犖犖大者，有三：

（一）志工督導的教育訓練

目前，志願服務運用單位之中，除了社會服務單位較常指定社會工作者擔任志工督導之外，其他環保、文化、教育、警政、戶政等眾多運用單位的志工督導，多數未受過任何督導所需知能的訓練，甚至也沒有參加過志願服務訓練，卻需負責督導那些完成志工訓練規定時數，且領有志願服務紀錄冊的志工，有時令督導者感到為難，加上志工業務「人少、事繁、壓力大」，導致志工督導的流動率居高不大，經常一、二年就換人督導。

　　論其改善之道，允宜加強志工督導的訓練，其訓練課程可包括：(1)志願服務法規，(2)志工管理過程，(3)督導關係，(4)督導的技巧，(5)督導的方法（張英陣，2017：43-60）。

（二）志工督導的心理調適

　　任何督導者在督導別人的過程，或多或少都會面臨一些壓力，而督導自主性強、異質性高、愛管閒事的志工，壓力更大。

　　志工督導者的壓力，可能來自督導者自我期許過高，急於證明自己能夠勝任督導工作；也可能來自機構管理階層的要求過多，時常擔心不能如期完成上級交付的任務；更可能來自志工負面回饋的衝擊。

　　那麼，志工督導者如何因應面對來自各方的壓力？除了增強自己的督導技巧和能力之外，自我的使用（use-of-self）已被證實是有效紓解壓力的方式。督導者在自己的內心尋找或創造時間和空間，停下來思考，處理不舒服的感覺，讓壓力逐漸冷卻下來（Davys & Beddoe, 2010: 229）。

　　這種方式，也就是一種自我的心理調適，例如：有時碰到自視甚高且常提出新點子的志工，心理壓力很大。這時，志工督導者可採較為開放的心胸，傾聽他的意見，並表示提醒自己，這是被幫助，而非被批評（曾華源，2005：59）。

（三）志推中心委外辦理之督導

　　臺灣22個縣市之中，已有21個縣市成立志願服務推廣中心，而且絕大多數縣市係透過政府採購法，公開招標，委外辦理。

　　雖然，在委辦契約訂有：得標廠商必須進用社工○人、一年內對社工至少實施督導○次、一年內對縣市境內依法成立的志工團隊至少實施督導○次。但是，實際的執行情形，經常出現一些問題。例如，得標廠商的負責人不具社工專業背景，卻以主管身分督導專業社工，外行督導內行的結果，不免讓人擔心。至於得標廠商對於志工團隊的督導，多數只是形式上完成規定

的督導次數，即使志工團隊或志工還存在許多問題，也不再進行追蹤督導，因為督導次數已經達標。

再者，政府將志推中心委外辦理之後，應有的督導和輔導也未落實，往往在得標廠商提出期中報告，暴露問題之後，才急就章謀求補救，事實上對志工團隊和志工的傷害已經造成。

也許，這是政府契約外包的一種通病，有待全盤檢視及改善，以強化所有契約委外專案的督導工作。

總體說來，本章只選擇社會工作實習、兒童保護、學校社會工作、志願服務等四種受督導者，略述社會工作督導在這些領域的應用，必然還有很多社會工作與社會福利的重要領域，因篇幅有限，而未及探討，不免有所遺憾。不過，這一章嘗試提出探討督導應用的架構：該領域督導（受督導者）的特質、督導者、督導取向、督導方式、一些議題，也許可供後續探討督導在其他領域應用之參考。

【本章重點】

1. 社會工作實習著重於實習安置和督導，透過社會工作實習，學生有機會將他們在教室所學知識和技巧，應用於不同的人群服務方案。

2. 督導社工實習生時，必需把握的特質：(1)實習期間較短、(2)工作配置量有限、(3)督導目的在學習入門的能力、(4)共同設定議程、(5)督導核心強調批判性分析、(6)督導功能著重情緒支持、(7)密集實施監督管理、(8)結構化的績效評量、(9)責信共同分擔。

3. 學生實習督導會議的結構性步驟：(1)會議開始、(2)確定議程、(3)描述經驗、(4)澄清經驗、(5)進行反思、(6)評量學生的表現、(7)摘述會議要點。

4. 兒童保護社工面對的挑戰，源自角色緊張、角色混淆，關鍵性利害關係人要求以證據為本（EBP）、情緒的付出，導致督導面向相當複雜。

5. 兒童保護的整合模式的督導（IMS），是以「兒童」為核心，進行：知識技巧的發展、領導與管理的策略、案主權益的倡導、安全關係的創造和維持等面向的行動設計、實施，最後進入整合的樣態。

6. 兒童保護的工作者，留任由於督導者；離開也由於督導者，所以獲得正確的督導者，非常重要。

7. 目前，臺灣學校社工的督導，係配合「發展性輔導」（初級），「介入性輔導」（次級），「處遇性輔導」（三級），對學校社工師提供適當的督導方案。

8. 學校社工督導者在行政的、教育的督導功能之外，必須兼顧安全的、情緒支持的、調解的督導功能，以維持督導功能的平衡。

9. 志願服務法第十一條規定：志願服務運用單位應提供志工必要之資訊，並指定專人負責志願服務之督導。

10. 同一個團隊的志工，經常分散在不同的服務點進行服務，適合採用走動式督導。

【有待探究的議題】

1. 採用反思實務（reflective practice）作為機構實習的教學方式，可能面臨何種挑戰？

2. 美國兒童福利督導者，大部分是女性，平均年齡約40歲，社會福利經驗平均10年至15年。據此以觀，臺灣兒童保護督導者的背景條件有何優缺點？

3. 學校社工師在校園裡經常感覺孤單（feeling isolated），學校社工督導者如何協助他們減少孤單的感覺？

4. 一個新手志工在志工生涯的心態變化，可能經過：探索期、平穩期、期待期、不滿期、調適期，略述這五個階段的督導重點。

第十五章　社會工作督導的未來

在實務上，社會工作督導已可應用於社會工作實習、兒童保護、學校社會工作、志願服務等許多領域，對於促進社會工作者實務和專業的發展，以及改善他們對於案主的服務品質，也有一些具體的績效。

然而，任何實務的正向發展，不只是要「夠好」（good enough），還要「超越夠好」（beyond good enough）（Hawkins & Shohet, 2012: 7）。因此，督導者與機構不應以現有的成就為己足，而應該不斷努力，持續精進。尤其，督導者面對迅速變遷的環境脈絡，以及服務對象不斷提出的新需求，必須及時因應，以確保未來的督導工作有永續發展的可能。

亞當森（Adamson, 2015: 12）認為督導工作可能受到環境脈絡變遷的衝擊，而在督導功能上產生競爭性的緊張。而且，督導工作也可能像預測政治選舉的「鐘擺」（swing mater）一樣，隨著所處環境脈絡的變遷而轉移督導功能（functions of supervision）的重點。這種重點的轉移，在個人方面，強調永續發展（sustainability），包括：為消費者提供有品質（quality）、最佳實務（best practice），以維護消費者權益（consumer rights），並促進實務工作者的專業發展和能力（professional development and competence）；在機構方面，強調職業健康（occupational health），包括：效率（efficiency）、效益（effectiveness）和成本效益（cost-effectiveness）、風險管理（risk management）和責信（accountability）。因而個人與團體之間，以及它們的期待，可能左右擺動或暫時居中。

這種督導功能的鐘擺樣態，與社會工作督導過往的發展情形，頗為類似。因此，我們略加修改，作為說明督導工作未來發展的架構，如圖15-1：

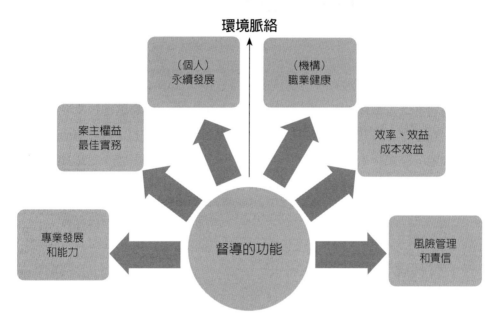

圖15-1　督導工作的鐘擺

資料來源：修改自Adamson, 2015, p.12.

　　由圖15-1顯示，圖的上端是環境脈絡，會影響個人和機構兩者。圖的左邊聚焦於個人面向，期待實務工作者（受督導者）個人在專業和能力的持續發展，並且提供最佳實務，使他們的案主權益得以維護；圖的右邊聚焦於機構（含機構成員的職業健康）面向，期待機構及其成員（含督導者、受督導者）在工作上有效率、效益，符合成本效益，且能有效進行風險管理，克盡實務責信。

　　換言之，隨著環境脈絡的變遷，在督導方面可能引發一些挑戰和爭議，而專家學者對於這些挑戰和爭議的看法。有些人或有些時候，可能偏向於圖的左邊之期待，可能偏向於圖的右邊之期待，也可能居於左右兩極看法的中間。以下略作說明：

第一節　面臨環境的挑戰

　　社會工作督導無法存在於專業的眞空之中，而必須存在種種脈絡裡。這些脈絡包括第五章所提及的：專業脈絡、生態環境、組織脈絡、文化脈絡。尤其，在全球化時代，世界的政治、經濟、社會（人口）、科技等大脈絡，交互衝擊的結果，對於督導的關係或過程，造成深遠的影響，更形成許多挑戰。茲根據霍肯斯與索海特（Hawkins & Shohet, 2012: 7-9）的論述，略加分析：

一、有較多的督導需求

　　整體上，世界人口仍然快速成長。在2011年，全球人口達到70億。聯合國預測人口成長將每年增加0.7%，到2050年，全球將有90億人口。

　　有些人認爲，已開發國家的出生率已經下降。然而，這些國家的生命餘年（life expectancy）仍然增加很多。年齡超過七十歲的人，可能在助人專業使用者中占最大多數。此外，由於政治的因素，移民的人數將持續增加。由於經濟因素，在世界上，最貧窮的人口，與富人世界之間的生活水準，差異懸殊。而且，在世界最貧窮的區域，生態危機又造成嚴重的生活困境。

　　這些將持續增加的老人、移民、低收入等弱勢族群，雖然可增加社會工作者的就業機會，但是助人的困境也將隨著提升。相對上，社會工作督導者爲協助可能經常陷於困境的實務工作者，其所面臨的挑戰，也將更加嚴酷。

二、有較高督導品質的期待

　　未來不僅需要協助的弱勢族群將增多，而且助人專業的使用者之期待也將快速提高。傅利曼（Fridman, 2008）曾指出，這個世界既「炎熱」（hot）

又「擁擠」（crowded），而且「扁平」（flat）（cited in Hawkins & Shohet, 2012: 8）。他的意思是，地球是扁的，我們彼此都無法避免全球化熱浪的影響。

以行動電話（mobile phones）為例，在世界總人口達到70億之前，全世界的手機已達到這個數量（70億隻）。甚至世界上經濟最貧窮的地區，也可以透過手機連接國際網路，案主在許多領域的訊息，變得比專業人員的告知，更容易取得，而且知道如何在一個國家的不同部門，或者在世界的不同地方，取得其他的資訊。如果我們的服務發生錯誤，或者做得不夠好，我們將立即被要求提高服務的品質，因為媒體和國際網路很快就讓每一個人都知道相關的資訊。

這種全球化的相互衝擊，加上資訊科技的快速發展，使得案主隨時隨地可透過網路，獲知及期待較高品質的服務。相對的，實務工作者及其督導者，都將面臨更多的壓力。

三、有較少的督導資源

有些人仍然相信當前的經濟下滑，是一種暫時性的萎縮，未來將逐漸復甦，經濟將持續成長。事實上，許多科學證據已顯示，這是一種危險的集體性否認（dangerous collective denial）。

統計數字顯示，依照最近的運作情形，要穩定人類的生活，我們每年必須使用世界可用資源的140%。換言之，以此方式侵蝕基本的資源，年復一年，將無以為繼。經濟預報對於人口成長與世界消費的預測，到了2050年，我們每年將運用世界資本的500-700%（Gilding, 2011: 51; cited in Hawkins & Shohet, 2012: 8）。我們的財富來自我們生活的世界，這樣大規模地透支，將逐漸削弱我們的資本。

同時，我們在世界經濟權力中，將看到一種大幅度的變動。歐洲和北美的經濟下滑；巴西（Brazil）、俄羅斯（Russia）、印度（India）和中國

（China）等「金磚四國」（BRIC），以及在這個世紀裡，有潛力超越當前G7（法、英、美、加、德、日、義大利等七大工業國）領導全球經濟的下一波11國（N11）（孟加拉、埃及、印尼、伊朗、韓國、墨西哥、尼日利亞、巴勒斯坦、菲律賓、土耳其、越南等十一個新興市場國），亦可看到經濟成長是往南半球和西半球移動。對照那些支出超過自己能力的第一世界發展國家，較少資源的國家，經濟成長的要求是不可避免的。因此，我們必須習慣於適應這種生活。

這些可用資源不足以維持人類生活，以及經濟成長將大幅度變動的趨勢，將使助人專業可用的資源不穩定，甚至減少。相對上，社會工作督導也將面臨資源匱乏的窘境。

綜言之，在可預見的未來，人們對於督導的需求增加，對於督導品質的要求提高，而督導可用的資源卻相對減少。督導者未來必須勇於接受這些挑戰，並且加強督導的協力合作、運用新科技的督導技巧，以及對受督導者提供支持性督導。

第二節　面對爭論的議題

事實上，社會工作督導的關係和過程，隨著所處種種脈絡的快速變遷，已經發生一些爭論的議題，必須即時面對及妥善因應。

然而爭論的議題很多，我們只能從中選擇影響督導較深的三個議題，進行探討。對照圖5-1，無止境督導的議題，與督導者個人的專業發展和機構的實務責信，較有關聯；外部督導的議題，與機構的成本效益、工作效率，以及案主個人的權益，較有關聯；督導中接觸案主的議題，與督導者個人的實務發展、案主個人的權益，以及機構的實務責信，較有關聯。

一、無止境督導的爭論

大約在1940-1950年代，對於受過專業訓練的社會工作者是否需要無止境的督導（interminable supervision）提出質疑，認為長期督導可能侵害社會工作者的自主性實務（autonomous practice）（Tsui, 2005:7）。

直到今日，終身督導（life-long supervision）與專業自主（professional autonomy）兩者之間如何拿捏，仍然持續有一些爭辯在進行著。卡都遜與哈克尼斯（Kadushin & Harkness, 2014: 321-329）曾綜合相關文獻對這個議題的看法，進行深入探討。茲以無止境督導為主（必要時兼論自主性），歸納為肯定、否定、另類的態度，擇要說明之：

（一）肯定無止境督導的必要

有些專家學者可能基於社會變遷的需求、「終身學習」（life-long learning）的理念，或者他們個人的觀點，而對於無止境督導的議題，抱持肯定的態度。例如：

1.**是一種必要之惡**：很多時候，一個人必須容忍「督導是一種必要之

惡」（supervision is a necessary evil），一旦必要的督導變成越來越少，社會
工作者（受督導者）的不當行為，可能越來越多（p.321）。可見，督導有長
期持續的必要。

2. **不致影響自主性**：依據美國專業社會工作者協會（NASW）於2004年
的勞動力研究，在3543個受雇社會工作者的樣本中，82.3%都有督導者。即
使我們沒有經常性督導型態的資料，但是研究分析指出，督導者勞動力成長
的百分比，小於自主性工作者的百分比（p.321）。可見，高比率的社會工作
者都在接受督導，並沒有影響他們的自主性。

3. **多數專業必需繼續督導**：普遍承認具有專業資格的教師、工程師和
護理師，在從事實務工作多年之後，繼續有責任被他人督導。再者，醫療和
法律是高度獨立的專業，他們的成員，現在多數受雇於有組織的設施裡，仍
需面對不斷增加的督導。顯示依個別法律治理的所有助人專業（含社工專
業），傾向於將繼續被督導（Harkness, 2010; cited in Kadushin & Harkness,
2014: 323）。

4. **有助於對專業能力的反思**：繼續督導可協助社會工作者對自己的專
業能力進行反思，並繼續改善和更新他們的實務，這是專業的義務。尤其
在一個以證據為本實務（EBP）的時代，繼續接受必要督導，繼續改善實務
技巧，沒有終止（Thyer & Myers, 2010; cited in Kadushin & Harkness, 2014:
325）。

5. **繼續接受督導是更新證照的條件**：在美國，許多州規定有專業證照的
社會工作者，必須維持每年繼續接受教育和督導，這是更新專業證照的必要
條件之一（Kadushin & Harkness, 2014: 327）。

（二）否定無止境督導的必要

另外有些學者可能基於社會工作專業自主性的特質，或者他們個人的觀
點，而對於無止境督導的議題，顯露負向的態度。例如：

1. **會妨礙受督導者的發展**：對社會工作者提供持續性督導，容易使他們

養成持續依賴的習慣，妨礙自我發展（self-development），降低來自專業的地位，甚至使社會工作者一直「停留於兒童時期」（perpetual childhood）（p.321）。

2. **有損資深社會工作者的形象**：有一位社會工作者表示，督導造成社會工作相對於其他專業，給人一種拙劣的印象（poor image），作為一個成熟、有經驗、專業的社會工作者，還要詢問某些人來擔任「我的督導者」（my supervisor），令人感到尷尬（p.321）。

3. **有違平等和民主的主張**：持續性的督導，不僅在專業發展上不合時宜，而且顯露它違背社會工作專業鼓勵平等參與和民主的主張（p.321）。

4. **會侵犯專業判斷和能力**：對於訓練有素的社會工作者，他們有意願容許行政上的權威對他們進行督導，因為這是機構行政姿態的一部分。但是，他們感覺督導者的教育功能，侵犯了他們的專業判斷、責任和能力，而有所怨言，甚至反對（p.326）。

（三）對無止境督導的另類態度

對於無止境督導，除了肯定或否定的態度之外，還有一些專家學者可能基於事實的需求，或者他們個人的觀點，而對於無止境督導表達另類的態度。例如：

1. **督導的近便和品質比督導長度更重要**：根據莫爾巴烈特等人（MorBarat et al., 2006: 548）的研究，詢問正在接受督導中的社會工作者，是督導的什麼變數，使他們有離開專業的意圖？發現社會工作督導的近便性（availability）與品質（quality）是顯著相關的兩個變數（cited in Kadushin & Harkness, 2014: 322）。

2. **由於工作複雜仍有支持性督導需求**：有經驗的社會工作者，即使不需要繼續的教育督導，但由工作的性質，難免涉及複雜的人際關係，需要客觀化的協助，仍然需要繼續給予近便的支持性督導或諮詢（Koaaek et al., 2011; Barth et al., 2008; cited in Kadushin & Harkness, 2014:325）。

3. **因應新公共管理仍有行政督導需求**：處於新公共管理時代，由於衛生與福利的成本提高、政治氣候保守、景氣下降的財務壓力，已變成全球化的趨勢。爲了保護案主的權益，行政上對於未來將有更多的約束（Hair, 2012）。因此，行政的督導對於實務工作者繼續有其需求（Kadushin & Harkness, 2014: 323）。

4. **視工作者情況而予不同的督導年限**：在美國芝加哥，一個猶太人兒童的組織（Jewish children's Bureau）曾實施「免除督導的工作者」（worker independent of supervision）的分類，社會工作者在督導之下達到三或四年之後，就可不再依賴督導。其他督導年限的推薦，在社會工作的學校畢業從事實務工作之後，一年、三年、四到六年不等。此外，黑爾（Hair, 2012）根據加拿大一項調查回答者的意見，認爲大學畢業生和新手受督導者，至少需要接受三年以上的督導。留夫爾（Laufer, 2013:153）則建議，一個社會工作者成爲有「長期經驗」（long-experienced）的社會工作者，在以色列可能需要七年的督導（cited in Kadushin & Harkness, 2014:327）。

綜言之，對於無止境的督導，無論抱持肯定、否定，或另類的態度，都有他們的理由。但是，從上面所引用的文獻，隱約可感受到近來似乎較少堅持「永無止境督導」，相對上主張「繼續督導」或「長期督導」的聲音似乎越來越多。督導者面對這種爭議的發展趨勢，未來將何去何從？可能必須先評估受督導者的教育訓練情況、實務經驗多寡，以及機構對於督導的規定和期待，然後與受督導者協議一定的督導期間，連同相關內容，納入督導契約，據以實施督導工作，必要時再酌予增減。當然，督導者也不能忽略那些否定無止境督導者的意見，並儘量設法降低受督導者的抱怨或反彈，這也許是比較穩健的一種做法。這樣，對於督導者個人的專業發展，以及機構的實務責信，都可能比較有用。

二、外部督導的爭論

大約從1990年代末期起，紐西蘭與澳大利亞在新自由主義的影響下，開始強調社會工作專業的自主性，使得實務工作者接受外部督導或私人督導的數量，有增加的趨勢（Beddoe & Davys, 2016: 16）。以澳大利亞為例，根據2007年澳洲社會工作督導的國家調查資料顯示，有關社會工作機構的督導配置，內部督導占62.9%，外部督導占22.3%，由其他組織或團隊提供督導者（例如跨專業督導），占14%（Egan, 2015: 52）。

所謂「外部督導」（external supervision），是督導工作實施，督導者不是與實務工作者（受督導者）工作於相同受雇機構（Beddoe & Davys, 2016: 106）。外部督導也經常被視為「非直線管理的督導」（non line-management supervision）之同義詞（Davys & Beddoe, 2010: 83）。

不過，紐澳兩國所稱的「外部」督導，與臺灣慣用的「外聘」督導，有些微差異。臺灣的外聘督導，一般是由機構或實習生的學校，聘請外面的督導者到機構裡（in house），為社會工作者或實習生進行督導；而紐澳兩國的外部督導，多半是社會工作者跑到機構外面（outside），尋求其他機構或私人的督導者，為他們進行督導（Beddoe, 2015: 24）。不論如何，外部督導的爭論，還是值得我們關注，必要時亦可借鏡。

本來，來自機構外面（external）或私人的（privatized）督導者，可以補充機構臨床督導之不足。但是，外部督導對於傳統上內部督導的安排方式，可能造成一些衝擊，因而引起不少爭議。茲歸納現有文獻，略述外部督導有利、不利或折中的一些看法：

（一）認為外部督導有利

機構的督導工作，經由一個私部門的安排，或者由機構契約委外來對實務工作者實施督導，對督導工作是有利的。對外部督導部分的有利之處，戴維斯與貝多（Davys & Beddoe, 2010: 83）早先提出五項。後來，他們又提

出四項（Beddoe & Davys, 2016: 106），其中三項是前面的補充，另一項重複，整合後有八項：

1. **增加選擇的機會**：外部督導的提供，增加受督導者選擇的機會，尤其是有關於團體成員和專業的認同上，是他們對督導工作感到滿意的主要指標。

2. **顧及文化的差異**：在外部督導者與受督導者特徵的媒合過程中，尤其是有關於性別、年齡、族群、文化、專業的和理論的取向等方面，被認為是重要的特徵。

3. **有較大的自由度**：外部督導減少權力或權威議題的衝擊，受督導者將有較大的自由度，去表達他們關心的議題，或公開討論機構的問題。

4. **較專注受督導者**：外部督導配置於機構的外面，除了處理機構關切的議題之外，能夠更密集的聚焦於受督導者的實務議題和個人的專業發展。

5. **問題較可能改善**：外部督導的安排，對於改善督導工作實際發生的問題，有比較大的可能性（likelihood），因為在忙碌的機構設施中，對於因應最近發生的危機，除非被管理者列為最優先處理，否則督導工作經常被忽視或延宕。

6. **增加反思的機會**：外部督導對於實務工作者的實務、自我、組織之評論，可增加受督導者反思的機會。

7. **較少受到機構約束**：有關督導會議的議程、督導的標準、督導成果和受督導者工作表現的評量，直覺上外部督導較少考慮機構的因素。

8. **更喜歡討論倫理困境**：實務工作者（受督導者）表示，在外部督導面前，他們更加喜歡討論有關倫理困境的議題。

此外，還有兩位學者指出外部督導的好處。其中，伊幹（Egan, 2015: 55）認為，一個機構增加外部督導的運用，可以為督導工作引進外在的價值觀念，介紹不同的觀點，這是外部督導的另一項利基。瓦納克特（Wonnacott, 2013: 26）指出，2010年，英國實施一項初具社會工作者資格者的試探性支持方案（pilot support program），促使一些機構僱用外部督導

者，讓管理者可集中心力關注管理的任務。

（二）認爲外部督導不利

外部督導不同於傳統督導的安排方式，難免因爲不習慣而有所擔心或批評。在這方面，戴維斯與貝多（Davys & Beddoe, 2010: 84-85）早先認爲外部督導有八項不利之處，他們後來又提出四項（Beddoe & Davys, 2016: 106），扣除三項重複之後，合計有九項不利之處：

1. **機構指令模糊**：機構對於處理工作表現欠佳的議題，可能只是一種模糊不清的指令，導致外部督導者對於實務表現的覺知，也變成模糊不清，而沒有授權或明確的契約可以回應這些議題。

2. **容易相互抱怨**：在實務工作者與機構管理者的關係中，可能不約而同地對外部督導產生不健康的抱怨、不滿和牢騷。

3. **影響訊息傳達**：行政「管理」（management）與督導「實務」（practice）之間的分離，可能因外部督導而經歷更深的鴻溝，因而減少組織階層之間訊息的傳達。

4. **評量基礎薄弱**：外部督導傾向於依據受督導者的報告，而較少透過日常的互動以蒐集360度的資訊、在團隊裡工作表現的觀察、個案諮詢（case consultations）等方式，來評量受督導者的工作表現。

5. **機構忽視授權**：機構管理者假如沒有將充分的注意力放在外部督導授權的澄清上，則實務工作者（受督導者）、機構管理者、臨床督導者的三角關係（triangulation），可能產生不健康的潛在問題。

6. **機構代負責任**：機構的管理者可能必須重新拾起本來應該由督導者擔負的責任，以確保反壓迫政策（anti-oppressive polices）能被滿足，包括：爲特定員工提供文化支持、回應團隊成員之間的衝突，以及在職場中有關個人安全和實務安全的議題之監視。

7. **職責歸屬欠明**：當事情出現差錯，對於外部督導督導相關議題的職責不清楚，甚至職責不清被視爲重大的致命傷（vitally significant）。

8. **期待有所落差**：外部督導者組織目標與督導的重點和方向之間的不一致（dissonance），可能仍然沒有得到回應（unaddressed）。

9. **偏重實務督導**：外部督導的內容，更趨向於有關實務議題的一邊，對於受督導者的知識學習和專業生涯的發展，往往忽略。

此外，麥克歐里非與沙伯利（McAuliffe & Sudbery, 2005: 28）認為外部督導的保密層次較低，在督導裡容易引起倫理兩難的議題，常需花費更多的時間去澄清或解決倫理困境（cited in Beddoe, 2015: 25）。

（三）對外部督導的折中看法

外部督導既然有存在的事實，也許就是存在的價值，因而也有學者試圖化解兩極端的對立意見，而採取折中的看法，包括：

1. **訂定特別的契約**：外部督導的發展，因為它與臨床督導的角色分離，對於機構臨床實務的責信，不易釐清，除非在機構與外部督導之間，建立一種特別的契約，才有可能釐清（責信）（Beddoe, 2015:24）。

2. **整合內部與外部的督導**：一個機構對於督導的配置，大致上有四種型態：內部管理者（internal managerial）的督導、內部反思的（internal reflective）督導、外部專業的（external professional）督導、外部私人的督導（external personal）（Beddoe, 2015:32）。這四種督導型態的實施過程、焦點和目的，如表15-1：

表15-1　督導的四種型態之過程、焦點和目的

	內部管理者的督導	內部反思的督導	外部專業的督導	外部私人的督導
過程	以過程為基礎、組織為中心	以知識為基礎	以知識為基礎	以敘事為基礎
焦點	系統的焦點、實務的技術	工作者／使用者焦點	工作者／使用者焦點	工作者焦點、自我焦點的使用
目的	任務的承諾	發展	批判性反思	情緒傷害的控制

資料來源：Beddoe,2015, p.34.

由表15-1，對於這四種督導的型態，與其看作內部與外部南北兩極的督導，不如看作不同焦點的連續光譜，並且視督導的實際需求，相互支援和彈性運用，以獲取督導的最佳效益。

綜言之，對於外部督導的看法，支持或反對，仍有爭議。督導者面對這些爭議，未來應有的走向，似乎不宜繼續陷入無謂的爭議之中，也許我們可以執兩用中，慎重考慮那些折中的看法。也就是當需要運用到外部督導時，必須訂定特別的契約，並且視實際情況，將外部督導與內部督導的不同型態，作適當的整合之後，再行運用。這樣，對於機構而言，可能比較符合成本效益，也比較有工作效率；對於案主而言，也可能對權益比較有保障，因為運用外部督導，使他們增加選擇督導者的機會。

三、督導中接觸案主的爭論

社會工作督導的實務，主要是由督導者協助受督導者改善他們對案主的服務，並促進督導者專業生涯的發展。通常，督導者會可能關心受督導者對他們案主的服務情況，但是不直接與案主接觸，實際上也少有接觸案主的機會。

不過，近年來有些專家學者認為案主是社會工作的服務使用者，督導工作不能忽視案主參與的必要性，因而引起一些爭論（Beddoe & Davys, 2016: 43; Howe & Gray, 2013: 122）。以下根據相關文獻，略述在督導中接觸案主的正面意義、負面意義、另類的意見：

（一）接觸案主的正面意義

有些學者認為在督導的過程中，督導者與案主接觸，對於督導工作有正面的意義。他們的意見，包括：

1. **督導的最大目的在為案主服務**：布朗與布爾尼（Brown & Bourne, 1999: 10）指出，督導最重要的最大目的，在為服務使用者提供最佳的服

務，但是容易因爲機構政治、人際衝突、遊戲操弄，或其他模糊焦點的出現而被排擠，我們仍要一再重申，機構與組織的最高原則，仍在提供案主的最佳服務。

2.**爲達督導長期目標必須包含案主**：社會工作督導的長期目標，是提供案主有效果和有效率的服務，所以在督導中所涉及的不只是督導者與受督導者，案主也必須包括在內（Tsui, 2005: 42）。

3.**案主參與有助於督導實務改善**：督導者要發展一個計畫去改善督導實務，必須與機構裡的服務使用者（案主）建立一種夥伴關係。並且，歡迎他們盡可能從服務使用者的觀點，提出他們的期待或建議，作爲督導實務改善的重要資料（Howe & Gray, 2013: 122-123）。

4.**案主參與是新自由主義的一種趨勢**：新自由主義（neo-liberalism）堅持它的個別化（individualized）、使個人專有（personalized）、個人中心（person-centered）的取向，服務使用者（案主）的參與，已成爲一種重要的趨勢，並將服務使用者的參與列入政策中，使服務使用者對於提供給他們的服務，可以大聲說話（Noble, et al., 2016: 53）。

（二）接觸案主的負面意義

有些學者認爲對於案主的服務，是實務工作者（受督導者）的任務，至於督導者的任務，是對實務工作者（受督導者）提供協助。受督導者與案主、督導者與受督導者，是兩組平行的關係。在督導中接觸案主，沒有什麼意義。他們的意見，包括：

1.**督導工作是間接服務**：在性質上，社會工作督導屬於一種間接服務（indirect service），督導者在督導過程中可能討論到案主的議題，但不宜直接與案主接觸，而且督導過程不公開，以保護案主（Kadushin & Harkness, 2014: 11）。

2.**將重心放在案主可能是有問題的督導者**：在社會工作督導中有一個問題，是督導者所想的和所做的，仍然像社會工作者，而不是一個督導者，因

而可能將重心過度放在服務對象上（陳錦棠，2015：10）。

3. **案主參與可能發生不可預知的事**：一般認知，有一種理念，服務使用者（案主）經常是遠離督導的關係，他們參與督導會議或相關活動，可能發生什麼事，通常難以預知（Howe & Gray, 2013: 122）。

4. **案主對於參與可能感到不舒服**：我們必須認知，要提供服務使用者有意義的投入，可能有一些困難，甚至遭遇反抗。因為參與者可能對於過程感到不舒服，受督導者都可能惴惴不安（nervous），服務使用者也是（Howe & Gray, 2013: 123）。

（三）對接觸案主的另類意見

有些人認為在某種條件下，可以邀請案主參與督導工作，以案主的觀點提供意見，對於督導工作仍有幫助。在正負意見之外，另類意見，包括：

1. **只邀案主參加特定的督導工作**：郝威與格雷（Howe & Gray, 2013: 123）建議採取四個策略，邀請服務使用者（案主）參與，以發展更具包容，和以服務使用者焦點的督導工作：

(1) 在特定的督導會議裡，由你的受督導者鼓勵案主表示他們的需求，或投入他們的照顧計畫之自我評估。

(2) 與服務使用者（案主）一起參加，或者帶他們進入討論個案計畫的督導會議。如此，他們能說出有關他們接受的服務。

(3) 至少一年一次，引出服務使用者（案主）的意見，作為考核和定期改善實務的一部分資訊。

(4) 在督導實務發展中，如果涉及服務使用者（案主）使用諮詢服務，則可將實務發展的一個焦點，放在安排職員的督導，以協助職員適當地提供諮詢式督導。

2. **督導者可能對案主有各種想像**：即使督導者從未見過他們的受督導者所服務之案主，但是督導者還是可能對案主有各種想像（fantasies）。督導者對案主所產生的想像，有些可能與實務工作者（受督導者）的想法或感

受相同，也可能是實務工作者忽略的部分，這一部分對於督導工作相當有用（Hawkins & Shohet, 2012: 102-103）。

　　綜合言之，在督導中接觸案者或者邀請案主參與，有人認為有正面意義，有人認為有負面意義，也有另外的看法。其中，負面的意見，似乎停留在比較傳統、和保守的理念，著重於保護案主，擔心他們可能不舒服，可能臨時出問題。但是，我們也看到正面意見，或者有條件地讓案主參與，對於督導實務的改善或發展，或多或少都有助益。因此，未來督導者必須因應開放的趨勢，規劃適合於案主參與的會議或項目，主動接觸案主，或者邀請他們從服務使用者的觀點提供意見。這樣，對於受督導者個人的實務發展、案主個人的權益維護，以及機構對於督導的實務責信，可能都有一些幫助。

第三節　未來發展的願景

在探討督導過程容易發生爭論的三個議題之中，我們已針對督導有無止境、外部督導的利弊、案主的接觸或參與，提出未來可以考慮的走向。

除此之外，還有一些較少爭議，甚至已獲多數人認同的議題，也是督導工作未來發展不可忽視的部分。對照圖15-1，有三個議題特別值得關注：一是安全的議題，近年備受關注，且與機構的風險管理，以及督導者個人的專業生涯發展，較有關聯。二是研究不足的議題，雖已努力多年，仍無顯著進展，它與督導者個人的最佳實務，以及機構的工作效率，較有關聯。三是建立督導制度的議題，這是眾所期待的焦點，且與機構的實務責信，以及案主個人的權益，息息相關。以下將針對落實督導的風險管理、加強督導的研究、建立督導制度，說明未來督導發展的願景：

一、落實督導中的風險管理

社會工作是值得做的工作，也是充滿壓力的工作。對於督導者而言，風險管理就是一種壓力。然而，在督導中覺察到或遭遇到風險，就必須儘速介入處理，以降低風險的影響。

一般而言，風險管理有四個主要項目：風險辨識（risk identification）、風險分析（risk analysis）、風險評量（risk evaluation）、風險處理（risk disposal）（黃源協，2014：418）。這些項目，可運用於督導中的風險管理：

（一）風險辨識

這是風險管理的首要工作，係透過有系統地的程序，發掘可能發生風險事件的原因和方式。舉例來說，戴維斯與貝多（Davys & Beddoe, 2010: 116-

117）曾指出，在最近幾年，有一些專業的「意外事件」（misadventure），是社區所不能容忍和較大覺知的社會問題。其中，實務工作者面對許多指責且比較嚴重的問題，包括：

1. 服務使者的欺凌（abuse）。
2. 害怕被騷擾（harassment）。
3. 害怕被傷害（being harmed）。
4. 擔心隱私（privacy）的問題。
5. 在照顧職責上被罵不稱職（failure）。
6. 職場中的暴力（violence）。
7. 過度暴露於驚駭情境（awful situations）的後果。

這些問題，與我國衛生福利部2016年編印的「社會工作人員人身安全維護手冊」所揭事件（見第八章），大同小異，都是督導者必須介入處理的風險。

（二）風險分析

這是根據有效資訊的分析，以判定特定風險事件發展的可能性（機率）及其影響的嚴重程度。例如，前述「社會工作人員人身安全維護手冊」針對風險分析，提出一種量化的指標（衛生福利部，2016：60）：

1. 可能性等級

(1) 常常（4分）：一年發生10次以上。

(2) 經常（3分）：一年發生5-9次。

(3) 少　（2分）：一年發生1-4次。

(4) 較少（1分）：一年以上才發生1次。

2. 影響程度等級

(1) 極重度（4分）：不可能復原的傷害程度。

(2) 重度　（3分）：需時間治療與復原的傷害程度。

(3) 中度（2分）：需短期治療與復原的傷害程度。

(4) 輕度（1分）：不需治療能復原的傷害程度。

這些風險分析的量化指標是動態的，不一定經常發生就是高風險，還要看它的影響程度如何。反之亦然。

（三）風險評量

這是將風險分析中所判定的風險等級，選出風險處理的優先順序。瓦納克特（Wonnacott, 2013: 129）認為風險評量的過程，必須涉及：

1. 評量傷害和補救的可能性。

2. 有系統地蒐集過去和現在有關（風險標準）的資訊。

3. 分析所蒐集的資訊，以確定風險造成傷害的可能性和潛在的嚴重性。

4. 辨識維護因素（protective factors）的現狀及其顯著性（significance）。

5. 對於風險的等級，進行整體的判斷，排出優先處理的順序。

（四）風險處理

這是依據風險評量所排定的優先處理順序，進行有效處理的策略（黃源協，2014：418-419）。茲舉例說明：

1. **風險規避**（risk avoidance）：不涉入或退出風險的情境。例如，恐嚇者說：「我知道你走哪條路上班」，你可經常改變上班的路線。

2. **風險降低**（risk reduction）：使用適當的技巧和管理規則，以降低風險的發生率和嚴重性。例如，在社會室門口增設警衛。

3. **風險轉移**（risk transfer）：透過契約、保險或其他方式，將風險所造成的損失和成本，轉移到其他地方。例如，將保護性個案訪視，契約委外辦理。

4. **風險保有**（risk retention）：有意承擔風險所造成的損失，或者為機構的財務損失負起應負的責任。例如，保存汽車輪胎被刺的證據，向保險公司申請理賠。

簡言之，督導者對於實務工作者（受督導者）可能或已經發生的風險事件，其主要任務，是協助或與他們進行風險辨識、風險分析、風險評量、風險處理，以期儘速從風險中復原，而回歸日常的實務工作。當然，督導者對於風險的處理也要適可而止，不宜將督導的焦點全部放在風險評估及逃避風險（Carroll, 2014: 11）。

二、加強督導的研究

長久以來，督導工作著重於實務的運作，相對上較少進行督導的研究。即使有一些研究，但是有關於實務方面的研究，也非常有限，對於如何支持督導並沒有清楚的答案（Howe & Gray, 2013: 123）。

徐明心（Tsui, 2005: 137）認為督導實際操作的實證研究不足，有兩個主要原因：一是因為實務上的員工督導，往往被嵌入某個組織脈絡中，外來的研究者不容易進入其中從事調查研究。二是由於督導者與受督導者之間的科層權力關係，以及督導過程的保密性質，想引出某組織內部關於督導受督導者的情形，是非常需要小心處理的工作。

然而，當前社會工作的發展趨勢之一，是強調以證據為基礎的實務（EBP），因而許多學者建議社會工作督導的發展，未來必須加強督導的研究。其中，歐都諾奇與徐明心（O'Donoghue & Tsui, 2013: 13）曾經查驗1970年至2010年四十年之間，86位同儕檢視（peer-reviewed）英文版社會工作督導的研究報告，據以描述過去督導研究的走向、並建議未來督導研究的方向。再者，歐肯斯與密羅尼（Watkins & Milne, 2014: 674）則認為未來督導的研究，必須朝向十個基本的主題。茲綜合列舉如下：

（一）過去督導研究的走向

根據歐都諾奇與徐明心（O'Donoghue & Tsui, 2013）前揭報告，過去四十年來，社會工作督導研究的議題，主要的趨向（cited in Beddoe &

Maidmentz, 2015: 6）：

1. 許多研究，係引自「督導經驗的追溯」（retrospective experiences of supervision）。

2. 研究方法變得更加「嚴格」（rigorous）和「多樣化」（diverse）。

3. 重要的是，研究能提供一些有關社會工作督導的理論。

4. 研究的取向，在於思考什麼是「好」（good）或「不好」（no good）的督導實務模式，而很少是有實驗支持的督導實務模式。

（二）未來督導研究的方向

歐都諾奇與徐明心（O'Donoghue & Tsui, 2013）對於前面四十年督導研究情形的回響，建議未來督導研究朝向三方面（cited in Beddoe & Davys, 2016: 13-14）：

1. 從「回顧」（review）督導實務的綜合性陳述，逐步擴展到各種督導實務的實驗性研究。

2. 督導工作與服務使用者成果之間的衡鑑（measurement）。

3. 不同國家之間，督導的協力合作研究之比較。

（三）未來督導研究的主題

歐肯斯與密羅尼（Watkins & Milne, 2014: 674）在他們的臨床督導國際手冊（The Wiley international handbook clinical supervision）的最後一章，認為未來的督導研究有十個基本主題（cited in Beddoe & Davys, 2016: 14）：

1. 督導者的資格和必備條件的架構。

2. 督導相關理論的模式。

3. 督導的關係。

4. 督導的評估（assessment）、衡鑑（measurement）和評量（evaluation）。

5. 研究。包含督導研究的方法論（methodology）（Beddoe & Davys, 2016: 34）。

6. 差異（difference）和多樣性（diversity）。

7. 倫理（ethical）和正當性（legal）的議題。

8. 有關於組織的題材。

9. 督導的科學技術（technology）。

10.督導的訓練（training）和教育（education）。

綜言之，未來的督導研究，必須從實務回顧，擴展為實務驗證；從督導實務模式的好壞，擴展為服務成果的衡鑑；從區域性研究，擴展為國際比較。並且，著重於督導工作的基本主題之研究。這些建議，無非是期待未來督導的研究，能帶給督導實務一些新的理念。

三、建立督導制度

前述督導研究的建議，也促使我們對督導實務進行一些反思，也許我們在督導方面還有許多不足之處，有待未來持續努力。

就臺灣而言，多份社工督導的經驗研究發現，督導（者）不適任、能力不足、督導（者）無法或未提供協助、督導功能有限等結論，時常出現（許雅惠、張英陣，2016：4）。

本質上，督導工作指涉的範圍廣泛，是一種相當複雜的實務。因此，督導工作的實施，必須形塑一個架構，訂定一些標準，以期有效運作。

舉例來說，英國社會工作者雇主標準與督導架構（The Standards for Employers of Social Worker in England and the Supervision Framework）的第五號標準，表明雇主必須確保社會工作者有定期和適當的社會工作督導，並且制定明確的標竿（benchmarks），以供機構遵循，其要點包括：(1)確保社工督導在機構責信架構中沒有成為孤立活動的威脅；(2)促進繼續學習和知識分享，藉以鼓勵社工將同儕經驗反映在他們自己的個案上；(3)為社工提供定期的督導訓練；(4)為適當的督導監督和督導期間引發的議題，設定明確的責任；(5)為其直屬管理者不具社會工作背景之註冊社工（registered social worker），提供附加的專業督導；(6)確保督導工作是定期的，而且始終一致地實施；(7)保證剛取得社工資格者，在就業的前面六週，每週至少督導一次，此後每月至少督導一次；(8)確保督導會議延續至少一小時，且有一半時間不中斷；(9)面對清楚表明的期待，監視督導的實際次數和品質（SWRB, 2011: 6, cited in Howe & Gray, 2013: xix-xx）。

　　稍後，英國社會工作改革委員會（SWRB）為督導設定一個架構，在前述標準上增加有效督導的關鍵要素，要求：(1)決策和處遇的品質，(2)線上管理和機構的責信，(3)個案量（caseload）和工作量（workload）的管理，(4)進一步對於個人的學習、生涯和發展機會之認同（SWRB, 2011: 10, cited in Howe & Gray, 2013: xix-xx）。

　　有鑑於此，任何機構實施督導工作，必須逐步建立督導制度。茲參考上述英國有關督導工作的實施標準，略述未來建立督導制度的一些要點：

（一）規定督導者的必備條件

　　許多國家對於機構任用社會工作督導，都有一些必要條件的規定。依據貝多（Beddoe, 2015: 84-86）彙整九個國家有關督導者的必備條件和相關資訊（參見第十一章表11-4），擔任督導者必須具備下列條件之一種或多種：

　　1.**社會工作文憑**：例如，在新加坡，註冊為社會工作督導者之前，必須取得認可的社會工作學位或畢業文憑（p.86）。在南非，依據南非社會服務專業法案及倫理守則之規定，督導具有強制性，只有社會工作者始可實際擔任社會工作者的督導者（p.85）。

　　2.**受過督導的時數**：例如，在英國，擔任社會工作督導者，必須受過合法及有適當經驗的社會工作者之定期、有計畫的、一對一的專業督導（p.85）。

　　3.**專業團體的會員**：例如，在美國，有全國協議的督導者職位、學位、時數之限制（p.85）。社會工作督導者必須是美國社會工作人員協會（NASW）的會員。

4. **其他相關條件**：例如，在澳大利亞，社會工作督導者必需有督導經驗及同領域繼續專業教育（p.84）。在紐西蘭，社會工作督導者必須符合督導標準的能力（p.84）。

（二）定位督導者的角色

社會工作督導者的主要任務，在於提供受督導者一個空間，讓他／她們根據專業組織和機構相關政策所規定的標準，去回顧、發展和精進自己的實務（Davys & Beddoe, 2010: 145）。換言之，社會工作督導者有特定的任務，也有特定的角色，而不同於管理者、諮商者的角色：

1. **督導者的主要角色**：對於社會工作督導者的角色，論者意見不一。綜合而言，社會工作督導者有六種主要角色：促進者（facilitator）、教導者（teacher）、支持者（supporter）、充權者（empower）、倡導者（advocate）、研究者（researcher）（參見第二章）。

2. **督導者不同於管理者**：雖然，社會工作督導者有時也是機構的中階管理者，但是在執行督導任務時，對於督導者／管理者的雙重角色，必須適當區隔，以免督導工作被視為一種「控制」（control）的方式。

3. **督導者不是諮商人員**：有時候，社會工作督導者也為受督導者提供諮詢式督導（consultative supervision）（參見第九章），但是它不同於諮商。卡羅（Carroll, 2014: 44）認為，如果督導者將焦點過度集中在受督導者的個人生活，而將督導工作視為一種諮商工作，是錯誤的。

（三）規定督導實施的標準

督導應多久實施一次？在臺灣，最常聽到的答案是「不定期督導」，而且督導頻率的差異很大，從一星期一次到一年一次都有，甚至完全沒有正式的督導（許雅惠、張英陣，2016：12）。在重視社會工作督導的國家，對於實施督導的頻率（frequency）、實施程序（procedure），通常設有一定的標準：

1.**督導的頻率**：例如，在英國，剛取得社工資格者，在就業的前面六週，每週至少督導一次，此後每月至少督導一次（SWRB, 2011: 6, cited in Howe & Gray, 2013: xix-xx）。在澳大利亞，就業年資未滿三年的社會工作者，每週至少接受個別督導一小時；年資滿三年或三年以上的社會工作者，每兩週至少接受個別督導一小時（AASW, 2014，引自許雅惠、張英陣，2016：12）。

2.**督導的程序**：例如，每次督導會議的實施，必須按照標準化作業程序（SOP）逐步進行（Davys & Beddoe, 2010:51）：

(1) 準備（preparation）：了解該次會議討論的議題，並準備相關資料。

(2) 開始（beginning）：確認議程和討論的議題。必要時，重新檢視督導契約。

(3) 中間（middle）：逐一進行議題討論。

(4) 結束（end）：回顧會議經過，形成結論，摘要記錄，結束。

（四）定期辦理督導在職訓練

隨著督導脈絡的變遷，督導者必須定期參加在職訓練，繼續充實新的知能，有時候，在職訓練係配合更新證照或繼續專業發展（CPD），或其他要求而實施：

1.**一般在職訓練**：通常，依據督導者的發展階段，設計督導訓練課程與訓練方法，分級實施定期的在職訓練（參見第十一章）。

2.**有關換照之訓練**：例如，紐西蘭要求督導者的證照，每年查驗一次（Beddoe, 2015: 84），這種查驗證照的要求，必需檢附完成規定訓練時數的證明。

3.**有關繼續專業發展之訓練**：例如，愛爾蘭規定社會工作者接受督導的點數，其中25%可接受來自適當訓練的資深社會工作者的團體督導（Beddoe, 2015: 85）。

（五）確認督導中的責任歸屬

督導工作的實施，必然涉及督導者、受督導者、機構及案主，其在督導中的主要責任，必須明確規定，以便有所遵循，必要時追查責任歸屬。例如：

1. **督導者的責任**：提供高品質的督導，促進受督導者實務和專業的發展等。

2. **受督導者責任**：為案主提供最佳服務、提出實務議題並接受督導等。

3. **機構的責任**：發展督導政策、提供安全的督導空間、辦理年度督導考核等。

4. **案主的責任**：被邀參與督導活動時，從服務使用者觀點，反映意見等。

當然，上述建立督導制度的要點，只是一些大經大則，各個機構可視督導的實際需求，在項目及內容上酌予增減。但是，有結構、有標準、定期實施和追蹤，是建立督導制度的共同原則。

歸結本章所言，我們參考預測選舉的「鐘擺」效應，描述環境脈絡的激烈變動，使社會工作督導未來必然面臨莫大的挑戰。而且，未來仍須面對督導有無止境、外部督導有利無利、督導中接觸案主有無必要的爭論，進而謀求因應之道。至於未來發展的願景，必須對風險管理、督導研究、建立督導制度，多予著墨。

【本章重點】

1. 社會工作督導可能像預測政治選舉的「鐘擺」（swing mater）一樣，隨著所處環境脈絡的變遷而轉移督導功能的重點。

2. 在世界政治、經濟、社會（人口）、科技等脈絡的交互衝擊之下，社會工作督導將面臨三個挑戰：(1)有較多的督導需求，(2)有較高督導品質的期待，(3)有較少的督導資源。

3. 未來，社會工作督導仍須面對三個爭論的議題：(1)督導有無止境的爭論，(2)外部督導的爭論，(3)督導中接觸案主的爭論。

4. 對於無止境督導的爭論，近來似乎較少堅持「永無止境督導」，而主張「繼續督導」或「長期督導」的聲音似乎越來越多。

5. 未來需要運用到外部督導時，必須訂定特別的契約，並視實際情況，將外部督導與內部督導作適當的整合，再行運用。

6. 未來督導者必須因應開放的趨勢，規劃適合於案主參與的會議或項目，主動接觸案主，或邀請他們從服務使用者的觀點提供意見。

7. 未來社會工作督導的發展有三個願景：(1)落實督導中的風險管理，(2)加強督導的研究，(3)建立督導制度。

8. 在落實督導中的風險管理方面，督導者的任務是協助受督導進行：風險辨識、風險分析、風險評量、風險處理。

9. 未來的督導研究，必須從實務回顧，擴展為實務驗證；從督導實務模式的好壞，擴展為服務成果的衡鑑；從區域性研究，擴展為國際比較。

10. 未來建立督導制度，必須掌握的要點：(1)確定督導者的必備條件，(2)定位督導者的角色，(3)規定督導的實施標準，(4)定期辦理督導在職訓練，(5)確認督導中的責任歸屬。

【有待探究的議題】

1. 分析國內的政治、經濟、社會、科技等脈絡的變遷，可能對社工督導產生哪些挑戰？

2. 在臺灣，爲何使用「外聘督導」而不使用「外部督導」一詞，理由何在？

3. 某縣市政府社會局曾發生社工爲安置受虐兒童而被家屬打傷的事件。請略述社會工作督導者如何協助這位社工進行風險管理？

4. 臺灣社會工作的督導制度，有何應興應革之處？

參考書目

一、中文部分

林勝義（2013）。社會工作概論。臺北：五南圖書出版公司。

林勝義（2015a）。學校社會工作概論。臺北：洪業文化事業有限公司。

林勝義（2015b）。志願服務與志工管理：做一個快樂的志工及管理者。臺北：五南圖書出版公司。

林勝義（2016）。「從系所評鑑探討社會工作教育改善之重點」。社區發展季刊，（131），113-132。

徐西森、黃素雲（2007）。諮商督導：理論與研究。臺北：心理出版社。

莫藜藜（2011）。「社會工作督導」。李增祿（編），社會工作概論（pp.187-205）。高雄；巨流圖書公司。

曾華源（1995）。「社會工作督導」。江亮演、曾華源、田麗珠（編），社會工作概論（pp.195-213）。高雄；巨流圖書公司。

曾華源（2005）。「志工及志工督導之心理調適」。社會福利類志工領導訓練教材（pp.44-64）。臺北：內政部、中華民國志願服務協會。

張英陣（2017）。「督導志工的原則與技巧」。106年優化志願服務研習營會議手冊（pp.43-60）。長庚醫療財團法人高雄長庚紀念醫院主辦。

張英陣、許雅惠（2016）。「風險管理下的社會工作督導」。社會政策與社會工作學刊，20（2），1-41。

陳錦棠（2015）。社會工作督導：經驗學習導向。高雄：巨流。

黃源協（2014）。社會工作管理。臺北：雙葉。

衛生福利部（2016）。社會工作人員人身安全維護手冊。台北：衛生福利部。

Davys & Beddoe著，曾煥裕、劉曉春譯（2016）。社工督導：理論與實務。臺北：洪葉。

Ming-Sum Tsui著，陳秋山譯（2008）。社會工作督導：脈絡與概念。臺北：心理。

Horejsi & Garthwait著，高迪理、尤幸玲譯（2015）。社會工作實習：學生指引手冊。臺北：雙葉。

Skidmore著，蔡啓源譯（2008）。社會工作行政。臺北：雙葉。

二、英文部分

Adamson, C.(2015). 'Supervision is not politically innocent.' in L.Beddoe, & J. Maidmentz, (eds). *Supervision in social work: Contemporary issues* (pp.10-21). Oxon, UK: Routledge.

Austin, J. & Hopkins, K, M.(2004).(eds.). *Supervision as collaboration in the human services:Building a learning culture.* Thousand Oaks, CA:Sage.

Barker, R, L.(2014) (ed.). *The social work dictionary.* Woshington, DC:NASW press.

Beddoe, L.(2010). 'Surveillance or reflection: Professional supervision in the risk society' British *Journal of Social Work*, 40(4), 1279-1296.

Beddoe, L.(2015), 'External supervision in social work: Power, space, risk, and the research for safety.' in. L. Beddoe, & J. Maidmentz, (2015)(eds). *Supervision in social work: Contemporary issues.* (pp.22-38) Oxon, UK: Routledge..

Beddoe, L & Maidmentz, J.(2015)(eds). *Supervision in social work: Contemporary issues.* Oxon, UK: Routledge..

Beddoe, L & Davys, A.(2016).*Challenges in professional supervision: Current themes and models for practice.* London: Jessica Kingsley.

Bluestone-Miler; R., Greenberg, A., Mervis, B. & Kelly, M.Y.(2016). 'School social work supervision'. In C.R. Massat, M.S. Kelly & R. Constable (8th ed.). *School social work: Practice, policy, and research.* (pp.76-91). Chicago: Lyceum Books, Inc.

Bradley, C & Hojer, S.(2009). 'Supervision reviewed: reflections on two different social work models in England and Sweden.' *European Journal of Social Work* 12(1), 71-85.

Brown, A. & Bourne, I.(1999). *The social work supervisor.* Buckingham: Open University Press.

Burack-Weiss, A. & Brennan, P.C.(2008). *Gerontogical supervision: A social work perspective in case management and direct care.*(2nd ed.) New York: Routledge.

Burnham,J.(2012). 'Developments in GGRRAAACCEEESSS visible and invisible, voiced and unvoiced.' in B. Krause(ed.). *Mutual perspectives: Culture and Deflection Psychotherapy.* London: Karnac Books.

Butler, J.(1996). 'Professional development Practice as text, reflection, and self as locus'. Australian *Journal of Education.* 40(3), 265-283.

Carifio, M.S. & Hess, A.K.(1987). *'Who is ideal supervisor?' Professional Psychology: Research and Practice*, 18, 244-250.

Carllo, M.(2014). *Effective supervision for the helping profession.* London:SAGE.

Carroll, M. & Gilbert, M.C.(2005). *On being a supervisee: Creating learning partnership.* London; Vukani Press.

Carroll, M. & Gilbert, M.C.(2011). *Become an effective supervisee: Creating learning partnerships.* London: Vukani.

Carroll, M. & Shaw, E.(2013). *Ethical maturity in the helping profession: Making difficult work and life decision.* London: Jessica Kingsley.

Cleak, H.& Smith, D.(2015), 'Student satisfaction with models of field placement.' in :

L.Beddoe, & J.Maidmentz, (2015)(eds). *Supervision in social work: Contemporary issues.*(pp.110-121). Oxon, UK: Routledge.

Davys, A.(2005). 'At the heart of the matter: Culture as a function of supervision' *Social Work Review*, 17(1), 3-12.

Davys, A. & Beddoe, L.(2009). 'The reflective learning model, supervision of social work, social work education.' *International Social Work Journal.* 28(8), 919-933.

Davys, A. & Beddoe, L.(2010). *Best practice in professional supervision: A guide for the helping profession.* London: Jessica Kingsley.

Egan, R.(2015). 'Australian social work supervision practice.' in L.Beddoe, & J.Maidmentz, (2015)(eds). *Supervision in social work: Contemporary issues.* (pp.50-63). Oxon, UK: Routledge.

Engelbrecht, L.K.(2014). *Management and supervision of social work: Issues and challenges within a social development paradigm.*(1st ed).China: RR Donnelley.

Henderson, P., Holloway, J. & Millar, A.(2014). *Practical supervision: How to become a supervisor for the helping profession.* Philadephia: Jassia Kingsley Publishers.

Hawkins, P. & Shohet, R.(2012). *Supervision in the helping professions.*(4th ed). Maidenhead: Open University Press.

Hawkins, P. & Smith, N.(2006). *Coaching, mentoring and organizational consultancy: Supervision and development.* Maldenhead:Open University Press.

Hawthome, L.(1975). Games supervision play. *Social Work.* 20, 179-183.

Hughes, L., & Pengelly, P.(1997). *Staff supervision in a turbulent Environment: Managing process and task in front-line services.* London: Jessica Kingsley Publishers.

Howe,K. & Gray, I(2013). *Effective supervision in social work.* London: Sage/Learning Matters.

Huxtable, M., Sottie, C.A. & Ulzitungalag,K.(2012). 'Social work and education.' In Lyon, K., Hokenstad, T., Power, M., Huegler, N., & Hall, N.(eds). *The SAGE Handbook of International Social Work*(pp.232-242). London: SAGE.

Inskipp, F., & Proctor, B.(1993a). *Making the mast of supervision: A professional development resources for counselor, supervisors and trainers.* Twickenham: Cascade.

Inskipp, F., & Proctor, B.(1993b). *The art, craft and tasks of counseling supervision: Making the most of supervision.* Twickenham: Cascade Publications.

Isaac, W.(1999). *Dialogue and the art of communication.* New York: Doubleday.

Jones, M.(2004). *Adult education and lifelong learning: Theory and practice(3rd ed).* London: Routledge.

Kadushin, A.(1976). *Supervision in social work.* New York: NY: Columbia University Press.

Kadushin, A.(1979). 'Games people play in supervision.' In C.E.Munson(ed). *Social work supervision: Classic statements and critical issues* (pp.182-195). New York: Free Press.

Kadushin, A. & Harkness; D. (2002). *Supervision in social work* (4ᵗʰ ed). New York: NY: Columbia University Press.

Kadushin, A. & Harkness; D. (2014). *Supervision in social work*(5ᵗʰ ed). New York: NY: Columbia University Press.

Latham, G. & Mann, S.(2006). 'Advances in the science of performance appraisal: Implication for practice.' *International review of industrial and organizational psychology*, 21:295-337.

Lizzio, A., Wilson, K. & Que, J.(2009). 'Relationship dimension in the professional supervision of psychology graduates: Supervisee perceptions of process and outcome.' *Studies in Continuing Education*, 31(2), 127-140.

Lomax, R., Jones, K., Leigh, S. & Gay, C.(2010). *Surviving your social work placement.* UK: Palgrave Macmillan.

Mandell, D.(2008). 'Power, case and vulnerability: Considering use of self in child welfare work.' *Journal of Social Work Practice.* 22(2), 235-248.

Martin, L.(2014). 'Emotional intelligence in management and supervision.' in L.K.Engelbrecht.(ed.). *Management and supervision of social work:Issues and challenges within a social development paradigm.* UK: Cheriton House Press.

McPherson, L., Frederico, M. & McNamara, P.(2015). Safety as a fifth dimension in supervision: Stories from the frontline. *Australian Social Work.* 68.3-1-13.

Mcpherson, L. & Macnamara, N.(2017). *Supervising child protection pratice: What works? An evidence imformed approach.* SpringerBriefs in Well-Being and Quality of Life Research, Dot 10, 1007/978-3-319-50036-2-1. hettp://www.spenger.com/serier/10150. Accessed 31/7/2018.

Morrison, T.(2001). *Staff supervision in social care: Making a difference for staff and service users.* Brighton: Pavilion.

Morrison, T.(2005). *Supervision in social care.* London:Sage.

Morrison, T.(2007). 'Emotional intelligence, emotion and social work: Context, characteristics, complication and contribution.' *British Journal of Social Work*, 37(2), 245-263.

Munson, C.E.(2009). *Handbook of clinical social work.*(3ʳᵈ ed.). New York: Haworth Press.

Nelson, L.N. & Holloway, E.L.(1990). 'Relation of gender to power and involvement in supervision.' *Journal of Counseling Psychology*, 37(4),473-481.

Noble, C., Gray, M., & Johnston, L.(2016). *Critical supervision for the human services: A social model to promote learning and values-based practic.*London: Jessica Kingsley Publishers.

Nye, C.(2007). 'Dependance and independence in clinical supervision: An application of Wygorsky's developmental learning theory.' *The clinical supervisor* 26(1), 81-98.

O' Donoghue, K. (2015). 'Windows on the supervisee experience: An exploration of supervisees' supervision histories.' in L. Beddoe, & J. Maidmentz, J.(2015)(eds). *Supervision in social work: Contemporary issues*(pp.64-79). Oxon, UK: Routledge..

O' Donoghue, K. & Tsui, M.S.(2013). Social work supervision research(1970-2010): The way we were and the war we ahead. *British Journal of Social Work*. Dio:10.1093/bjsw/bct115.

O' Donoghue, K., Munford, B., & Trlin, A.(2006). 'What's best about social work supervision according to Association member.' *Social Work Review*, 18,79-92.

Page, S. & Woskett, V.(2001). *Supervising the counselor: A cyclical mode*. Hove: Routedge.

Pettes, D. (1967) *Supervision in social work*. London: George Allen and Unwin.

Potter, G.C. & Brittain, C.R.(2009). *Child welfare supervision: A practical guide for supervisors, managers, and administrators*. New York: Oxford University Press Inc.

Proctor, B.(2001). 'Training for the supervision alliance attitude, skill and intention.' In J.R. Cutcliffe, T. Butterworth & B. Proctor.(eds).*Fundamental Themes in Clinical Supervision*. New York, NY: Routledge.

Proctor, N, J.(2008). 'Who cares about us? Opening paths to a critical collective notion of self-care.' *Canadian Social Work Review*, 25(2),146-147.

Rich, P.(1993). 'The form, function, and content of clinical supervision. An integrated model.' *The Clinical Supervisor*, 11(1), 137-178.

Richmond, D.(2009). 'Using multi-layerted supervision methods to develop creative practice.' reflective practice: international and multidisciplinary perspection. *Joural of Social Work Practice*, 10(4), 543-557.

Salvey, P. & Mayer, J. D.(1990). Emotional intelligence. Cognition and Personality, *The Clinical Supervision*, 9, 185-121.

Santa Rita, E.(1998). 'Solution-focused supervision.' *The Clinical supervision*, (17),127-139.

Scaife, J.(2009). *Supervision in clinical practice: A practitioner's guide.* (2nd edn). London: Routledge.

Shulman, L.(2008). Supervision. In T. Mizrahi, & L. E. Davis(eds). *Encyclopedia of social work* (20th ed), Vol.4. pp.186-190. Washington, DC: NASW Press.

Sills.C.(2012). 'The coaching contract: A mutual commitment.' in E. de Honn & C. Sills(eds.). *Coaching relationships: The relational coaching fieldbook.* Farington: Libri.

Taibbi, R.(2013). *Clinical social work supervision*. Phiadephia: Jessica Kingsley Publishers.

Tsui, M.S.(2005). *Social work supervision: Contexts and concepts*. Thousand Oaks, CA: Sage.

Tusi, M.S. & Ho, W.S.(1997). 'In search of a comprehensive model of social work supervisor, *The Clinical Supervision*, 16(2),181-205.

Wonnacott, J.(2012). *Mastering social work supervision*. Philadephia: Jassia Kingsley Publishers.

國家圖書館出版品預行編目資料

社會工作督導／林勝義著. －－初版. －－臺
北市：五南，2018.09
　　面；　公分
　ISBN 978-957-11-9933-7（平裝）

1.社會工作

547　　　　　　　　　107015214

1JC9

社會工作督導

作　　者 ─ 林勝義

發 行 人 ─ 楊榮川

總 經 理 ─ 楊士清

主　　編 ─ 陳姿穎

責任編輯 ─ 沈郁馨

封面設計 ─ 姚孝慈

出 版 者 ─ 五南圖書出版股份有限公司

地　　址：106台北市大安區和平東路二段339號4樓

電　　話：(02)2705-5066　　傳　　真：(02)2706-6100

網　　址：http://www.wunan.com.tw

電子郵件：wunan@wunan.com.tw

劃撥帳號：01068953

戶　　名：五南圖書出版股份有限公司

法律顧問　林勝安律師事務所　林勝安律師

出版日期　2018年9月初版一刷

定　　價　新臺幣550元